道德经

全鉴

【春秋】老子◎著

东篱子◎解译

中国纺织出版社

内 容 提 要

《道德经》分为上下两篇，上篇起首为"道可道，非常道。名可名，非常名"，所以人称《道经》；下篇起首为"上德不德，是以有德；下德不失德，是以无德"，所以人称《德经》。《道经》讲述了宇宙的根本，道出了天地万物变化的玄机以及明暗变幻的微妙；《德经》说的是处世方略，道出了人事的进退之术，包含了长生久视之道。

《道德经》不仅是一部哲学经典，而且文字简洁、富有韵律感，可以看作是一种特殊形式的诗。因此，有人说《道德经》是哲学的诗化表述。

本书解读行文通俗易懂，能够帮助大家更好地理解《道德经》中的智慧真谛，让"道"真正地融入我们的日常生活之中，让我们能从身边事物的细枝末节中体会老子的思想。

图书在版编目（CIP）数据

道德经全鉴：珍藏版 ／（春秋）老子著；东篱子解译 . -- 北京：中国纺织出版社，2016.8（2024.12 重印）

ISBN 978 - 7 -5180 - 2641 - 8

Ⅰ. ①道… Ⅱ. ①老…②东… Ⅲ. ①道家②《道德经》—通俗读物 Ⅳ. ①B223.1 - 49

中国版本图书馆 CIP 数据核字（2016）第 114728 号

策划编辑：陈 芳 特约编辑：文 浩 责任印制：储志伟

中国纺织出版社出版发行

地址：北京市朝阳区百子湾东里 A407 号楼 邮政编码：100124

销售电话：010—64004422 传真：010—87155801

http：//www. c-textilep. com

E-mail：faxing@ c-textilep. com

中国纺织出版社天猫旗舰店

官方微博 http：//weibo. com/2119887771

北京华联印刷有限公司印刷 各地新华书店经销

2016 年 8 月第 1 版 2024 年 12 月第 9 次印刷

开本：710×1000 1/16 印张：20

字数：251 千字 定价：68.00 元

前言

《道德经》又名《老子》，由我国古代伟大的哲学家、思想家、道家学派创始人老子所著，是我国古代哲学思想的代表作，被认为是对中国人影响最为深远的经典思想巨著之一。在中国，但凡有点文化的人几乎都听说过这本书。那么，它究竟是一本怎样的书？我们先不要主观臆断，看看以下古今中外的名家评论就可略知一二。

孔子说：朝闻道，夕死可矣！

唐玄宗说：《道德经》其要在乎理身、理国。理国则绝矜尚华薄，以无为不言为教。理身则少私寡欲，以虚心实腹为务。

宋太宗说：伯阳（老子字伯阳）五千言，读之甚有益，治身治国，并在其中。

欧阳修说：老子为书，其言虽若虚无，而于治人之术至矣。

著名学者、中国近代启蒙思想家魏源说：《老子》，救世之书也！

曾国藩说：老庄为体，儒墨为用。

鲁迅说：不读《道德经》，不懂中国文化，不知人生真谛。

林语堂说：我觉得任何一个翻阅《道德经》的人最初一定会大笑；然后笑他自己竟然会这样笑；最后会觉得现在很需要这种学说。至少，这会是大多数人初读《老子》的反应，我自己就是如此。

俄国文豪托尔斯泰说：孔子对我的影响很大，老子对我的影响更甚。

西方现代哲学的开创者尼采说：老子思想的集大成《道德经》，像一个永不枯竭的井泉，满载宝藏，放下汲桶，唾手可得。

日本著名学者卢川芳郎说：《道德经》有一种魅力，它给在世俗世界压迫下疲惫的人们以一种神奇的力量。

理论物理学家、第一位获得诺贝尔奖的日本人汤川秀树说：老子似乎用惊人的洞察力看透个体的人和整个人类的最终命运。

……

能得到如此高的评价，《道德经》的魅力可见一斑。

《道德经》的作者老子，姓李，名耳，字伯阳，谥号耳冉，春秋末期楚国苦县（今河南鹿邑）人，是我国古代最具影响力的思想家之一。

《道德经》共八十一章，分为上下两篇，上篇《道经》三十七章，下篇《德经》四十四章。《道德经》的魅力首先在于它的博大，短短的五千来字，内容涵盖了哲学、政治学、伦理学、军事学等诸多学科。《道德经》又极具实用价值和包容性。无论是治国、治家、治学还是修身、处世、待人，无论是王公贵族还是平民百姓，总能在《道德经》中找到自己所需要的智慧。

一个"道"字贯穿了《道德经》的始终。因此，我们要想从《道德经》中感悟并应用其中的思想智慧，必须弄清楚究竟何为"道"。老子说："道生一，一生二，二生三，三生万物。"意思是说，"道"是宇宙的根本，是天地万物变化的玄机所在。老子认为，人类的一切活动都必须遵循"道"的规律，要与宇宙、天地、自然融为一体，共生共存。无论你做什么事，一旦违背了"道"，那就一定会遭到报应和惩罚。

《道德经》的魅力还在于它朴素的辩证哲学思想。老子的辩证法综合了对立统一的观念，并加以发展和创造，形成了独具特色的世界观、人生观。

《道德经》的智慧源于老子对世态炎凉、人情世故深邃、透彻的观察和思考。社会动荡，人事纷争，生命无常，从当时残酷的现实中，老子经过高度的提炼和总结，逐渐形成了有关于个人修养、处世哲学、做事谋略、治国之道、治人之方的智慧之学。这些思想，从古至今对人们的思想和行为一直都发挥着积极的指导作用。

为了更好地学习和参悟《道德经》的真义，让《道德经》更通俗易懂、更贴近我们的生活、更积极地影响我们的人生，便有了这本《道德经全鉴》的问世。本书将老子处世哲学中的精华部分选取出来，对原文进行了经典解读，并配以恰当的典故例证进行解说，采用浅显易懂的文字进行阐述，对《道德经》的思想内涵进行了深刻地剖析，让人们从中领悟到老子的处世智慧，以达到借古鉴今，古为今用的目的。阅读此书，相信你会对老子的思想有一个全新的认识。

本书平装本自出版以来，广受读者欢迎和喜爱。为满足大家的收藏、馈赠需要，现特以精装形式推出，敬请品鉴。

编著者

2016 年 2 月

目录

第一章

道可道　非常道：无形大道的智慧之光

　　"道"是万事万物由生及灭循环往复的规律。"道"不可用言辞描述，"道"无处不在而又无行无踪。因为世间万物无时无刻不在发展变化，所以"道"看起来才如此捉摸不定。也因此，老子才喜欢用辩证的眼光看待周围的一切。在事物不断的对立又统一的运动过程中，老子轻而易举地找到了所有问题的解决之道。

第二章
修身之道：谦谦君子的养成法则

在《道德经》中，老子用了很多篇幅来说修身的重要性。在老子看来，君子也好，圣人也罢，没有谁一生下来就十全十美。那些贤人君子们之所以处处受人敬仰，都是后天"修"来的结果。正如佛家所言，没有今天的修行，就没有明天的正果。但与佛家有所不同的是，老子的修身之道并没有太多高深的法门，只要大家在生活中稍加注意就可以轻松做到。

第三章
养心之道：纯真、幸福是根本

面对滚滚红尘，多少忙碌的现代人迷失了自己的心灵，渐渐僵化成一台台永不停歇的机器，进而身心交瘁、疲惫不堪。这样的生活绝对谈不上快乐，而没有了快乐，就没有了幸福感，生命又有何意义？在几千年前老子就看透了这一切，于是，他告诉人们，简单的人生才是快乐的人生，顺其自然，不要过于强求，不要用尽心机去算计他人，让一切回归质朴，那么在世俗中就可以永葆清新、宁静、快乐的心境。

第四章
处世之道：游刃有余地立足于世

　　整个社会就是一个有机的整体，没有谁可以孤立存在。那么，如何游刃有余地立足于社会，是每个人必须面对的课题。老子深明此理。在当时乃至于今天，若没有良好的处世之道是很难在社会上站稳脚跟的，更别说成就一番伟业了。尽管老子最后还是无奈地归隐山林，但他留给我们的处世智慧还是具有现实意义的。

第五章

待人之道：包容、善良是待人良方

你用什么样的方式和心态对待别人，别人就会用同样的方式和心态对待你，这有点像牛顿的作用与反作用原理。所以在与人交往遭受挫折的时候，不要一味埋怨别人自私、冷漠、尖酸刻薄，想要别人对自己好，首先要检点一下自己是不是做得到位。在这里，老子告诉大家，拥有一颗包容和善良的心，是待人的最佳之道，这样的人自会得到老天的眷顾和善待。

第六章
谋事之道：踏实稳健，万事可成

人活一世，草生一秋，若不成就一番事业，岂不枉费了这宝贵的一生？的确，很多人从小的志愿就是功成名就、流芳百世。但话又说回来，"想"跟"做"永远是两码事。所以，老子才说"千里之行，始于足下"，"天下难事，必作于易；天下大事，必作于细"。很多成功的经验和失败的教训也都证明，踏实稳健的作风是成就万事的不二法门。

第七章
为上之道：管理其实很简单

　　《道德经》中最精彩的地方就是老子给为上的当权者们提出的治国安民的忠告和良策。老子认为，只有对百姓一视同仁，淳朴虚静，遵循"无为"之治，才可以治理好天下。这些治国安邦的方略同样适用于现代管理实践。如何用人，如何留人，如何管人，如何最大限度地提高工作效率，这些让管理者们为之头疼的问题，在《道德经》中都可以找到答案。

第八章

避祸之道：清醒、淡泊方可保全自身

自古至今，趋利避害一直都是人们所关注的大学问。谁都想一辈子平平安安、无忧无患，可是真正善始善终的有几人？正所谓"前车倒了千千万，后车到此还复然"。为什么悲剧会一再重演呢？老子的谆谆教诲告诉我们，只有时刻保持清醒的头脑，看清潜藏在繁华背后的危险的种子，用淡泊的心看待一切功名利禄之诱惑，方可保一生平安。

道可道 非常道:无形大道的智慧之光

"道"是万事万物由生及灭循环往复的规律。"道"不可用言辞描述,"道"无处不在而又无行无踪。因为世间万物无时无刻不在发展变化,所以"道"看起来才如此捉摸不定。也因此,老子才喜欢用辩证的眼光看待周围的一切。在事物不断的对立又统一的运动过程中,老子轻而易举地找到了所有问题的解决之道。

1

大道看"有无"

【原典】

无名，天地之始；有名，万物之母。故常无欲，以观其妙；常有欲，以观其徼。此两者同出而异名，同谓之玄，玄之又玄，众妙之门。

——《道德经·第一章》

【译释】

天地万物都从无形中转化而来，又包含在有形之中。所以，事物总是处于无形，以保持绵绵不断地变化；同时又处于有形状态，以体现造化的结果。有形和无形是同一事物的两个方面，只是名称不同。两者的关系非常玄妙。它们相互转化，是一切事物变化和发展的规律所在。

一开篇，老子就说明"无"是天地万物的本始，"有"是天地万物的根源。所以，应该根据"恒无"来观察它的奥妙，根据"恒有"来观察它的界限与端倪。"无"与"有"这二者来自相同的源头（道），而称呼不同，并指明事物处于"常无"、"常有"状态，处于不断运动和变化之中。

解读

"有无相生"的创业之道

"有无相生"是道家哲学的一个重要命题。所谓"有无相生"，是说有生于无，无生于有，有和无是相互转化的。并且这种"有无相生"的过程是"周行而不殆"的，而每一次"周行"都是事物的推进与上升。这显然是一个合理的辩证法命题。

如果一般人是从肯定思维模式出发，肯定"有"的作用的话，那么道家则从否定思维模式出发，更为肯定"无"的作用。从肯定"有"的正面价值出发，往往表现为尊重传统，循规蹈矩，不标新立异的旧的思维定势；从肯定"无"的反面价值出发，往往表现为否定现状，具有反传统、反权威、反世俗的意义，善于开拓创新，具有标新立异的创新精神。

现代企业中，许多著名的管理学家面对经济转型和激烈的市场竞争，把道家"有无相生"的哲学智慧运用于企业经营，将"无"转换成"有"，把提倡改革创新、反对墨守成规看成是企业管理的重要内容。日本著名企业家松下幸之助在《谈经营秘诀》中指出："只有努力创新的商店或生产公司，才会有前途，墨守成规或一味模仿他人，到最后一定会失败。不可为商品的滞销找借口，一定要拿出魄力和决断力，在创新方面去寻求机会。"美国的卡斯特认为，企业的成功，"依

赖于不断地适应和创造。"德鲁克指出:"管理者必须抛弃过去,丢弃已经存在和为人所知已过时的东西,他必须创造未来。"英国的罗杰·福尔克则指出:"革新和改革是企业进步必不可少的因素。"

"有"与"无"作为道家最基本的辩证范畴,在中国军事历史上也得到充分的运用。

张巡借箭智退敌兵的故事和孔明草船借箭一样,是历史上有名的"无中生有"的经典案例:安史之乱中期,安禄山的叛军派唐朝的降将令狐潮领兵四万进攻雍丘(今河南杞县)。雍丘附近有个真源县,县令张巡招募了一千来人,先行占领雍丘。叛军到后,张巡身先士卒,率兵直冲敌营,打退叛军。但叛军不断攻城,日子一久,城里的箭用尽。眼看绝境将至,张巡想出了一个"无中生有"的妙计。这天深夜,张巡命令士兵扎上千草人,裹以黑衣,用绳子从城头吊下。叛军发现后,马上不断向草人射箭,直到天亮,才发现是草人。待守军拉回草人,净得几十万支箭。第二天晚上,张巡选了五百勇士,仍用绳子吊下城。叛军以为又是草人骗箭,笑而不理。这五百勇士乘机袭击令狐潮军营,叛军大乱,焚垒而逃。张巡取得了战斗的胜利。张巡此计,不仅妙在"无"中生出了箭,更重要的是"无"中还生出了战机。显然,一切事业、一切财富、一切成就皆源于"无"。"无中生有"不仅是世界的必然性,也是一切创造性行为的必然性。

老子云："天下万物生于有，有生于无。"这就明确肯定了"有无相生，无中生有"的必然性。老子从万物创生的角度立论，其哲学思想给予我们深刻的管理启示："有无相生，无中生有"是创造的本质特征，创造就是使原先"没有"的东西变成"有"，使原来"不存在"的东西成为"存在"。商场上的创业就是典型的"无中生有"的过程：正因为原来"没有"，所以我们就要创造"有"，创业的机会来自现在"不存在"的一切现象之中。一个真正的创业者，一定是个善于把握市场机遇的先行者。

2
大道看"祸福"

【原典】

祸兮福之所倚，福兮祸之所伏。孰知其极？其无正！

——《道德经·第五十八章》

【译释】

灾祸与幸福紧密相连，而幸福的旁边又躲藏着灾祸。谁能知道祸与福之间相互变幻、彼此循环的根本原因呢？它是变幻莫测，远远超出于人们的想象力和理解力之外的！

俗话说，天有不测风云，人有旦夕祸福。古往今来，祸福之道始终是一门大学问，作为现代人，生活中处处存在竞争与陷阱，如何安身立命、趋利避害，是不得不研究的。

而老子可谓这方面的专家，他认为，福与祸在一定条件下是可以互相转化的。所谓一定的条件，既有客观原因，也有主观原因。而往往人的主观因素是其转化的最为关键的条件。在生活中，人们往往会因为目光短浅，一念之差，一时冲动，或是骄傲自满，而给自己带来祸患。

解读

居安思危才能守福避祸

商王帝辛的时候，雀在城边生了一只乌鸦，占卜的人说："凡是小的生出大的东西，国家一定会吉祥如意，您的名望一定会增加一倍。"帝辛听后喜不自禁，以为从此自己就会受天佑护了，便不再管理国家，为人残暴凶狠，结果导致了外族的侵扰，商朝因而灭亡了。这就是逆道而行，由福转为祸患的例子。

《列子·说符篇》上有这样一个故事：宋国有一户人家为人十分仁义，三代都是如此，待人真诚，常常做善事。有一天，他们家的黑牛生下一只白牛，别人就去问孔子。孔子说："这是吉祥的征兆。"过了不久，那家人父亲的眼睛无缘无故地瞎了，而牛又生了一只白牛，过不多久，儿子的眼睛也瞎了。人们都觉得诧异，说这哪里是吉祥的征兆，明明就是恶兆啊。可是后来楚国攻打宋国，年轻力壮的人都被征召去打仗，而这父子两人因为双目失明而免于征役。等到战争停止的时候，他们的盲病不治而愈了。这时候人们才懂得吉兆的含义。

明朝人杨慎所著的《韬晦术》中有一句名言："荣利之惑于人大矣，其所难居。"意思是说荣华利禄、高官显爵对于人的诱惑力很大，但是荣利场也是最难站稳脚跟的。《周易》有云："安而不忘危，存而不忘亡，治而不忘乱，是以身安而国家可保也。"一个人在成为大权在握的领导者之后，居安要思危，才能守福避祸。

唐朝郭子仪因平定"安史之乱"而立下大功，爵封汾阳王，任宰相，王府建在国都长安的亲仁里。郭子仪戎马一生，屡建奇功，但他从不居功自傲，忠勇爱国，宽厚待人，因此在朝中有极高的威望。

唐代宗大历二年（767年）十二月，有人掘了郭子仪父亲的坟墓，可是盗贼却没有抓到。人们怀疑是朝中宦官鱼朝恩指使人干的，鱼朝恩一向嫉妒郭子仪，并向代宗屡进谗言，一再阻挠皇上任用郭子仪。郭子仪对于祖墓被毁的原因是心里有数的。他入朝时，皇帝先提起此事，郭子仪哭奏道："臣长期主持军务，不能禁绝暴贼，军士掘毁别人坟墓的事也是有的。这是臣的不忠不孝，招致上天的谴责，不是人患所造成的。"满朝的公卿大臣原来都很忧虑，怕郭子仪闹出事端，听了他的回奏后，都对他无比钦佩。郭子仪想到的是国家安危事大，朝廷的安稳远比自己的私事重要。

汾阳王府自落成后，每天都是府门大开，任凭人们自由进进出出，而郭子仪不允许其府中的人干涉。

有一天，郭子仪帐下的一名将官要调到外地任职，来王府辞行。他知道郭子仪府中百无禁忌，就一直走进了内宅。恰巧，郭子仪的夫人和爱女正在梳妆打扮，王爷郭子仪在一旁侍奉她们，她们一会儿要王爷递毛巾，一会儿要他去端水，而郭子仪毫不在意自己被使唤来使唤去。

这位将官当时不敢讥笑郭子仪，回家后，就禁不住讲给他的家人听。于是一传十，十传百，没几天，整个京城的人都把这件事当成笑话来谈论。郭子仪听了倒没有什么，他的几个儿子听了却觉得大丢面子，他们相约来找父亲，要他下令，像别的王府一样，关起大门，不让闲杂人等出入。郭子仪听了只是大笑。一个儿子说："父王您功业显赫，普天下的人都尊敬您，可是您自己却不尊重自己，不管什么人，您都让他们随意出入。儿子认为，即使商朝的贤相伊尹、汉朝的霍光也无法做到您这样。"

郭子仪听了这些话，收敛了笑容，对他的儿子们语重心长地说："我敞开府门，任人进出，不是为了追求浮名虚誉，而是为了自保，为了保全我们全家人的性命。"

儿子们感到十分惊讶，忙问其中的道理。郭子仪叹了一口气，说道："你们光看到郭家显赫的声势，而没有看到这声势有丧失的危险。我爵封汾阳王，往前走，再没有更大的富贵可求了。月盈而蚀，盛极而衰，这是必然的道理。所以，人们常说要急流勇退。可是眼下朝廷尚要用我，怎肯让我归隐，再说，即使归隐，也找不到一块能够容纳我郭府一千余口人的隐居地呀。可以说，我现在是进不得也退不得。在这种情况下，如果我们紧闭大门，不与外面来往，只要有一个人与我郭家结下仇怨，诬陷我们对朝廷怀有二心，就必然会有专门落井下石、妒害贤能的小人从中添油加醋，制造冤案，那时，我们郭家的九族老小都要死无葬身之地了。"

郭子仪的确明智，他能在自己位高权重之时保持清醒的头脑，懂得福祸相依的道理，善于规避灾祸，所以才能四朝为臣。如果他对于自己的高官厚禄感到自满，就难免会生出骄横之气，不能忍气，那么那些想和他作对的人也就有机可乘了。

所以说，不论自己处在什么样的位置上，也不论眼前的风景有多么迷人，都不应该忘记一件事，美丽的风景之后可能就是悬崖峭壁。一定要保持清醒的头脑，规避可能会有的祸患。

3
大道看"坚柔"

【原典】

天下之至柔，驰骋天下之至坚。无有入无间，吾是以知无为之有益。不言之教，无为之益，天下希及之。

——《道德经·第四十三章》

【译释】

天下最柔弱的，同时也是行遍天下无所不克的最坚强的。虚无的道可以进入一切存在起作用。我因此懂得了不执着于名的"无为"的好处。"不言"的劝教，"无为"的好处，普天下没有什么比得上。

据说，在七千年之内，尼亚加拉大瀑布将会完全溶解它周围所有的山，到目前为止，已经有七英里的山和石头被它所溶解。所以，七千年之后的人们将看不到尼亚加拉大瀑布那壮丽的景色了，因为没有山的依托，瀑布也就消失了。试想，那么坚挺巍峨的群山，也将会被水流慢慢地溶化，难怪老子说，至柔的可以驰骋至坚的。从水的特性中我们便可以感悟到柔的力量。

解 读

柔能胜刚强

从老子的言论和著作中可以看到大量朴素辩证法思想，比较典型的就是以柔克刚。客观地说，刚与柔、强与弱各是一对矛盾。一般来看，刚与强是矛盾的主要方面，能够战胜柔与弱。但事物不是绝对的，利用柔弱战胜刚强的例子绝不少见。除了自然界事物有所表明外，从生活中人性的善柔能够战胜邪恶的方面也可得到证明。请看下面这则故事：

在一个漆黑的夜晚，一个惯于抢劫的男子在地铁站盯上了一位妇女，他尾随她在一个偏僻的小站下了车。此时，夜深人静，他准备就在那里伺机动手。他紧走几步赶上了这位妇女，不料这位妇女突然转过身来，以十分诚恳而信任的口气对他提出请求说，天黑人少，一个单身女子赶路太不安全了，她很高兴能在这里碰到他，并请求他护送她一段路程。

这位妇女的举动使准备抢劫的男子一时不知所措，只得很茫然地点头答应了。一路上，妇女把他当作熟人一样聊着天，丝毫没有把他当成歹徒加以防备的意思，使得这个原想作案的男子不知不觉地将她一直送到了家门口，始终没有采取任何非礼的行动。事后这个男子回忆说，他原来是想对她施暴的，但是这位妇女纯善的举止行动使他内心深处的人性得到了恢复，从而打消了罪恶的念头。

那位妇女在情急之下的纯善之心，唤醒了那个男子人性中善的一面，也在十分危难的状况下解救了自己。她运用的就是感化对方、以柔克刚的方法，使自己避免了一场灾祸。有句俗话说："四两拨千斤"，讲的就是以柔克刚的道理。纵观历史，我们不难发现，往往刚烈之人容易被柔和之人征服利用。大凡刚烈之人，其情绪易于激动，情绪激动则很容易使人失去理智，仅凭一股冲动去做或不做某些事情，这便是刚烈之人的特点，恰恰也是其致命的弱点。一块巨石如果落在一堆棉花上，则会被棉花轻轻地包容在里面。以刚克刚，两败俱伤。因此，遇事尤其是在危急的状况时，懂得以柔克刚才是大智慧者的表现。

4

大道看"曲直"

【原典】

曲则全，枉则直，洼则盈，敝则新，少则得，多则惑。

——《道德经·第二十二章》

【译释】

能柔曲的因而能自我保全，懂得纠正的便能变直，能低洼凹陷的则能自我充盈，懂得护守现成的稳定则能得到真正的逐渐更新，索取少则能得到更多，索取多则反而导致自身的混乱迷惑。

道家是能出世也能入世的，有体有用。"曲则全"，"枉则直"，都是极其实用的生活智慧。

"曲则全"是做人处世与自利利他之道。为人处世，善于运用巧妙的曲线，便可事事大吉了。换言之，做人要讲艺术，便要讲究曲线美。比如说要批评别人，直接指责那别人当然受不了，可是如果换种语气，说得委婉一些，那么对方接受起来就容易多了。所以，直道而行固然好，可是适当情况下走走曲线也是很有帮助的。

解 读

以柔曲之姿进取

据说汉武帝有个奶妈，把他从小带大，两个人感情十分深厚。奶妈因为觉得皇帝是自己带大的，有靠山，所以在外面做了犯法的事情（"尝于外犯事"）。后来汉武帝知道了，准备依法严办。奶妈只好求救于东方朔。

东方朔教奶妈一个办法，说："你切勿求皇上饶恕你，这件事情只用嘴巴来讲是没有用的。等皇上下令要办你的时候，会叫人把你拉下去，你什么都不要说，只要走两步便回头看看皇上，不断地回头看他。切记，什么求饶的话都不要说，喂皇上吃奶的事更不要提，否则一定会人头落地。可是如果按照我教你的方法去做，或许还有希望保全你。"

于是，奶妈就照着东方朔的吩咐，在汉武帝要办她的时候，走一两步就回头看看皇帝，鼻涕眼泪直流。东方朔站在旁边说："老太婆，你还看什么看啊？皇帝已经长大了，还要靠你喂奶吃吗？你就快滚吧！"东方朔这么一讲，汉武帝听了很难过，想起了从前奶妈的种种好处，毕竟是从小被她带大的，现在要把她绑去砍头，心里实在不忍。于是"帝凄然，即赦免罪"。

这便是"曲则全"的艺术。

如果东方朔直接去向汉武帝求情，汉武帝就会更加生气，甚至可能会怀疑东方朔同奶妈有不法的往来，连东方朔也一起抓起来查办。可是东方朔设的这个计策，用不着直接求情，皇上自己就后悔了，也不会怪东方朔与奶妈有往来。而且当皇上的，特别是汉武帝这样"穷兵黩武"、很自我的皇帝，尤其讨厌被臣子所左右，东方朔用这种方式可以把恩惠算在皇上身上，不至于让皇上觉得自己被臣子的意见所左右而心生反感。

"枉则直"，歪的东西把它纠正过来，就变成直的了。但是如果纠正太过，

又会变成弯曲的，所以有"矫枉过正"的成语。

晏婴有一次对曾子说："车轮虽然是圆的，可是却是用山上的木头做成的，木头可是直的啊。这是因为有好的工匠把直的木头拿来加工，使之变成弯曲的圆，中规中矩。木头的本身虽然有枯槁的地方，或者是有结疤鼓出来，或者是有个地方凹下去，这都是缺点。可是经过木工的雕琢，这些缺点就都没有了，便可发出坚强的作用来。所以说，要学会做一个君子，便要谨慎小心，致力学问修养，一天一天慢慢地琢磨成器，如同木工做车轮子一样，慢慢地雕凿，平常看不出效果，等到东西做成功了，效果就出来了，到这时候，才看出成绩。"这就是告诉曾子，人生的学问道德修养，不是一下做得好的，想一蹴而就是不可能的。可见想要"枉则直"是需要时间的，是要慢慢地琢磨的，不能幻想一下就达到效果，否则可能会适得其反。

洼则盈，低洼的地方水才会聚积；敝则新，有上才有下，有旧才有新。少则得，索取少则能得到更多；多则惑，索取多则反而导致自身的混乱迷惑。人生是一个自我磨炼、自我完善的过程，几十年的时间，前面一段不懂世事，后面一段干不了事，剩下能干事的就是中间一段，正是青年到壮年的宝贵时间，若不能把握，就会万事成蹉跎。

年轻人总会遇到一些挫折、一些困惑，也总会获得一些机会、一些收获。最忌讳的是，在挫折时浮躁，在收获时浅薄。浮躁和浅薄都不能成就事业。

比如说，大学生刚毕业的时候找工作，有的人一心只想进那些大企业大公司，认为只有在那里自己的能力才能得到充分的发挥，才能学到更多的东西。可是大公司人人想进，那些进不去的怎么办？不得已选了小公司，整天唉声叹气，认为自己是大材小用、明珠暗投，然后一边漫不经心地上班，一边寻找机会跳槽。

这样的人不在少数。可是这样的人其实很傻。

诚然，大公司大企业实力强大，制度完备，有着良好的培训机制，对于人员的锻炼也很重视。可是它们的缺点也是同样显而易见的，公司里人才济济，刚毕业的学生有几人能在其中崭露头角呢？那么多的精英分子都在等待上位，轮到毕业生的时候只怕几年的时间都过去了。

而小企业小公司里人才没有那么多，如果毕业生有较强的实力，老板往往会拿你当个宝。而且因为人员较少，晋升的空间大、时间短。或许别人在大公司里还只是一个普通业务员的时候，你在小公司里已经是部门经理独当一面了。

当然，这需要你能够静下心来，不骄不躁，小公司里能学习的东西也同样很多。当你的要求不那么高时，能把自己的位置摆低，真诚地去学习，那么就会"少则得"，因为虚心而获得更多。

这是对于那些妄想一步登天的人们的一个小小的建议，由此也可以看出道家思想对于现实人生的意义。

5

大道看 "简繁"

【原典】

治人事天莫若啬。夫唯啬，是谓早服。早服谓之重积德。重积德则无不克。无不克则莫知其极。

——《道德经·第五十九章》

【译释】

不论待人或处世，行事都应该单纯精简。因为，唯有行事精简才能早日达成目的，能早日达成目的的即是"高效率"。行事如果都能很有效率，就没有什么不能克服的困难。到了无事不克的境界，则其能力深不可测、不知极限。

"治人事天莫若啬。"说的就是让复杂的事变得简单，或者说，不要将简单的事做得过于复杂。

老子认为，提高效率、克服困难的有效办法就是行事精简。在日常生活中，人们在事情完成之后，常常发现自己走了很多冤枉路，究其原因就是将事情考虑得过于复杂、烦琐了；还有就是有的公司将本来能够简单化的事情，硬要分门别类复杂化，浪费了大家许多时间，效率也低。

解读

化繁为简，事半功倍

世间本无事，庸人自扰之。世间万物，原本简单，切不可人为地复杂化而自找麻烦。须知，最伟大的真理常常也是最简单的真理，因为任何基本的东西都是简单的，一切创造的起点也是简单的。

成功和生活一样并没有那么难，只要我们按照单纯精简的行事原则对事情进行分析处理，就会从简单中获得不简单的效果。

有一个牧场主人让他的孩子每天在牧场上辛勤工作，朋友对他说："你不需要让孩子如此辛苦，农作物一样会长得很好的。"牧场主人说："我不是在培养农作物，我是在培养我的孩子。"原来培养孩子很简单，让他吃点苦头就可以了。

住在田边的青蛙对住在路边的青蛙说："你这里太危险，搬来跟我住吧！"路边的青蛙说："我已经习惯了，懒得搬了。"几天后，田边的青蛙去探望路边的青蛙，却发现它被车子轧死了——原来掌握命运的方法很简单，远离懒惰就可以了。

有一家商店里每天晚上所有的灯都是亮的，有人问："你们店到底用的是什么牌子的灯管？那么耐用。"店家回答说："我们的灯管也常常坏，只是坏了就换而已。"原来保持明亮的方法很简单，只要常常换就可以了。

有一个网球教练对学生说："如果一个网球掉进草丛里，应该怎样找？"有人答："从草丛的最凹处开始找。"有人答："从草丛的最低处开始找。"教练宣布他的答案："按部就班地从草地的一头搜寻到草地的另一头。"原来成功寻找的方法很简单，从一到十不要跳过就可以了。

有一只小鸡在破壳而出的时候，刚好有一只乌龟经过，从此以后，小鸡背着蛋壳过了一生——原来摆脱沉重的负荷很简单，放弃固执和成见就可以了。

有几个孩子很想成为一位智者的学生，智者给他们一个人一个烛台，叫他们要保持烛台光亮。

结果一天两天过去了，智者都没来，大部分孩子已不再擦拭那个烛台。有一天智者突然到来，大家的烛台上都蒙上了厚厚的灰尘，只有一个被大家叫做"笨小孩"的孩子，虽然智者没来，他也每天都擦拭烛台，结果这个笨小孩成了智者的学生——原来实现理想很简单，只要实实在在地做事就可以了。

有个年轻人在脚踏车店当学徒。有人送来一部有毛病的脚踏车，年轻人不仅将车修好，还把车子整理得漂亮如新，其他学徒都笑他多此一举。后来，在车主将脚踏车领回去的第二天，年轻人就被挖到那位车主的公司上班了——原来要获得机会很简单，勤劳一点就可以了。

是的，生活就是如此简单，成功也是如此简单。回过头来我们再分析老子的话，很轻松地就能感受到老子"治人事天莫若啬"的大智慧——不要将事情想得过于复杂，否则我们的思维我们的行动都将被束缚。

在这个瞬息万变的时代，精简是非常重要的。写文章要精简，说话要精简，做事更要精简。只有简单自然，才能突出内在的价值。不要以为成功多么复杂，也不要以为生活多么困难，只要遵循简单原则，我们的生活就会不简单。

6 大道看"无为"

【原典】

为学日益，为道日损。损之又损，以至于无为，无为而无不为。取天下常以无事，及其有事，不足以取天下。

——《道德经·第四十八章》

【译释】

追求学问的人所做的事一天比一天多，追求大道的人所做的事一天比一天少。减少又减少，一直到无为的境界。能做到不妄为也就无所不为了。征服天下，需要这种无为，如果有为就不足以征服天下。

老子最经典的智慧就是"为无为，则无不治"。老子在这里讲的"无为"并不是无所作为之意，更不是什么都不做。这里的"无为"是指不妄为、不随意而为、不违道而为。相反，对于那种符合道的事情，就必须以"有为"为之。

老子所指的"无为"，是让人在处世之时顺应大势、顺应自然。所以老子这种"无为"不仅不会破坏事物的自然进程和自然秩序，而且还有助于事物的发展。

不该做的事情不要去做，不该管的事情不要去管，是无为的核心内容。不把个人的意志强加在人与事之上，并不是怯懦的表现，而是一种大智慧。它能使人在潜移默化中走向自觉，收到良好的成效。

很多人都会被无为的表面意思所误导，从而陷入一个误区，认为道家思想是消极的，是不可取的。其实，无为不是无所作为，不是听天由命、跷起二郎腿靠天吃饭，而是要按照自然界的规律办事。老子非常重视矛盾的对立和转化，他的这一见解，恰好是朴素辩证法思想的具体运用。他幻想着有所谓"圣人"能够依照客观规律，以无为的方式去化解矛盾，促进自然的改造和社会的发展。在这里，老子并非夸大了人的被动性，而是主张发挥人的创造性，像"圣人"那样，用无为的手段达到有为的目的。显然，在老子哲学中有发挥主观能动性，去贡献自己的力量，去成就大众的事业的积极进取的因素。

解 读

一定要懂得何时该"为"何时不该"为"

"无为"是顺应自然，不轻举妄动，在未认清事物发展的内在规律时，暂时不轻易去做。

正如古人所说"识时务者为俊杰"，对人们来说，这里的所谓"时务"，就是时代潮流，就是做事的契机。只要顺应时代潮流，把握做事契机，就能达到"无为而无不为"的境界，从而成就一番伟业。

自古有雄才大略之人皆能顺应时势而成大事，古兵法常说，战法应该"与时迁移，随物变化"，这也就是"造势"的奥妙所在。又说：掌握时机永远是政治家的智慧体现。在什么时候实施自己的计划，什么时候又欲擒故纵，这些是由才干和智慧作保证的。有时，等待的结果是养虎为患，而有时，等待则是成功的重要保证。郑庄公时，同父异母的共叔段要谋反篡位，庄公开始表现得无动于衷，但暗地里却密切注视着共叔段的动向，当他确知共叔段已准备妥当之时，觉得已找到了诛灭共叔段的合法借口，于是以迅雷不及掩耳之势囚禁了共叔段的生母武姜氏，并将共叔段诛灭。

由此可见，能够准确地识别时机，是达到无为境界的基本素质。鬼谷子在《逸文》中说："圣人之所以能永垂不朽，就是能把握时机的变化。"所以无论在行动上还是计划上，如果不能顺应时代的变迁，讲求适应环境的策略，只是一味固执己见，绝对是要失败的。《兵经》说，战事的紧要关头是战机，时间准确无误是战机。有的眼前是战机，转眼间又不是战机。所以迅速抓住战机，努力改变自己，是历代英雄取胜的共同特点。

战国时周人白圭以善于经营、贱买贵卖著名，他捕捉赚钱的时机就如同猛禽猎取食物一样迅速。自称："吾治生产，犹伊尹、吕尚之谋，孙吴用兵，商鞅行法是也。"他的这一套生财之术被当时天下商人效法。

有一个大家都知道的古代故事：

春秋末年，继"五霸"群雄纷起之后，吴越两国开始争霸。吴王夫差先成霸业于姑苏，但越王勾践卧薪尝胆，奋发图强，终于在大夫范蠡的帮助下一举灭吴。然而，就是这位德高望重的开国元勋范蠡，在国泰民安之后，不愿安享高官厚禄，化名陶朱公远走齐鲁，经营商贸，终于成为富可敌国的一代巨商富豪。

对于试图成大事的人而言，究竟怎样才能很好地适应现实呢？答案是他必须从实际出发，正确认识客观现实，不逃避现实，也不做无根据的幻想，从而把自己置于这个环境之中，了解它、掌握它并进一步改造它。这就是说从主观上要采取积极态度，而不是消极等待，在选择对策时应当审时度势，有条件时选择改造现实的条件，无条件时选择改造自身的办法，这样才能既不想入非非，又不自暴自弃，找到最佳方案。

1969 年，曾被香港一家珠宝行雇用多年的陈先生决定自己出来闯一闯，于是，便以仅有的 1 万港元积蓄开始了创业生涯。

在珠宝行，要从事珠宝买卖，1 万港元实在少得可怜，根本无法入市。但陈先生并未知难而退，而是凭着自己在珠宝行多年滚打摔爬所积累的经验，凭着多年的交情，向同行赊账购进了一百多万港元的货物，从事珠宝制作贸易业务。那年他 25 岁。

1972 年，尼克松访华，中美建交，给陈先生带来了意想不到的机会。这机会他抓住了。

当时，中美建交后，封锁了多年的大门终于被打开，美国人忽然之间对这个神秘的大陆倍感兴趣，什么事物都感到新鲜，一时间掀起了购中国货的热潮。身在珠宝行的陈先生独具慧眼，看准了这一时机，便决意调整经营策略，专攻半宝石首饰，出口美国。这一招果然不同凡响，一炮打响。半宝石价格相对低廉，但需求量相当大，因此，薄利多销，利润相当不错。这一成功全靠了尼克松帮忙。从此，陈先生的珠宝生意走上了坦途。

陈先生只受过小学教育，为什么会有如此领悟力和应变力呢？他之所以能够逢山开路、遇水搭桥，能够因时制宜做生意，赚大钱，用他自己的话来说，就是勤于学习、善于观察。

那时陈先生的半宝石产品出口美国，以纽约为主，而纽约的珠宝商又以犹太人最为活跃。犹太人是世界上最善于经商的，但也最难应付。

因此，经过反复考虑之后，陈先生决定把自己的珠宝批发业务搬到美国，以便直接控制货物在美国的销售，不再受制于人。

1977 年，陈先生正式在美国开展批发业务，这样，在美国的市场更加牢固。这也为以后的发展奠定了更加坚实的基础。

陈先生时刻留意时势变化，并随时调整经营策略。1979 年，中国内地实行改革开放政策，陈先生看准这一时机，将大部分产品都迁往中国内地加工。这样一来，大大地降低了成本，市场竞争力又提高了一步。

1984 年，陈先生预料到，随着经济生活水平的提高，人们的购买力必将增强，风行了 10 多年的半宝石市场将会疲软，于是当机立断，实行战略性转移，投资 2000 多万港元，向汇丰银行购入了当时被汇丰接收的丽丽珠宝行，向精美宝石市场进军，重走高档首饰之路。

这一步棋，他又走对了。果然，随着人们收入的不断增加，许多人都把眼光盯在了昂贵首饰上，陈先生又一次大赚其钱。

不知这位陈先生有没有接触过道家的思想，但看得出他绝对是个聪明人。对于聪明人来说，做不做某事首先建立在对该事的认知上，看清这件事的性质是否顺应事物发展的内在规律，再根据自身的能力，掂量掂量值不值得做，能不能做，最后能做到什么程度。知道了"无为"，不妄为，才能无不为，才能大有作为。

7

大道看"动静"

【原典】

躁胜寒，静胜热，清静为天下正。

——《道德经·第四十五章》

【译释】

躁动战胜寒冷让人温暖，冷静战胜炎热让人清凉，清静无为才能使天下太平安宁。

俗语说"心静自然凉"，这里的"静"取安静、冷静之意，"凉"是心安静下来之后一种清凉、宁静的感觉。我们常常会在心烦意乱的时候感到无比燥热，而在这种情况下，我们往往会失去理智，冲动的结果是做出错误的选择。

所以，越是在紧要的关头，我们越需要"静"，"静"就是一种力量。

解 读

"静"是一种无人能敌的力量

《庄子·达生》中有这样一个故事：

西周时，有一个叫作纪消子的养鸡人。他养的鸡是专用来斗鸡的。这斗鸡只要是他所养，定能打遍天下无敌手。久而久之，他的名声就传到了周宣王的耳朵里。于是，周宣王重金礼聘他出任王室的斗鸡培训基地负责人，专门为王室培养斗鸡。有了这样的好处所，纪消子自然是全心全意地为周宣王培训斗鸡。

转眼，这纪消子上任已十天。朝堂无事，周宣王便来到王室斗鸡培训基地视察工作："纪先生，这鸡可已驯养妥当？"

纪消子老实回答说："还没有。这些鸡虚浮骄矜、自恃意气，现在还不能用。"周宣王只好失望而归。

又过了十天，周宣王心痒痒地想斗鸡，于是又问纪消子："先生，现在鸡可驯养妥当？"

这纪消子的回答还是老样子："不行，这些鸡一听到响声就叫，一看见影子就跳。"周宣王只得作罢。

又过了十天，周宣王心想这次斗鸡应该驯好了吧，于是再次询问斗鸡培训项目的进展情况。谁知，纪消子的回答还是不能让周宣王满意："不行，这些鸡还是那么顾看迅疾，意气强盛。"周宣王只得怏怏离去。

又一个十天过去了，周宣王虽然对纪消子已经不抱任何希望了，但他还是心存侥幸地问纪消子说："先生，斗鸡可以用了吗?"都说不抱希望的时候反而会有所收获，果然如此。这次，纪消子的回答是："差不多了。别的鸡即使打鸣，它也不会有什么变化了，看上去像木鸡一样，它的德行真可说是完备了，别的鸡没有敢于应战的，看到它掉头就逃跑了。"

后来，周宣王用此鸡横扫斗鸡场。这也就是"呆若木鸡"一词的由来。当然，现在这个词表达的意思早已与本义大相径庭了。

从纪消子养鸡的故事中，我们可以得到这样的启示："静"也可以做到无人可敌。

所以，斗鸡时一动不如一静；做事情时，有时更需明白一动不如一静之理。以不变应万变，才是高明之道。《菜根谭》中也说："淡泊之士，必为浓艳者所疑；检饬之人，多为放肆者所忌。君子处此固不可少变其操履，亦不可太露其锋芒。"认为志向淡泊的人，必定会受到那些热衷于名利的人的怀疑；生活俭朴谨慎的人，大多会被行为放荡的人所妒忌。一个坚守正道的君子，固然不应该因此而稍稍改变自己的节操，但是也不能够过于锋芒毕露。

高明的人做事都懂得淡泊宁静，不事张扬。适当地保持沉默，

既是一种沉静，也是一种高深。

《庄子》里有一个故事《接舆点拨肩吾》：

肩吾拜见接舆。

接舆说："过去你老师给你说了些什么？"

肩吾说："他告诉我，做国君的一定要凭借自己的意志制定法度，人民谁敢不听从？"

接舆说："那是骗人的做法。圣人治理天下，不用法度。圣人先正自己而后感化他人，任人各尽所能就是了。"

接舆就是大名鼎鼎的楚狂人，曾经狂歌于孔子之前。接舆讲治天下要"正己"，不是说一般的端正自己就可以了，而是有多个复杂的技术层面，有"心斋"，有"坐忘"，当然也有"尸居"与"沉默"。特别是要沉默，才能正己。

又如《庄子》里的另一个故事《道人大战巫师》：

郑国有个巫师名叫季咸，占卜十分灵验，能占生死祸福，准确如神，人们见了他，都要抛掉东西跑开。

列子折服不已，回来对壶子说："我以为先生的道理最高深了，现在才知道还有更高深的。"

壶子说："我最高的道理还未传授给你，你请那巫师来看看我的相。"

第二天，列子邀请季咸来看壶子的相。看完了相，季咸出了门对列子说："你先生神色如灰烬，形象怪异，不能活了。"

列子进屋大哭一番。

壶子说："我给他显现的是寂然不动的心境，他只能看到我闭塞的生机，再请他来看看。"

第三天，列子又邀季咸看壶子。

季咸看后对列子说："你先生幸亏遇上了我，有救了，闭塞的生机开始活动了。"

列子进屋把话告诉壶子。

壶子说："刚才我给他看的是天地间的生气，一线生机从脚后跟升起，他只能看到我的一线生机，再请他来看看。"

第四天，列子再邀请季咸。

看后季咸对列子说："你先生神态恍惚，无法看相，待心神安宁时再看吧。"

列子把话转述与壶子。

壶子说："我给他显示的是没有征兆的太虚境界，你再请他看看。"

第五天，列子又邀请季咸看壶子，季咸还未站定便逃跑了。

壶子叫列子去追，列子没追上。

壶子对列子说："刚才我给他显示的是万象皆空的大道，跟他随意应付，他弄不明白我的究竟，像草遇到风就散乱了，所以他逃跑了。"

列子这才知道自己什么也没学到，回到家里三年不出门，为妻子做饭，喂猪就像伺候人一样，对任何事物都没有偏私，抛弃了浮华而恢复了真朴。

壶子战胜季咸，最重要的一招就是沉默。沉默犹如一柄利器，往往能在以静制动中一举击溃对手。

有的人一天到晚叫器，其实是"满壶全不响，半壶响叮当"，太肤浅，不堪大用。季咸是个大巫师，好装神弄鬼，好预测，但他这一套在壶子这样的得道高人面前全然无用。

壶子的沉默已全然展示了他的无上功夫。

列子因此受益匪浅，回家也沉默三年，做饭做出了味道，喂猪喂出了意思，一切随便，在家务事中修炼，如此也最终得道，成为继老庄后的第三位著名的道家宗师。

有个日本武士道高手来到少林寺，想要挑战空言大师。

空言大师说"好好"，就让弟子把日本武士带进来。

日本武士见面就抽刀，空言大师却让他喝茶。

日本武士相信这老和尚不会害他，就坐下来边打量边喝茶。

空言大师倒茶滴水不漏，坐下时衣带无声。

日本武士的全身杀气被无形中消减，心想即使不动手，也要与这老僧论学。于是日本武士大谈日本武士道如何厉害，空言大师只是稳坐在一边凝神静听。日本武士见空言大师一言不发，双目悠闲地注视着自己，不知何故心神却慌乱了。赶紧把茶喝完，悻悻地离去了。

同门问他当时为何不动手？

武士说："这老和尚太沉默了，他沉静的眼神让我感到高深莫测，气势如山，好像我稍有举动，就会遭巨石压顶。"

沉默竟让人如此震撼。

可见，"静"的力量不可思议，怪不得庄子笔下的那只"呆呆"的斗鸡能够所向披靡。

8

大道看"虚实"

【原典】

用兵有言，吾不敢为主而为客；不敢进寸而退尺。是谓行无行，攘无臂，执无兵，扔无敌。

——《道德经·第六十九章》

【译释】

兵家用兵之道有这样一种说法：我不敢挑起战争主动作战，而宁愿被动防守，不敢盲目进击一寸，宁可忍让退后一尺。这就是以静制动、以退为进、人不知我之图，乃至让对方看我是：看似有行动，却又好像没有行动；虽然看似进攻，却看不见我举出来的手臂；虽然似乎有攻击动作，却又好像没拿任何兵器；虽然面对敌人，却好像敌人根本不存在。

古人用兵最讲究虚虚实实、真真假假，这样能够使敌人摸不清自己的真正实力不敢轻举妄动。老子虽然不曾带兵，然而他却对兵法有着深入的研究。

他从这一兵法中引申出了一个"虚实并用"的人生智慧。故而他提出了"用兵有言，吾不敢为主而为客；不敢进寸而退尺。是谓行无行，攘无臂，执无兵，扔无敌"的论断。

当然，老子这一论断的对象是竞争对手或敌人，对待我们的竞争对手或敌人，我们可以通过虚实并用的策略来达到胜利的目的。

解读

有虚有实　虚实并进

对待老实人，我们要坚决奉行"以实打实，将心比心"的做法；然而对待那些奸诈、叵测的竞争对手，我们不妨来点儿"虚实并进"，在虚虚实实中挫败对手。

老子的"虚实并进"的智慧，在《三国演义》中体现得淋漓尽致——长坂坡一役，看似鲁莽愚笨的张飞一人便阻住了曹操十几万大军。

《三国演义》中这样记载："却说文聘引军追赵云至长坂桥，只见张飞倒竖虎须，圆睁环眼，手绰蛇矛，立马桥上。又见桥东树林之后，尘头大起，疑有伏兵，便勒住马，不敢近前……扎住阵脚，一字儿摆在桥西，使人飞报曹操。操闻知，急上马，从阵后来。张飞睁圆环眼，隐隐见后军青罗伞盖，旄钺旌旗来到，料得是曹操心疑，亲自来看。飞乃厉声大喝曰：'我乃燕人张翼德也！谁敢与我决一死战？'声如巨雷。曹军闻之，尽皆股栗。曹操急令去其伞盖，回顾左右曰：'我向曾闻云长言：翼德于百万军中，取上将之首，如探囊取物。今日相逢，不可轻敌。'言未已，张飞睁目又喝曰：'燕人张翼德在此，谁敢来决死战？'曹操见张飞如此气概，颇有退心。飞望见曹操后军阵脚移动，乃挺矛又喝曰：'战又不战，退又不退，却是何故？'喊声未绝，曹操身边夏侯杰惊得肝胆碎裂，倒撞于马下。操便回马而去。于是诸军众将一起往西奔去。正是：黄口孺子，怎闻霹雳之声；病体樵夫，难听虎豹之吼。一时弃枪落盔者，不计其数，人如潮涌，马似山崩，自相践踏。"

张飞能够喝退曹军并不是偶然的：张飞在曹操大军到来之前就命令所率二十多名骑兵都到树林子里去，砍下树枝绑在马后，然后骑马在林中飞跑打转。而他一人在长坂桥上，单人单骑、立马扬威，毫无惧色，尤其是他那惊天地泣鬼神的三声怒喝，吓死曹将之余，更增加了几分"实像"。而对面的曹操呢？他深知诸葛亮的本事，怕诸葛亮用张飞作诱，后有伏兵。曹操亲自前来观战，见到张飞那勇猛的样子，想起关羽曾告诉他，张飞能在百万军中取上将之首。另外，张飞的吼叫吓死了夏侯杰。张飞在那里立马提枪，咄咄逼人，使曹军不敢冒着风险向前。

如果能熟练运用这一"虚实并进"的智慧，那么在与对手的交锋中定能略胜一筹，稳稳地将胜利握在自己手中。

公元前 686 年，齐襄公在国内叛乱中被杀。大夫高侯与侨居莒国的公子小白关系很好，于是他派人前往莒国，迎接公子小白回国做国君。然而，此时齐襄公的另一个儿子公子纠也由旅居的鲁国派军队送其回国抢位，并且吩咐管仲带领军队在半路上拦截从莒国来的小白。

管仲领兵昼夜兼程，来到公子小白必经之地即墨，一打听，小白的车队已经过去。于是，管仲带着人马迅速追赶，行了三十余里，见小白的队伍正在停车做饭。管仲面带笑容上前同小白打招呼："公子近来身体可好？现在要到哪里去？"小白回答道："回去为父亲治丧。"管仲说："公子纠是长子，应该主丧，不必劳您去辛苦了。"小白没有应答，其随从人员个个横眉怒目，准备动武。管仲恐怕自己寡不敌众，就假装退走，在暗中却突然弯弓搭箭，对准小白射了过来。只见小白大叫一声，口吐鲜血，倒在乘坐的车上。小白的随从人员一齐啼哭起来，管仲见射倒了小白，便拨转马头，飞快地去向公子纠报信。在路上，管仲感叹道："公子纠有福，合该为君！"公子纠一队人马知道小白已被射死，就悠然自得地在路上慢慢行走，过了 6 天才到达国都临淄。

可是，这时小白已经登基当上了国君，称为齐桓公。公子小白被管仲一箭射死，怎么又复活了呢？

原来，管仲的这一箭正好射在小白腰间的带钩上。古人宽衣博带，带端有一个用青铜做的钩，称作带钩，一般长约 3 寸、宽约 1 寸，其作用同现今人们的腰带扣一样。管仲射来的箭虽然没有使小白受伤，但小白恐怕管仲再射，于是急中生智，咬破舌尖，口喷鲜血，装死倒在车上，从而麻痹了管仲。等管仲走后，小白连忙换上普通人的服装，带领随行人马抄小路星夜兼程。快到都城临淄时，小白派能言善辩的鲍叔牙先进城说服诸位大夫。鲍叔牙在众大夫面前述说了公子小白的贤明，取得了大夫们的认可，于是大家出城迎接公子小白继王位。

公子小白之所以能抢在异母兄、长子纠的前面登上王位，在于他随机应变，采用了示假隐真、虚实并用的计谋。

9

大道看"巧拙"

【原典】

大直若屈，大巧若拙，大辩若讷。

——《道德经·第四十五章》

【译释】

最直的东西看起来好像是弯曲的，最灵活的人看起来总是那么笨拙，最能言善辩的人看起来似乎总是那么木讷。

坦诚忠厚的人从不夸夸其谈与人争论不休，那些整天口吐莲花的人肚子里多半没有多少货，为人也多半不厚道。有真知灼见的人看起来大都没有渊博的学问，有渊博的学问的人经常会谦虚地承认自己的无知。

不难看出，老子洞察人心的眼光是无比犀利的，话语简单，但字字珠玑，老子的意思是识人不能只看表面。

解读

真正的作为不在表面

　　真正有作为的人，绝不会与人争论是非，对自己的所作所为和功过是非不进行争辩，他们虽表现木讷但脑子聪明，虽看似愚钝但心如明镜，他们不善于论人，也不善于为自己争辩，一切尽在不言中。老子称这些不善于用花言巧语来争辩的人是完善的。我们常说"言多必失"，言语发展到今天其作用大大超过了原始意义上的求偶需求，它已经成为现代交流必不可少的工具；尤其在社交场所，言语起到了无可替代的作用，这一点谁也无法否认。在老子看来，言语的负面作用比正面作用大，这是他所处的时代造成的，无可厚非。我们应该认识到，老子绝不是要我们都成为"哑巴"，他只是强调言语上升到"善辩"这一层次所出现的弊端。他将言语和人的善良本质联系起来不是没有道理的，这在今天看来依旧具有重要意义。

　　对于知识的博与专，老子自有他自己的见解，他称"知者不博，博者不知"。关于这一问题的讨论直到现在仍未休止，一般意义上的知识的广博和专精是不能说明老子的理论的。老子在这里强调的是对道的把握（真知）和多闻（广博）的辩证关系，在老子看来，多闻并不能真正地明白道，明白道的人并不靠博闻。

　　美国著名成功学大师戴尔·卡耐基曾说过的一句话几乎与老子的思想如出一辙。他说，如果你争论、争强、反对他人，你或许有时会获得胜利，但这种胜利是空洞的，因为你永远也别想得到对方的好感了。总之，这不是智者的所为。

　　细究起来，无谓的争辩是没有任何意义的。

　　并非所有人的观点都是一样的，无论如何，总有另一种观点存在。但是，恰恰有许多人忘记了这重要的一点，总是希望别人能赞同、肯定自己的观点，

因此与别人争论"是非曲直"，甚至不惜得罪别人。

其实，想要通过争论来"压服"别人，获得的效果往往是最糟糕的，不但不能让别人同意自己的观点，反而会令人产生厌恶感，甚至两败俱伤。所以，天底下只有一种能够在争论中获胜的方式，那就是避免争论。

如果一个人总是喜欢同他人争辩，总是希望能说服别人赞同自己，那只会让自己成为一个不受欢迎的人。"争论的结果，十有八九会使双方比以前更相信自己是绝对正确的。通过争论你不可能成为赢家。因为如果争论的结果你输了，当然你就输了；即使是你赢了，其实你还是输了。为什么呢？因为你的胜利是要以对方承认自己的错误为前提的。因此如果你赢了，你可以洋洋自得，但你会使对方自惭，你伤了他的自尊，他会怨恨你的胜利。一旦争论起来，一个人即使最终口服了，心里也并不服。"

不要不舍得承认对方，承认对方是对的，并不表示你就是错的。并且当你主动承认对方的时候，对方也会倾向于了解一下你的观点。

争强好辩绝不可能消除误会，达成共识。我们需要协调和宽容，学会用同情的眼光去看别人的观点。

大多数喜欢争辩的人还有另外一个坏毛病——卖弄自己。这种人总是仗着自己有点小学问、小智慧，时常"教导"别人应该如何如何。

这种好为人师的人总是自以为是。好为人师的人不负责任的言论常常会误人误己，不但容易引起不必要的纠纷，还会影响自己的心态。

做分数运算的时候你会发现：当一个分数的分子不变时，其分母越大，分数的值就越小。这并不只是一个简单的数学规律，在生活中的许多方面，都可以领会到它的含义。列夫·托尔斯泰曾说过："一个人就好像是一个分数，他的实际才能好比分子，而他对自己的估价好比分母，分母越大，则分数值越小。"托尔斯泰用形象的比喻揭示出做人的道理：不要自高自大，不要过高地估价自己。

过高估价自己的人，往往目空一切，好高骛远，对于身边的小事不屑一顾，认为自己是个不凡者，等着做一番惊天动地的大事业。结果往往是一生碌碌无为，毫无建树，最后还在可笑地埋怨自己没有好的机遇。还有一种人，经过奋斗也取得了一些成绩，于是就自满起来，躺在成绩上睡大觉，陶醉于以往的成功之中不思进取。这样的人，永远活在对过去的满足中，只会吃老本，不能立新功，以后也难有大的发展。

以上这两种对待人生的态度显然是不可取的。从表面来看两者似乎有些差异，但本质是相同的：妄自尊大，唯我独尊。这种心理往往会影响人的进取心，事业难有突破，因而自暴自弃，对社会无所贡献。大而言之，这延缓了社会的发展，时代的进步。

由此观之，盲目抬高自己，给自己过高的评价，对个人的成长没有益处。那么是不是对自己的评价越低越好呢？答案显然是否定的。

也许有人问："分子一定时，分母越小，其分数值越大，这不是符合数学规律的吗？"那么，当分母减小到零时，分数就失去了意义，人生也无价值可言了。当分母减小成负数时，整个分数就变成了负值。这结果不正和你的初衷截然相反吗？

过分低估自己的人，常常遇事无信心，见人矮三分，妄自菲薄，自暴自弃，落落寡合。即使为自己制定出一定的目标，也缺乏成功的信心，因此，事业上很难有什么成就。

一个人好比一条船，无论大小，都必须随时知道自己处在什么方位，载重几吨，航速多少。所以说，做人要善于剖析自己，只有当他正确地认识自己的才能和价值时，才能在各种条件下，特别是在不利和艰难的条件下，勇敢奋斗，显示和发挥自己的才能，对社会尽责。

人贵有自知之明，我们应该认清自己的弱点和短处。避免去做那些劳而无功、力不从心的事。既不要妄自菲薄，也不要自吹自擂，更不能过高地估计自己，给自己一个"跳起脚，够得着"的目标，脚踏实地地做事，对自己有公正客观的评价。这样，个人的能力才能充分地发挥，人生的价值才会有很好的体现。

老子一生憎恶智巧，然而他却是古今的大智者；他一生痛恨阴谋，却又被人说成是阴谋家；他一生讨厌权术，专讲权术的韩非子却向他取经；他咒骂了一生统治者，而历代统治者却向他讨教治国的方略。大智若愚、大辩若讷的道理就在这里。

卖弄小聪明的人只是自作聪明，卖弄机巧的人更是愚不可及，因为这样违背了自然无为的生活态度。老子告诉你只有抛弃机巧才是大巧："最圆满的东西好像有所欠缺，可是它的作用不会衰竭；最充实的东西好像仍旧空虚，可是它的作用不舍穷尽，最正直的好像是弯曲的，最灵巧的好像是笨拙的，最好的口才好像结结巴巴的。"

第二章

修身之道：谦谦君子的养成法则

　　在《道德经》中，老子用了很多篇幅来说修身的重要性。在老子看来，君子也好，圣人也罢，没有谁一生下来就十全十美。那些贤人君子们之所以处处受人敬仰，都是后天"修"来的结果。正如佛家所言，没有今天的修行，就没有明天的正果。但与佛家有所不同的是，老子的修身之道并没有太多高深的法门，只要大家在生活中稍加注意就可以轻松做到。

1

圣人都知道自己的无知

【原典】

知不知，上。不知知，病。夫唯病病，是以不病。圣人不病，以其病病，是以不病。

——《道德经·第七十一章》

【译释】

知道自己无知的人是真正的聪明人，不知道自己的无知甚至还要装作什么都知道就是"病"。人只有承认这种病才可以不患这种病。圣人之所以看起来没有毛病，是因为他们总反省自己的毛病，毛病自然就"不治而愈"了。

老子说："知不知，上。不知知，病。"意思是知道自己的无知是一种很高尚的修养，而不知以为知就是毛病了。老子针对当时的人自以为是、自作聪明的病态提出了严厉的批评。他在对这些病态的人作了剖析之后，又将圣人的"不病"摆在了世人面前，以此进行对照，结果不说自明。圣人怎样呢？"圣人之不病，以其病病，是以不病。"老子说，圣人没有毛病的原因是圣人能承认自己的缺点和不足，并努力加以改正，长此以往，他也就没有什么毛病了。

解 读

要有点自省精神

提高自己的修养，完善自我，首先要能承认自己的不足，而不是自以为是、刚愎自用，所以圣人日益完善成了大家学习的榜样。我们每个人都不可能孤立生存，都和他人发生着各种各样的联系，生活在大集体中的我们，怎样才能和他人和睦相处？首先我们必须克服自以为是的弱点。

可是身边总不乏这样的人，他们不懂装懂，刚刚了解了一些事物的皮毛，就以为掌握了宇宙变化与发展的规律；还有些人没有什么知识，而是凭借权力地位，招摇过市，便摆出一副智者的架势，用大话、假话欺人、蒙人。对于这些人，老子大不以为然，并且提出了尖锐的批评。

在这个问题上，中国古代哲人们有非常相似的观点。孔子有言曰："知之为知之，不知为不知，是知也。"（《论语·为政》）在老子看来，真正领会"道"之精髓的圣人不轻易下断语，即使是对已知的事物，也不会妄自臆断，而是把已知当作未知。这是虚心的求学态度。只有秉持这个态度，才能不断地探求真理。

所以，老子认为，"知不知"，才是最高明的。在古今社会生活中，刚愎自用、自以为是的人并不少见。这些人缺乏自知之明，刚刚学到一点儿知识就自以为了不起，目中无人，目空一切，甚至把自己的老师也不放在眼中。这些人肆意贬低别人，抬高自己，以为老子天下第一，如果不是道德品质问题，那就是不知道自己几斤几两。

做人难不仅难在要能认清别人，更难在能清楚自己。怎样才能既不盲目骄傲又不妄自菲薄呢？这就需要我们进行广泛的社会交往，人也和任何事物一样，是在相互比较中时时自省，正确看待自己的不足和长处。如有人谈到自己的能力时说："比上不足，比下有余。"这一认识就是通过比较得来的。同时，更重要的是要进行广泛的社会实践，在实践中不断丰富和修正对自己的认识。俗话说："当局者迷，旁观者清。"苏东坡在《题西林壁》一诗中也说：

横看成岭侧成峰，
远近高低各不同。
不识庐山真面目，
只缘身在此山中。

　　我们自己看不清自己的主要原因，就和身在庐山反而看不清庐山真面目是一个道理。要有自知之明，还得让自己跳出自我的小圈子，站在旁观者的立场来分析和评价自己。曾称他每天反省自己三次。反省就是自己把自己作为对象进行审视，让自己成为自己的审判官。鲁迅先生也曾说过："我有时解剖别人，但常常更严格地解剖自己。"这样才能对自己有清醒的认识。

　　古人说："破山中贼易，破心中贼难"。每个人都有自己不健康的情感、不良的生活习惯，甚至还有一些见不得人的欲望。如果成了这些情感、欲望、习惯的俘虏，我们就会变得放荡、荒淫、自私、贪婪、怯懦、粗野，什么坏事和丑事都干得出来，我们就成了披着人皮的野兽，任何一件有价值的工作也做不好。因为成就一番事业——"破山中贼"，首先需要破心中贼，需要时时自省。

　　如果经常在反省中扪心自问：自己是怎样的一个人？哪些东西对自己最为重要？自己能否把每一件事做得更好，这样的心路历程将会成为一个人在成长过程中审视自己的价值观、质疑自己的思路和锻炼自己的判断力的最好方法。用这种方法修炼自己，你会变得更强大、更自信，人生的目标也会更加明确。

　　唐代著名诗人白居易在《观刈麦》一诗中这样描写农民在麦收时的辛苦劳作："足蒸暑土气，背灼炎天光。力尽不知热，但惜夏日长。"还有一个抱着孩子的贫困妇女，因为租税繁重，把家里的田地都卖光了，只得捡拾散落在田里的麦穗"充饥肠"。面对农民们的艰辛困苦，白居易心中很不平静："今我何功德，曾不事农桑。吏禄三百石，岁晏（年底）有余粮。念此私自愧，尽日不能忘。"想到自己俸禄虽多，却既无稼穑之劳，又没有为国为民做更多的事情，感到十分惭愧。因此，他居官期间，清廉简朴，勤勤恳恳，爱民为民，替百姓办了许多好事。

　　每个人都会有错误或缺点，只有认真反省才不会在错误和失败的道路上越走越远。这个道理简单至极，可还是有许多人不愿意这么做。

　　之所以有很多人拒绝承认错误，就是因为他们害怕别人因此而看轻自己，但无论从哪个角度上说，这种想法都不过是在自欺欺人。一个人所犯的错误首先会被别人看到，而且在别人眼中，问题会显得更加客观和透彻。在这种情况下，坚持己见只会给人留下不自觉、太清高、太爱面子的糟糕印象，这不但有损自己的声誉，也会伤害那些原本打算善意劝谏的师友。为了小小的面子问题而不愿承认错误、不愿改进自己，是一种愚蠢的做法。

自省就是我们平时所说的自我批评，就是用超我、自我来战胜本我，把卑鄙的念头和冲动压下去。现在我们来看一则战胜自我的故事：

子夏有一天去拜访曾子，他们曾一起在孔子门下读书，过去同窗时关系很要好。曾子一见子夏就说："老兄，几年不见，你看起来发福了。"

子夏回答说："我自己战胜了自己，所以长胖了。"

曾子大惑不解地问道："你的话我一点也不明白。"

子夏说："以前我在书房里读到那些描写圣贤的高风亮节的文字就非常敬仰，出门看到别人享受荣华富贵又很羡慕，既想做一个品行高尚的君子，又想贪图眼前的利禄富贵。这两种力量在心里相持不下，长期不分胜负，所以人越来越消瘦。现在圣贤的道德战胜了享受的要求，崇高镇住了卑劣，见到别人大把大把花钱也不眼红，心里感到非常平静，生活清贫也很快乐，这样下去怎么会不胖呢？"

一个人是否具有反省能力对其为人很重要。自省可以改变一个人的命运和机缘。它在任何人身上，都会发生大效用。因为自省所带来的不只是智慧，更是夜以继日的精进态度和前所未有的干劲。

以下是关于自省的经验之谈：

一个真正英勇果敢的人，绝不会用拳头制止别人发言。

脾气暴躁，火气大，容易引起愤怒与烦扰，这种恶习能导致一时冲动而引发严重后果。

不伤害人，把他人所应得的给予他人，应当避免虚伪与欺骗，显出诚恳悦人的态度，学习品行正直。

讲话气势汹汹，未必就是言之有理。

尽量避免用言语去伤害别人，但是，当别人以言语来伤害自己的时候，也应该受得起。

脾气暴躁是较为卑劣的天性之一，人要是发脾气，就等于在进步的阶梯上倒退了一步。

即使你独处之时，也不要随便说坏话或做坏事，相反，要显出热诚有礼的样子。

做人，与其低着头埋怨错误，不如昂起头纠正错误；与其在自省中衰颓，不如在自省中奋起。自省之后，心灵得到净化，人性真正流露，这时不论你做什么，都会有前所未有的热情。

俗话说："静坐常思己过，闲谈莫论人非。"静坐常思己过是一种反省的功夫。我们假如常能在静下来的时候想到自己在做事或待人方面有疏忽有亏欠的地方，自然就消除了对别人的抱怨嫉恨，同时也由于明白了自己的过失而提起警惕，以后将不至于再犯同样的过错。这是"静坐常思己过"的真正意义。

2

2. 自矜者不会长久

【原典】

不自矜故长。

——《道德经·第二十二章》

【译释】

不傲慢自负，所以能够进步。

老子的"不自矜故长"，就是告诫人们只有戒除傲气，才能做一个令人敬仰的人。

傲气者，盛气凌人，傲慢自负，自我感觉良好。这样的人也许某一方面高人一等，优人一招，先人一步，或者并无过人之处，只是虚张声势、故弄玄虚罢了。不管属于哪一种类型，都是过高地评价自己，蔑视别人，习惯仰面朝天，居高临下，盛气凌人。自以为了不起，自高自大，盈气于内，形态于表，老子天下第一，用不可一世的表情来傲视别人。这样的人迟早会因此而在阴沟里翻船。

解 读

有傲骨但不可有傲气

国画大师徐悲鸿先生有句名言："人不可有傲气，但不能无傲骨。"前半句很明确地告诫我们：人不可恃才傲物、孤芳自赏——看自己一朵花，看别人豆腐渣，而应该尊重别人；不要认为别人都不如自己，那样根本无法提高自己，只能让自己在自傲自负中一天天堕落下去。

杨修为什么会招来杀身之祸？正是他自恃才高、傲气太盛，他的傲气惹恼了曹操，日积月累，最终因"鸡肋"命丧黄泉。

闯王李自成率大军驰骋疆场，转战东西，其气势之浩大如排山倒海，不可遏止，可为什么最终惨遭失败呢？也是因为傲气。闯王率大军进入北京城后，张灯结彩，结果傲气磨钝了起义军的锐气，使起义功败垂成，给后人留下了无尽的遗憾。

有傲气的人大都从个人着眼，一切从个人出发，张扬自己无视他人，以一己之私傲视万物于脚下，这时的傲气就成为羁绊个人发展、破坏群体关系的一剂毒药，它所导致的是一种唯我独尊、目空一切、自高自大的自恋情结，同时相行而生的是一种排斥他人、拒绝合作、蔑视群体、崇尚个人的排他情结，从而形成一种自恋自娱的狭隘个人空间。

自傲也是令人失败的根源所在。《三国演义》中的"关云长大意失荆州"一节，与其说是关羽大意，还不如说是关羽自傲更确切。书中写道：

逊曰："某奉吴侯命，敬探子明贵恙。"蒙曰："贱躯偶病，何劳探问。"逊曰："吴侯以重任付公，公不乘时而动，空怀郁结，何也？"蒙目视陆逊，良久不语。逊又曰："愚有小方，能治将军之疾，未审可用否？"蒙乃屏退左右而问曰："伯言良方，乞早赐教。"逊笑曰："子明之疾，不过因荆州兵马整肃，沿江有烽火台之备耳。予有一计，令沿江守吏不能举火，荆州之兵束手归降，可乎？"蒙惊谢曰："伯言之语，如见我肺腑，愿闻良策。"陆逊曰："云长倚恃英雄，自料无敌，所虑者唯将军耳。将军乘此机会，托疾辞职，以陆口之任让之他人。使他人卑辞赞美关公，以骄其心，彼必尽撤荆州之兵以向樊城。若荆州无备，用一旅之师，别出奇计以袭之，则荆州在掌握之中矣。"蒙大喜曰："真良策也。"由是蒙托病不起，上书辞职。

陆逊回见孙权。孙权乃召吕蒙还建业养病。蒙至，入见权。权问曰："陆口之任，昔周公瑾荐鲁子敬以自代，后子敬又荐卿自代，今卿亦须荐一才望兼隆者代卿为妙。"蒙曰："若用望重之人，云长必然防备。陆逊意思深长，而未有远名，非云长所忌。若即用以代臣之任，必有所济。"权大喜，即日拜陆逊为偏将军、右都督，代蒙守陆口。逊谢曰："某年幼无学，恐不堪重任。"权曰："子明保卿，必不差错。卿无得推辞。"逊乃拜受印绶。连夜往陆口，交割马步水三军已毕，即修书一封，具名马、异锦、酒礼等物，遣使赍送樊城见关公。

时公正将息箭疮，按兵不动。忽报："江东陆口守将吕蒙病危，孙权取回调理。近拜陆逊为将，代吕蒙守陆口。今逊差人赍书具礼，特来拜见。"关公召人，指来使而言曰："仲谋见识短浅，用此孺子为将。"来使伏地告曰："陆将军呈书备礼，一来与君侯作贺，二来求两家和好。幸乞笑留。"公拆书视之，书词极其卑谨。关公览毕，仰面大笑，令左右收了礼物，发付使者回去。使者回见陆逊曰："关公欣喜，无复有忧江东之意。"逊大喜，密遣人探得关公果然撤荆州大半兵赴樊城听调，只待箭疮痊合，便欲进兵。

吕蒙正是抓住了关羽的这个"傲"，才故意称病让陆逊顶替位置迷惑关羽。结果关羽果然中计，撤走了防守东吴一方的兵马，降低了对东吴兵马的警戒，才使得吕蒙偷袭成功，丢掉了赖以保身的荆州，落得个败走麦城、兵败被杀的悲惨结局。

意大利哲学家阿奎那将"骄傲"列为人的七宗罪之首，而毛泽东同志也曾专门撰文强调中国共产党人须"戒骄戒躁"，都是从一定意义上说明骄傲的思想万万要不得。因此，我们也只有汲取老子"不自矜故长"的智慧，摒除傲气，才能使自己在人生的舞台上更加成功。

3
多言数穷，不如守中

【原典】

虚而不屈，动而愈出。多言数穷，不如守中。

——《道德经·第五章》

【译释】

妄言、妄作会产生偏颇心、分别心，容易使自己功能不足。不如谨守中庸之道，合理适度地作为。

狂言妄语说出来虽然"虎虎生威"，在某些时候更是显得"豪气"过人，但却不能证明说话之人的真实实力。老子告诉我们，狂妄的话多说只有弊处而无益处，不如谨守中庸之道，量力而为。

解 读

妄言自损，守中多做

狂言妄语能够给人带来杀身之祸，多言同样能够让你吃尽苦头，故而老子教导大家"多言数穷，不如守中"。老子并不是教人闭口不言，而是要少说多做，因为言多必失。

话说多了，漏洞就多，容易出毛病甚至引火烧身。不难理解，这是对说话"多"的人而言的，譬如滔滔不绝的醉鬼、妙语连珠眉飞色舞的政客，这类人因话多招致的"失"往往惨重，譬如醉鬼丢了性命，政客落得革职除名，都是值得我们去吸取的教训。

偏偏有一些人与此背道而驰，结果只能落得个身首异处的下场。《三国演义》中，诸葛亮平定南方以后，一出祁山的失败除了诸葛亮的自身原因之外，最大的原因还是马谡的狂言妄语。

《三国演义》里这样描写：诸葛亮正在营中为孟达事泄被杀而懊恼不已，忽有哨探报，司马懿派张郃引兵出关，来拒我师。

诸葛亮闻报大惊："今司马懿出关，不比曹真，他一定会去打街亭，断我咽喉之路。"环视左右问："谁敢引兵去守街亭？"

参军马谡见丞相先是吃惊，便觉得好笑。谅那司马懿有什么可怕的？便说："末将愿往。"

诸葛亮盯着他，不放心地说："街亭把着要冲，地方虽小，干系却大。如街亭有失，我大军便完了。你虽深通谋略，无奈此地一无城池，二无险阻，把守极难呀！"

"丞相勿虑。再难也得有人把守。末将自幼熟读兵书，精通兵法，又跟在您身边南北征战，耳濡目染，难道还守不住小小的街亭？"

"司马懿非等闲之辈。先锋张郃乃魏之名将，你能对付得了他们？"

马谡不高兴了，丞相也太小瞧我了。嘴一撇，轻蔑地说："嗨，休道他司马懿、张郃，便是曹睿亲来，又有什么可怕的？若有差池，杀我全家好了。"

在这次请命的过程中，马谡有些过于狂妄了，可以说根本没有掂量自己到底有"几斤几两"，之后的布阵失利，马谡虽然逃得性命，然而却为军法所不容，才有了诸葛亮挥泪斩马谡。

《三国演义》中还有一个实例同样是说明狂言妄语自损的，那就是魏延之死。当时，大多数能够单打独斗胜过魏延的人都已经死去了，他因此有些过于自负，以至于在被杨仪激怒，问他是否敢大喊三声"谁敢杀我"时，他毫不畏惧地狂笑而发三声"谁敢杀我",谁知在第三声之时,他就在毫无知觉的情况下命丧马岱之手。

俗话说,"病从口入,祸由口出"。在初始与人交往过程中,谨慎言行是非常有必要的,在讲话时也应注意自己的口气和态度,避免触及他人的利益,毕竟有很多时候"说者无意,听者有心"。

4 善下者为王

【原典】

江海所以能为百谷王者,以其善下之,故能为百谷王。

——《道德经·第六十六章》

【译释】

江海之所以能成为百川之王,是因为江海能处在百川之下,故能成为百川之王。

正如牛顿所说,我之所以看得远,是因为我站在了巨人的肩膀上。老子此番话可谓如出一辙。越是伟大的人就越觉得自己渺小。这不是妄自菲薄,这是一种积极的悟"道"修身的心态。

正如《庄子·秋水》里沁海神所说:"井里的鱼不可以和它谈及大海的事,因为它被其活动的区域所限制;夏天的虫子不可以与它谈及冰冻的事,因为它受到时间的限制;孤陋寡闻之士不可以和他谈及大道,因为他被其所受的教育束缚。现在你摆脱了河道的限制,看见了大海,知道了自己的鄙陋,可以和你谈谈大道了。天下的水,没有比大海更大的。所有的河流都归向大海,没有停止的时候,但大海并不因此而盈满;海水从尾闾排泄出去,没有停止的时候，但海水却并不因此而减少；无论春天还是秋天，大海都是一样；无论水灾还是旱灾，大海都不受影响。大海超过江河的水量，简直无法用数量来计算。但是，我并没有以此而自满。自以为从天地的赐予中获得了形体，从阴阳那里禀受了生气，我在天地之间，就好比小石头小树木在大山上一般，只存有自以为小的念头，又怎么会自满呢？中国在四海之中，不就像小米粒在大仓中一样吗？"

物类的名称有万种之多，人类不过是万物中的一种；人类群聚于九州，粮食所生长的地方，舟车所通行的地方，个人只是人类中的一分子；人类与万物相比，不就像一根毫毛在马身上一样吗？

解 读

自我感觉不要太好

生活中总有一些人自我感觉特别好，优越感极强，总感到自己比他人强，处处、事事、时时都显示出一副盛气凌人的样子，自以为是，对他人说起话来总有一副老大的味道，不会平等待人……但是几乎每个人都喜欢被他人尊重，因此对这种高傲无理的人会采取敬而远之的态度。这种人，一般是处理不好人际关系的。

别忘了，强中自有强中手。

完全按自己的主意行事，与人相交合则留，不合则去；比自己强的人不接近，比自己差的人不迁就。这样高傲的人生活得一定不会快乐，自己的心灵也很寂寞，也会感到压抑。正确的做法是：比自己强的人，谦虚地和他相处；比自己差的人，也谦虚地和他相处；把功利放在一边，把评价放在一边。何况功利与评价并不是一成不变的呢？

因此，谦虚自然地与人相处，别人舒服，自己也舒服。

谦虚不是抬高了别人，也不是踩低了自己，谦虚恰恰是一种能容忍他人的能力，是一种成功者的胸怀。

阳子居往南方的徐州去，恰巧与向西去秦国某地的老子碰上。郊外相逢，阳子居自以为有学问，态度傲慢，老子便深为阳子居惋惜，直率地当面批评阳子居："以前我还认为你是个可以成大器的人，现在看来不可教诲啦。"

高傲的阳子居听了老子的话心里很不舒服，后悔自己当时为什么那样。

回到同住旅店后，阳子居觉得自己应当做得自然一些，起码要敬重长者，敬重有道德学问的老先生，便主动给老子拿梳洗工具，脱下鞋子放在门外，然后膝行到老子面前，谦虚地说：

"学生刚才想请教老师，老师要行路没有空闲，因此不便说话。现在老师有空了，请您指教我的过失。"老子说："想想看，你态度那么傲慢，表情那样庄严，一举一动又如此矜持造作，眼睛里什么都没有，这样，将来谁和你相处呢？人，没有他人围绕着你，行吗？应该懂得：最洁白的东西好像总有些污秽的感觉，德行最高尚的人总认为自己远不十全十美，学问虽深切地了解了，在许多方面也是不行的。知道自己不行，你才知道自己真正行的地方；眼睛里只看到自己行，实际上，你哪个地方都不明白。"

阳子居先是吃惊，渐渐地脸上浮现出惭愧的神色，诚恳地说："老师的教导使我明白了道理。"

开始，阳子居在去徐州的路上，旅舍客人恭敬地迎送他。他住店时，老板为他摆座位、送手巾，大家也给他让座。虽然恭敬，但彼此都不舒服。接受老子教诲后，阳子居态度平和，为人谦逊，归途住店，客人都随意地和他交谈，他也感到和大家相处很亲切。

"人外有人，天外有天"这句俗语其实很好理解。人外面自然应该有人，除非这世界上只有一个人。天外面应该还有天，除非天只有你看见的那一片。

"人外有人，天外有天"的哲言告诉我们，当我们自己在某方面很出色、很优秀的时候，不要骄傲、不要自满。因为这个世界很大，人非常多，一定会有人比我们在这方面更出色、更优秀。

对一个人来说，无论做什么，要想做得顺利、做得好，自信是必不可少的要素之一。但是要小心，千万不要让自信发酵成了自大！

5
不武不怒，不与人争

【原典】

善为士者不武，善战者不怒，善胜敌者不与。

——《道德经·第六十八章》

【译释】

智者从不崇尚武力，指挥战争的将帅之才从不会做出偏激的行为，善于克敌制胜的人从不与人争一地之得失。

《道德经》既是一部道家的哲学名著，也可以说是一部宝贵的兵书。因为《道德经》一书中既有关于战争的思想，也有用兵的战略与战术问题，对中国的兵家产生过重大的影响。

老子反对"以兵强于天下"，"夫兵者，不祥之器"，是老子的反战名言，这与他反对一切强暴的态度相一致。但老子的柔弱并不是软弱，老子的不争并不是屈从，这在老子对军事问题的看法中随处可见。

老子认为，以冷静的态度来进行战争，才能制订出合理的计划，才能避免不必要的损失，才能取得最好的结果。善于克敌制胜的人，不是要寸土必争，斤斤计较于一城一地之得失，而是要获得最后胜利。所以，能够以不争的态度来指挥战事，往往能够把握全局、进退自如。

解 读

忍一时退一步，海阔天空

生活中太多好逞一时之能得理不饶人的人，他们看似精明、看似英雄，实则不过一介莽夫而已。

有这样一个小故事：

一户人家来了远方造访的客人，父亲让儿子上街去买酒菜，准备请客，没想到儿子出门许久都没回来。父亲等得不耐烦了，于是就自己上街去看个究竟。

父亲快到街上的便桥时，发现儿子正在桥头和另一个人面对面地僵持在那儿，父亲就上前询问："你怎么买了酒菜不马上回家呢？"

儿子回答说："老爸你来得正好，我从桥这边过去，这个人坚持不让我过去，我现在也不让他过来，所以我们两个人就对上了，看看究竟谁让谁！"

父亲听了儿子的一席话，就上前声援道："孩子，好样的，你先把酒菜拿回去给客人享用，这儿让爸爸来跟他对一对，看看究竟谁让谁！"

生活中，到处可见这对父子的影子，不肯给别人一点余地，不愿给别人一点空间，往往只为了"争一口气"，本来没有什么大不了的事，非要大费周章地坚持己见互不让步，结果小事变大事，甚至搞得大家都没好果子吃，这是何苦？

在狭窄的路上行走，要留一点余地给别人走。羊肠小道两个人相对通过时，如果争先恐后，两人都有坠入深谷的危险。在这种情况下，先停住脚步让对方过去，才是最有礼貌、最安全的做法。

遇到美味可口的饭菜时，要留出三分让给别人吃，这样才是一种美德。

路留一步，味留三分，是提倡一种谨慎的利世济人的做人方式。在生活中，除了原则问题须坚持外，对小事、个人利益而言，互相谦让会带来个人的身心愉快。

"小姐，你过来！你过来！"一位正在用餐的顾客指着面前的杯子高声喊，"看看！你们的牛奶是坏的，把我一杯红茶都糟蹋了！"

"真对不起！"服务小姐充满歉疚地笑道，"我立刻给您换一杯。"

新红茶很快就端上来了，碟边跟前一杯一样，放着新鲜的柠檬和牛奶。小姐轻声地告诉顾客说："我是不是能建议您，如果放柠檬，就不要加牛奶，因为有时候柠檬酸会造成牛奶结块。"这位顾客的脸一下子红了，他匆匆喝完茶就离开了。

不一会儿，有人笑问服务小姐："明明是他的错，你为什么不直说呢？他那么粗鲁地叫你，你为什么不还以一点颜色？"

"正因为他粗鲁，所以要用婉转的方式对待；正因为道理一说就明白，所以用不着大声！"小姐说，"理不直的人，常用气壮来压人。理直的人，要用'和'气来交朋友！"

对于生活中那些喜欢小题大做、得理不饶人的人，我们大可以像这位服务员那样去以理服人，这也是我们中华民族的传统美德。

人生不如意十有八九。当我们在生活中遇到不如意、不顺心的事情时，要"得理让人，忍让为先"。忍什么？一要忍气，二要忍辱。气指气愤，辱指屈辱。气来自于生活中的不公，辱产生于人格上的贬损。忍气是为了求安，凡事要想得开，看得远，正如俗话所言："忍得一时之气，免得百日之忧"。

在中国人眼里，忍耐是一种美德，更是一种以屈求伸的深谋远虑。"吃亏

人常在，能忍者自安"，是提倡忍耐的至理箴言。忍耐是人类适应自然选择和社会竞争的一种做人方式。

世上的无谓争端多起于芥子小事，一时不能忍，铸成大祸，不仅伤人，而且害己，此乃匹夫之勇。凡事能忍者，不是英雄，至少也是达士；而凡事不能忍者，纵然有点愚勇，终归城府太浅。所谓"小不忍则乱大谋"是也。

忍耐并非懦弱，而是于从容之中静观或蔑视对方。唐朝的娄师德是世家公子，祖上历代都做大官。他弟弟到代州去当太守，他嘱咐说："我们娄家世代为官，泽及你我，所以难免被人说道。你出去做官，要认清这一点，遇事要能忍耐。"弟弟说："这我懂得，就是有人把口水唾到我脸上，我也自己擦掉算了。"娄师德说："这样还不行。"弟弟又说："那就让它留在脸上自己干。"娄师德说："这才对了。"

娄师德教诲弟弟的"唾面自干"也许不值得效仿，但忍耐确实是一种难得的品质，它需要健康的心理。忍耐不是谁都能做到的，也不是谁都能学会的。做到了，万物皆备于我；学会了，人格就会得到提升。

无论是民族还是个人，生存的时间越长，忍耐的功夫就越深。生活在世上，要成就一番事业，谁都难免经受一段忍辱负重的曲折历程。因此，忍辱几乎是有所作为的必然代价。

6
内敛方能成名士

【原典】

大成若缺，其用不弊；大盈若冲，其用不穷。

——《道德经·第四十五章》

【译释】

大道的完美好像有欠缺，但运营施展的作用不会衰败；大道的充实好像很空虚，但运营施展的作用无穷无尽。正如一个不影响使用的东西，看上去不够华丽，人们却会充分利用；一个饱满而有空隙的物体似玄空一般，但它的动能却源源不断。这句话寓指做人要虚心，不要骄傲。

老子认为，真正有修养的人应该具备一种"大成若缺"、"大盈若冲"的内敛功夫，只有这样才能够在为人处世上游刃有余。

如此看来，有才能的人不一定是幸福的人，因为才能不仅能带来荣耀，更能导致灾难。才能让人羡慕，也让人嫉妒。才能出众如同树大招风，心胸狭窄的无能之辈总是与有才能的人为仇。因此，有才能的人更应懂得内敛的重要性，懂得如何去运用它，否则定会在这方面栽跟头。

解 读

懂得内敛才会免遭嫉妒

唐代大诗人白居易才高八斗，刚直耿介。他在朝为官时，常有无才无德的小人攻击他。

一次，唐宪宗召见白居易，对他说："你诗名很大，为人忠直，不像是个奸诈之人，可为什么总有人弹劾你呢？"

白居易说："皇上自有明断，我说什么也是无用的。不过依我看来，我和那帮人道不同不相为谋，一定是他们嫉恨我的才华与忠直。否则，我和他们无冤无仇，他们为什么会无端诬陷我呢？"

白居易自知难与小人为伍，却不屑掩饰锋芒，他对那些无能之辈常出口讥讽，绝不留半点情面。

一次，朝中一位大臣作了一首小诗，奉承他的人不在少数。白居易看过小诗，却哈哈一笑，说："如果说这是一首好诗，那么天下人都会写诗了。"

事后，白居易的一位朋友劝他说："你身处官场，不应该当众羞辱别人。

你不是和朋友谈诗论道，在朝堂上若讲真话，人家只会更加恨你了。"

白居易说："我最看不惯不懂装懂之人，本来我不想说，可还是压抑不住啊。"白居易自恃有才，说话办事往往少了客气。他对皇上也大胆进言，只要他认为不对的事，他就直言上谏，全无禁忌。

河东道节度使王锷为了晋升官职，大肆搜刮百姓，他向朝廷献上了很多财物，唐宪宗于是准备让他当宰相。

朝中大臣都没有意见，只有白居易站出来反对。唐宪宗生气地说："你是个才子，就该与众不同吗？你每次都和我唱反调，你是何居心呢？"

皇上发怒了，嫉恨白居易的小人趁势说他恃才傲物，目中无人。一时，白居易的处境更加恶劣，格外孤立。

大臣李绛同情白居易，劝他收敛锋芒，说："一个人如果因为才高招来八方责难，他就该把自己装扮得平庸了。你的见识虽深刻远大，但不可显示出来，你为什么总也做不到呢？这也是为官之道，不可小看。"

最后，白居易还是因为上谏惹祸，被贬出朝廷。白居易的才能人所共知，他尽忠办事，见解高明，却不能建功，只因他的才能过于外露，优点反变成了缺点。

世上没有绝对的公平，相信才能万能的人只能算幼稚。人们应当时刻提防小人的暗箭中伤，把最能让他们嫉妒的东西藏起来，避免不必要的纠缠。

内敛，可以说是我们为人处世的传统方式。不以物喜，不以己悲，是一种内敛；智欲圆而行欲方，也算是一种内敛；凡事不张扬，得意不忘形，富

足时不骄矜，位卑或者贫穷时也不谄媚，更是一种内敛。

修身，当谦虚谨慎，虚怀若谷，内敛而不张扬。古人云"君子泰而不骄，小人骄而不泰"，说的就是仪表、行为上的差异。它告诫我们，在日常的生活、工作中，要时刻注意自己的言行举止，懂得在谦虚中善学，懂得在内敛中进步，而不要不知天高地厚，摆出一副唯我独尊、锋芒毕露的骄姿傲态。

7 取长补短天之道

【原典】

天之道，损有馀而补不足。

——《道德经·第七十七章》

【译释】

天地运作的道理，是取多余的去补不足的。

俗话说，"尺有所短，寸有所长"。世界上各种事物都是如此，从不同的角度看，各有所长，又各有所短。唯有互相取长补短，才会互相取益，各显其才。长处和短处每个人都有，关键在于如何看待。

老子在看待长处与短处这个问题上是这样认为的："天之道，损有馀而补不足"，他觉得取人之长、补己之短，才是人生的处世之道。

解 读

取长补短，完善自我

拿出谦虚的态度，用一双慧眼去发现生活中身边人的优点，捕捉它们，并用这些人的优点来点亮自己的人生，我们的人生才能更加光彩夺目。

一天，上帝对一个盲人、一个跛子以及两个壮汉说："你们沿着这条路一起出发，谁先把幸福之门打开，我将满足他的任何愿望。"说完，一声令下，比赛正式开始。

只见两个壮汉拔腿就跑，其速度快如风驰电掣。而盲人因眼疾，只能一步步试探性地前进，跛子虽有明确目标，却也只能缓缓前进。

历经无数次的坎坷摸索之后，盲人和跛子达成了共识，即盲人背起跛子充当双腿，跛子给盲人充当双眼，两人取长补短，一步步向幸福之门迈进。

眼看着两个壮汉临近终点，一个壮汉突然停下将另一个壮汉狠狠地推倒在地，而后自己继续向前跑去。此时被推倒的人又迅速爬起来追上前者，一脚踢在对方的腿上。两人厮打起来，他们谁都不允许对方推开幸福之门。

就在他们纠缠在一起时，盲人和跛子赶了上来。两个壮汉因为互相阻挠，都没注意到周围事物的变化。盲人和跛子因为互相弥补了自己的缺陷，慢慢地走到了前面。在幸福之门前面，他们并没有互相抛弃，而是彼此示意之后，共同打开了幸福之门。

长处是我们应该加以发扬的，但却不能骄傲；短处是我们应该加以克服的，但却不可因此而掩饰。

丹麦天文学家第谷有出色的观察能力，但不擅长理论研究，结果得出了很多错误的结论。后来，第谷请了德国天文学家开普勒做助手。虽然开普勒在观察方面不如第谷，但他很有理论研究方面的才华。在他们的合作下，终于发现了行星运动的"三定律"。显然，他们两人只要有一个不存在，那么就不会有这样伟大的天文发现，也正因为他们的密切配合，互相取长补短，才能在天文学领域做出卓越的贡献。俗话说："人无完人"，人毕竟不是"神"，是活生生的有着短处和长处的结合体，尤其是在科学文化发达的今天，分工很细，现代化建设需要有各种各样的专门人才。而由于时间和精力的限制，我们每个人又不可能什么都学，什么都懂。因此人与人之间，所长和所短差距很大，这就要求我们每个人既要谦虚谨慎，时时正视自己的短处，又要不断看到别人的长处，不能因别人有缺点或短处就紧盯着不放，把别人看得一无是处。

老子的智慧告诉我们，修身养性应该多一些取长补短。广泛吸取别人的优点弥补自身的缺点，是对待长处、短处的正确方法，也是让人进步的必备条件。

8

不视，不听，不搏

【原典】

视之不见名曰夷；听之不闻名曰希；搏之不得名曰微。

——《道德经·第十四章》

【译释】

装作看不见、听不着、不计较，这是一种修身的大智慧。

生活中有很多不如意的事情我们改变不了，但是我们可以"视之不见，听之不闻，搏之不得"。

老子的思想高深玄妙，但很多时候又是很贴近现实生活的。比如，在生活中大家都难免会受到他人的诽谤非议，这种情况下争之实在无益，有时甚至会铸成大祸。因此，面对非议，我们要做的就是宁神静气，以忍制辱，这才是安身立命之道。而这正是老子的"视之不见，听之不闻，搏之不得"。

解读

不要计较世间的污言秽语

唐代高僧寒山问拾得和尚："今有人侮我，笑我，藐视我，毁我伤我，嫌恶恨我，诡谲欺我，则奈何？"拾得答曰："子但忍受之，依他让他，敬他避他，苦苦耐他，装聋作哑，漠然置之，冷眼观之，看他如何结局？"这种安身立命的艺术，用老子的"视之不见，听之不闻，搏之不得"这句话来评论恰如其分。

《劝忍百箴》对这个问题是这样讲的："谤生于仇，亦生于忌。求孔子于武叔之咳唾，则孔子非圣人；问孟轲于臧仓之齿颊，则孟子非仁义。黄金，王吉之衣囊；明珠，马援之薏苡。以盗嫂污无兄之人，以笞舅诬娶孤女之士。彼虎不受，人祸天刑，彼将自取，我无愧怍，何慊之有。噫，可不忍欤！"

这段话的大意是：一般情况下诽谤产生于仇恨，或产生于忌妒。若你问武叔有关孔子的为人，则孔子不是圣人；问臧仓有关孟轲的言行，则孟子不行仁义。世上的流言将王吉的衣服说成黄金，将马援的薏苡说成明珠。以与嫂子通奸污蔑没有兄长的人，用打岳父的罪名诬陷娶孤女的士人。这是什么样的人啊，人面兽心，满腹诡计，口出恶言。扔给豹虎，豹虎都不肯吃。作恶必受天罚，咎由自取。自己没做亏心的事，就无憾于世。唉，怎么能不忍耐呢！

诽谤形成的原因，综合起来不过是这样几点：一是由于仇恨他人的成就或是为人；二是妒忌他人的成功，惧怕他人的成就超过自己。无论是圣人、伟人，还是凡人、常人，都有可能受到诽谤。

据《论语》记载：公孙武叔毁谤孔子，他的学生子贡针锋相对地反驳说："孔子是不可毁谤的，仲尼就像太阳和月亮，没有谁能达到他的思想高度。人虽然想自绝生命，又怎么能损害太阳和月亮的光芒呢？"

孔子一生，时时处处注重自我修养，依然有人诽谤，所以我们常人受到诽谤也是常事，问题在于我们如何对待诽谤。有的人一听到对自己的诋毁之言就怒不可遏，要去论个明白，不能忍受诽谤之气，而有修养的人却视之平常。《孟子》中记载：有次鲁平公要见孟子，鲁平公的心腹臧仓在鲁平公面前说："礼义是要从贤者身上表现出来的，而孟子办丧事不守礼义。您不要去见他！"鲁平公不问青红皂白，轻信了臧仓的话，便没有去见孟子。后来孟子的学生名叫乐正克的来告诉孟子说："鲁平公要见您，他的心腹臧仓拉住了他，最终使他来不成。"孟子处之淡然，不以为意。只要自己行得正，走得直，又何惧流言呢？

明武宗时，宦官刘瑾得势。文武百官为了得到他的关照，无耻地吹捧他，不惜出卖自己的人格，朝廷十分黑暗。

刘瑾是陕西人，康海是他的同乡。康海官职不大，但学问精深，很有君子气节。有人劝他投靠刘瑾，康海说："若论阿谀奉承，我康海饱读诗书，还比不上那些不学无术的小人吗？不是我不会说，而是我不想说，我怎会为了富贵而失去良心呢？"

刘瑾对别人凶残，对康海却十分客气，他主动上门去看康海，说："你的为人我清楚，和你结交也是我的真诚愿望。看在同乡的面子上，你帮帮我好吗？"

康海说："我这个人只会看书写字，又能帮你什么呢？你现在是一人之下、万人之上，我是高攀不起的。"

康海拒绝了刘瑾的拉拢，他还劝告刘瑾说："你能认我这个无权无势的同乡，那我也劝你几句。你现在位高权重，说话做事不要过于放肆，这样会引起众怒，对你有害无益啊。"

事后，康海的家人对他说："刘瑾奸险恶毒，你劝他真是对牛弹琴，万一他翻脸无情，你就遭殃了，你不该和他说真心话。"

康海说："对恶人也要规劝他，这是君子的美德。严厉指责他没有效果，也会败坏自己的修行。"

大臣李梦阳被刘瑾陷害而入狱，康海找到刘瑾说情，李梦阳才被释放。后来刘瑾垮台，有人就指责康海是刘瑾的同党。

康海听说此事后，仍然保持沉默，他对家人说："我为了救人，这才第一次主动找到刘瑾。这件事谁都知道真相，他们昧着良心诬陷我，还不是为了邀功取宠？看来这里我是不能待下去了。"

康海的家人让他向皇帝申辩，康海说："从前刘瑾为恶，正是因为欺骗了皇上。朝中小人善于言辞，皇上又爱听媚言，我是不想和他们在此浪费时间了。如果我和小人理论不休，那么我也会变成小人。"

康海于是主动辞官，隐居起来。

康海挺身救人，后遭诬陷也不为自己辩白，一方面因为他看透了官场，另一方面因为他不想失去尊严，做无谓的辩争。康海是有大德的人，再退一

步讲，正反映出了他的高贵品质和修养。

许多人都怕不能在言语上打败别人，更怕有冤不能申辩，他们对口舌之争看得太重了，结果却适得其反。俗话说："会说的不如会听的。"只要自己不做亏心事，即使一句话不说，也会让人信服。

明神宗时，一次慈宁宫发生火灾，年轻的大臣邹元标竟上书指责神宗安于享乐，他说："上天降灾，原是示警之意，皇上应当反省自己的行为，不要沉迷于享乐了。"

明神宗本要杀他，多亏内阁首辅申时行为他求情，邹元标才得以活命。他被贬往南京，从此坎坷多难，在家闲居达30年之久。

在家期间，邹元标不时检讨自己，他对自己的学生说："正确的事情，也要平心静气地表达，而不能用激烈的言辞。说话只凭有理不行，还要靠温和的态度让人接受。一个人若智慧高深，他是不会滔滔不绝卖弄自己的学识的，否则就是肤浅之辈了。"

明光宗继位后，邹元标又入朝为官，他变得一团和气起来，言辞也没有了棱角。

邹元标给光宗上书说："现在众臣不和，都是因为他们互不相让，只想表现自己的缘故，所以应该鼓励沉默寡言的人。不让只说不干的人捡到便宜，众臣就可务实做事了，这样国家才会兴旺。"

邹元标变成这样，不了解他的人认为他胆小圆滑了，不再敬重他。邹元标也不解释，他对家人说："我从前不想在言语上输于他人，结果心浮气躁，自己也受贬多年，这是我不明智啊！现在我多干实事，避免了和他人的言语冲突，不是更有助于干大事吗？人们对我有些误解，算不了什么。"朝中小人故意挑起纷争，邹元标都有意退让。一次，有人竟当面骂他，他当作没听见一样，默默地离开了。长此以往，小人们就懒得和他为敌了，邹元标于是保得平安。

有大智慧的人对人不会恶语相加，他们尊重别人，即使身受委屈，也不在言语上争个长短。俗话说，清者自清，浊者自浊。只要不失爱心，事情终会得到解决。而强辩却能让自己操守有亏，不利于身心修养。

9

时时提醒自己做个正直的人

【原典】

使我介然有知，行于大道，唯施是畏。大道甚夷，而民好径。

——《道德经·第五十三章》

【译释】

明白了事理之后，行走在人间，最怕的是误入邪道。人间正道既宽阔又平坦，可是世人却偏偏爱走歪门邪道。

老子是个智者，更是个正直的人，他时时警惕，生怕自己误入歧途，做出有愧于心的事来。老子的思想深不可测，老子的为人更是流芳百世，当为后人之楷模。

有鉴于此，我们要想成就自己，就需要拥有正直的心和博大的胸怀。当你以良好的道德和精神去做事待人时，当你以宽阔的胸襟去包容万事万物时，成功一定会向你走来！这应该就是老子所想表达的。

君子当以中正修身

《易经》中有一个著名的故事，说明假如你不中不正，占卜有好结果也没有用。一位王母与奸夫一起，为了窃国陷害天子，结果事情败露。她去占卜，得了一卦，卦师告诉她：可以走，还是吉。但王母自己都知道死期已到，不会走得了的。她说：像我这样不忠不贞的人，做了这样不中不正的事，即使得了好卦，有了指点，也不会逃脱得了。此事不可占也！

可以引以为鉴的还有战国时期庞涓的故事：

战国时期，庞涓和孙膑拜鬼谷子为师，同在他的门下学习。

后来，庞涓当了魏国的大将，他便向魏王推荐孙膑，请求魏王把他召到魏国。

孙膑应召前来，对庞涓十分感谢，他说："你不忘旧情，为我谋取前程，这是天高地厚之恩呢，以后我一定誓死报答。"

在和孙膑的谈话中，庞涓发现自己的才能和孙膑相去甚远，他开始担心起来。他对自己的心腹说："魏王喜好有能力的人，万一孙膑被魏王重用，是否会冷落我呢？"

他的心腹说："你不该向大王举荐孙膑，这会危及你的前途啊。有个荐贤的名声没有什么好处，一旦孙膑得势，即使他不忘你的恩情，总也赶不上自己风光实在。何况人心难测，你为什么要相信孙膑不会背叛你呢？"

庞涓私心作怪，马上对孙膑戒备起来。他为了永绝后患，在魏王面前诬陷孙膑心存不轨，使孙膑惨遭髌刑，双腿残废。

庞涓为了让孙膑写出鬼谷子所传授的一部兵法，表面上对孙膑虚情假意，嘘寒问暖。孙膑不明真相，竟流泪说："如果没有你替我求情，我早死了，这份大恩，我真是无以报答了。"

孙膑日夜为庞涓默写兵书，写到一半，他才发觉自己受骗被害的实情，决心报仇。他装疯卖傻，骗过了庞涓，最后逃到了齐国。

孙膑在齐国受到了重用，他日思夜想一雪前耻，常对身边的人说："庞涓狼子野心，狠毒无情，我轻信了他险些丧命。他为了追求权势而道德丧尽，我一定要铲除这样的败类。他不仅是我的仇人，也是天下人的仇人，如果他能长命百岁，那么天下人都该学他那样了，这世界岂不是个鬼怪天地？庞涓不识天理，他的死期不会远了。"

后来，齐国和魏国交战，孙膑屡出奇计，打得魏国大败。最后，庞涓在马陵道中了埋伏，自杀而死。

庞涓丧失了人性，他虽暂时拥有了权力，但还是逃脱不了灭亡的命运。孙膑为人忠厚，被庞涓所算计，并不是孙膑的仁德之过；他能大难不死，报仇雪恨，就是上天对他的充分肯定了。

轻视道德的威力，纵容自己为所欲为的人，都难逃正义的审判，因此，君子应当效法大地，以宽厚的德行，负载万物。做人首先要宽厚为怀，这是基础。

《易经》中说："直、方、大，不习无不利。"

这里强调了厚德的基本原则是，直率、方正、宽大；正直，端正，广大。直，是公正无私的正直；方，是处世果断有方的才干；大，是宽大为怀的气量。这是每一个人处世所必须具备的人格。

有一位将军在一次军官会议上说：

在很短的期间内，你们之中的每一个人都将控制另外某些人的生命。你们将领导一些忠于国家但未经训练的公民，他们将接受你们的指挥与领导。你们所说的话就是他们的法律。你们随口说出的每一句话都被他们铭记在心。你们的态度将被模仿。你们的服装、你们的举止、你们的言谈、你们的指挥态度，都将被模仿。

当你们加入自己的部队时，你们将发现，有这么一群人，他们对你们并无所求，只希望你们能表现出一些才能，获得他们的尊敬、效忠与服从。他们已准备妥当，急于追随你们，只要你们能使他们相信你们具有这些才能。当他们认为你们并未拥有这些才能时，你们最好自己挥手道别吧，你们在那个部队中已经没有任何用处了。

几天之后，你们之中的大多数人都将接受委任，出任军官。你们一定要善待他人，而且要多多善待属下，而不是去巴结上司。

我们在读这段演讲时也许不以为然，因为这是一位早已过时的不知名的将军的演讲，是在与现代社会有着很大距离的文化背景和时代背景下的即兴表述。

可是我们要知道，一个正直、有才干、有胸怀的人，实际上就已具备了指挥将士们冲锋陷阵的大将风度。这种风度正是"直、方、大"综合品质的凝结和发散。有了这种风度，不需要你亲自上前线，仗一定能打赢，这就是"不习无不利"的秘诀。

按照《易经》的说法，直即正，方指义。如果一个人能够以敬畏和谨慎的态度使内心正直，又能以正义的准则作为自己外在的行为规范，他的德行就不会孤立。如果不孤立，得到大家的拥护，离成功还会远吗？

10

美善与邪恶相距多远

【原典】

善之与恶，相去若何？

——《道德经·第二十章》

【译释】

美善与邪恶之间有多远的距离？仅在一念之间罢了。

人之初，性本善。每个人的内心深处都是向善的，一时萌生恶念也是受环境的刺激、熏染所致。一旦拂去蒙在"恶人"心头的灰尘，世界还会像本初的时候那样美好。

解 读

改邪归正只在一念之间

善恶相距并不远，恶人并不全是十恶不赦、顽固不化的魔鬼。

东汉时期，有个叫陈寔的人，是个饱学之士，其品行端正、道德高洁，远乡近邻的人都非常敬重他。

有一年洪水泛滥，淹没了大片村庄和良田，成千上万的人无家可归，到处逃荒。为此盗贼四处横行，天下很不太平。

一天夜里，有个小偷溜进了陈寔家里。他刚准备动手偷东西，忽然听得几声咳嗽，不好，有人来了。慌乱间，小偷一时找不到妥善的藏身之处，急中生智，顺着屋内的柱子爬到大梁上伏下身子，大气也不敢出。

陈寔提着灯从里屋出来拿东西，偶然间一抬头，瞥见了梁上的一片衣襟，他马上知道家里进贼了。此时他一点都不惊慌，也不赶紧抓小偷，而是从容不迫地把晚辈们全都叫起来，将他们召集到外屋，然后十分严肃地说道：

"孩子们啊，品德高尚是我们为人的根本，在任何情况下，我们都应该对自己高标准、严要求，不能够因为任何借口而放纵自己、走上邪路。有些坏人，并不是一出娘胎就是坏人，而是因为不能严格要求自己，慢慢地养成了不好的习惯，后来想改都改不过来了，这才沦为了坏人。比如我家梁上的那位君子，就是这种情况。我们可不能因为一时的贫困而丢掉志气，自甘堕落啊！"

听了陈寔的一番教诲，梁上的小偷吃了一惊：原来自己早就被发现了。同时他又很为陈寔的行为所感动：他不但没抓自己，反而耐心教育自己。小偷羞愧难当，就翻身爬下梁来，向陈寔磕头请罪说："您说得太好了，我错了，以后再也不干这种勾当，求您宽恕我吧。"陈寔和蔼地回答道："看你的样子并不像个坏人，也是被贫穷所逼的吧。以后要好好反省一下，要改还来得及。"说完，他又吩咐家人取来几匹白绢送给小偷。小偷感激涕零，千恩万谢地走了。

从这以后，这一带就几乎再没有偷盗之类的事情发生了。

世间有几个人甘心做被万人唾骂的盗贼？他们这样做，可能是被生活所迫，也可能是对世道不公的报复。不管怎样，一时走上邪道，并不代表他们已经彻底地变成了冷血动物，其实他们的内心更渴望温暖、渴望亲情。只要人间的善良之火能照进他们内心那个最黑暗的角落，改邪归正也就是一念之间的事。

一个人贩子拐走了一个5岁的小男孩。小男孩没有像其他孩子那样哭，而是一直叫人贩子"叔叔"，并且从口袋里掏出一颗糖，说："叔叔，我最爱吃这种糖了，你的孩子也喜欢吃糖吗？叔叔，给你吃，挺甜的。"这时，人贩子才想起自己也有一个家，有一个5岁的女儿，女儿也喜欢吃糖，每次吃糖，都要送到他嘴里一颗，并轻轻地问道："爸爸，甜吗？"人贩子这才意识到，生活在最困苦的时候也有它甜的一面。小男孩的一句话，唤醒了人贩子还没有完全泯灭的良心，也唤起了他对人间亲情的珍爱之情，他决定去投案自首。案子破了以后，除了他，同案犯中的所有人全判了死刑，只有他被判了15年。可以说，是他心中那点残存的善良救了他，因为如果那次他没有送回孩子，没有投案自首，迟早有一天他会被逮到，最终会被判死刑。

一颗小小的糖块就能把人贩子从罪恶的梦里唤醒，把他拉到善良美好的岸边，你说"善之与恶，相去若何？"

11

"德" 是修身养性的甘霖

【原典】

道生之，德畜之。

——《道德经·第五十一章》

【译释】

道生万物，而德是蓄养万物、修养身心最醇美的甘露。

一个人从出生的那一刻起，如果这辈子不想以一具行尸走肉的状态立于世上，就必须时刻与"德"为伴，让"德"滋养自己的一生。

让"德"滋养自己的一生，很简单，通俗地讲，就是一辈子做个好人，一辈子与人为善。这话说时容易，可是要真正实践它并不容易。"做一件好事并不难，难的是做一辈子好事"，简单的话语道出了最深层次的哲理。

解读

以德修身，日行一善

修身本不是一件一蹴而就的事，这是一个长期的过程，不是说你做了一些惊天动地的好事就算修成正果了。再说，做惊天动地的好事也确实需要环境和机遇，不是一般人能做得出的。可人性本善，只要我们有意识地提高自己的修养，每天做一些力所能及的小小善举并不难。

他的父亲是位大庄园主。

7岁之前，他过着钟鸣鼎食的生活。20世纪60年代，他所生活的那个岛国突然掀起一场革命，他失去了一切。

当家人带着他在美国迈阿密登陆时，全家所有的家当，是他父亲口袋里的一沓已被宣布废止流通的纸币。

为了能在异国他乡生存下来，从15岁起，他就跟随父亲打工。每次出门前，父亲就这样告诉他：只要有人答应教你英语，并给一顿饭吃，你就留在那儿给人家干活。

他的第一份工作是在海边小饭馆里做服务生。由于他勤快、好学，很快便得到老板的赏识。为了能让他学好英语，好心的老板甚至把他带到家里，让他和孩子们一起玩耍。

一天，老板告诉他，给饭店供货的食品公司招收营销人员，假若他乐意的话，自己愿意帮助引荐。于是，他获得第二份工作，在一家食品公司做推销员兼货车司机。

临去上班时，父亲告诉他："我们祖上有一条训诫，叫'日行一善'。在家乡时，祖辈们之所以成就了那么大事业，都得益于这四个字。现在你到外面去闯荡了，最好能记得。"

也许就是因为这四个字吧，当他开着货车把燕麦片送到大街小巷的饭店时，他总是做一些力所能及的善事，比如帮店主把一封信带到另一个城市，让放学的孩子顺便搭一下他的车。就这样，他乐呵呵地干了四年。

第五年，他接到总部的一份通知，要他去墨西哥，统管拉丁美洲的营销业务，理由是这样的：该职员在过去的四年中，个人的推销量占佛罗里达州总销售量的40%，应予以重用。

后来的事似乎有点顺理成章了。他打开拉丁美洲的市场后，又被派到加拿大和亚太地区；1999年，被调回了美国总部，任首席执行官。

就在他被美国猎头公司列入可口可乐、高露洁等世界性大公司首席执行官的候选人时，时任美国总统的布什在竞选连任成功后宣布，提名卡罗斯·

古铁雷斯出任下一届政府的商务部部长。这正是他的名字。

后来，卡罗斯·古铁雷斯这个名字蜚声世界，然而，世人很少知道古铁雷斯成功背后的故事。《华盛顿邮报》（*Washington post*）的一位记者去采访古铁雷斯，就个人命运让他谈谈看法。古铁雷斯说了这么一句话："一个人的命运，并不一定只取决于某一次大行动；我认为更多的时候，取决于他在日常生活中的一些小小善举。"

之后，《华盛顿邮报》以"凡真心助人者，最后没有帮不到自己的"为题刊发了一篇报道，在这篇报道中，记者说，古铁雷斯发现了改变自己命运的简单的武器，那就是"日行一善"。

就是这么简单，日行一善，不论大小，以少积多，以小积大，最终会改变你的命运。

第三章

养心之道:纯真、幸福是根本

　　面对滚滚红尘,多少忙碌的现代人迷失了自己的心灵,渐渐僵化成一台台永不停歇的机器,进而身心交瘁、疲惫不堪。这样的生活绝对谈不上快乐,而没有了快乐,就没有了幸福感,生命又有何意义? 在几千年前老子就看透了这一切,于是,他告诉人们,简单的人生才是快乐的人生,顺其自然,不要过于强求,不要用尽心机去算计他人,让一切回归质朴,那么在世俗中就可以永葆清新、宁静、快乐的心境。

1

超然旷达，宠辱不惊

【原典】

宠，为下得之若惊，失之若惊，是谓宠辱若惊。

——《道德经·第十三章》

【译释】

宠代表利益和灾祸，得到也心惊，失去也心惊，这就叫作"宠辱都会让人心惊"。

老子这句话的意思是说，人们倘若过于在意荣辱得失，那么在得到和失去时都会心惊——没有时怕得不到，凭空得到后又怕失去。人们一旦整天生活在得失的心惊之中，没有病也会被折腾出病来的。

古人云：世事如庭前花，花开也有花落，又如天边云，云舒也有云卷，何必患得患失，终日萦挂于怀呢？观世间万事，既得之，则安之；既失之，亦安之。不患不得，亦不患得而复失。这是一种自然、旷达、超然的人生智慧。

解 读

若能一切随它去，便是人间自在人

佛陀时代，有一位跋提王子，在山林里参佛打坐，不知不觉中他喊出：

"快乐啊！快乐啊！"佛陀听到了就问他："什么事让你这么快乐呢？"跋提王子说："想我当时在王宫中时，日夜为行政事务操劳，处理复杂的人际关系，时常又要担心自身的性命安全，虽住在高墙深院的王宫里，穿的是绫罗锦缎，吃的是山珍海味，多少卫兵日夜保护着我，但我总是感到恐惧不安，吃不香睡不好，现在出家参佛了，心里没有任何负担，每天都在法喜中度过，无论走到哪里都觉得自在。"

"无挂碍故，无有恐怖"，是说有情之人因为有执着、有牵挂，对拥有的一切都足以产生恐惧。比如一个人拥有了财富，他会害怕财富的失去，想法子保存它；拥有地位，害怕别人觊觎他的权位；拥有色身，害怕死亡的到来；穿上一件漂亮的衣服，怕弄脏了；谈恋爱，害怕失恋；拥有娇妻，害怕被别人拐去或跟谁跑了；黑夜走路，害怕别人暗算；在大众场合说话，害怕说错了丢面子。总之，对拥有的执着牵挂，使得我们终日生活在恐怖之中。

智者看破了世间的是非、得失、荣辱，无牵无挂，自然不会有任何恐怖。就像死亡这样大的事，在世人看来是最为可怕的，而智者却也一样自在洒脱。

正如庄子所说："至人无己。"

"无己"即破除自我中心，亦即扬弃功名的束缚，而达到与天地精神往来的境界。

从这里可以看出，庄子所主张的超脱，实际上是摆脱了一切之后的无知无欲，表现在人生理想上，那就是"无名"，即独与天地相往来的独善其身。

庄子对天地精神的崇拜固然显得玄虚，但对于现实世界中追求利益以至于忘却了自己的人来说，庄子的宏论和超脱还是具有一定借鉴意义的。

任何人恐怕都很难做到如庄子所言的那种无知无欲，但效法天地之自然浑成而注重自我心性的保持，能够超然物质欲求之外，也是颇为有益的境界。

庄子曾在《逍遥游》中讲了这样的寓言：尧把天下让给许由，说："日月都出来了，而烛火还不熄灭，要和日月比光，不是很难为吗？先生一在位，天下便可安定，而我还占着这个位，自己觉得很羞愧，请容我把天下让给你。"

许由说："你治理天下，已经很安定了。而我还来代替你，为求名吗？小鸟在森林里筑巢，所需不过一枝，鼹鼠到河里饮水，所需不过满腹。你请回

吧，我要天下做什么呢？"

这寓言是说：天地之间广大无比，而在此之中，人所需又如此的渺小，拿自己的所需与天地相比那不是很可怜吗？那么何不效法天地之自然，而求得心性的自由和逍遥呢。

庄子要给予我们的也许是一种极宏远的宇宙观，让人认识到至广至大的极限处，解脱自我的封闭，超越世俗的小我。庄子的这种宇宙观，难道不是一种智慧的体现吗？

作为生命的个体，我们存在于万象的生命之中。亦正是作为个体，我们才能时常真切感受到生命的世界所具有的伟大和恢宏。

现代社会，人们越来越依附于文明所创造的一切。在我们看来，我们与社会的联系更为密切了，但实际上，对物的依赖使我们与生命本身、万物自然的联系日趋减弱。追求纯功利所导致的，是生命的相互隔膜和疏远。人生命的联系已不是人与人，而是人与物的联系。

自从你出生以后，就有很多东西标上了你的名字，如金钱物质，但这些东西果真是你的吗？

的确，有了金钱，可使生活更加安定，也可以使生活变得多姿多彩。但尽管如此，有些人仍然不满足于此，只以贮积的增加为乐。我们不是为了金钱物质而生存着的，而是为了生存才有必要拥有那些金钱物质；要活得像个人就不能成为金钱的奴隶，而应该有效地使用它们，成为它们的主人才对。

在日本众石庭中享有盛名的京都山科龙安寺的石庭里，安放着一座唤做"蹲踞"的石制洗手盆，在其表面刻有"吾唯知足"的文字，喻示着的就是知足常乐。

2

道是简单的，快乐也是很简单的

【原典】

道常无名，朴虽小，天下莫能臣也。

——《道德经·第三十二章》

【译释】

道的运作法则是空性的，它的变化可以用"朴（简单）"来形容。"朴（简单）"虽然微小，但天下却没有人能够操纵它。

世界上有许多人都觉得自己不快乐，都在以自己的方式寻找着快乐，然而这些人却越来越不快乐。这究竟是为什么？老子认为，生活是简单的，快乐也是简单的，然而这简单的快乐却不容易得到。唯有我们用心做自己，才能触及这些简单的快乐。

人生的快乐并不像我们想象中那么复杂难觅，它其实就存在于我们喜欢做的每一件事当中，只要我们细心体会这些，真正地做回我们自己，便不难从中找寻到简单的快乐。

解读

快乐其实很简单

有一只老猫整日忧心忡忡，愁眉不展，想着自己的心事，它觉得自己是世界上最不幸福的猫。有一天，它看到一只小猫正转着圈追赶自己的尾巴，玩得乐不可支。老猫问："你怎么会这么快乐呢？"小猫说："我的尾巴上有快乐。"

老猫回到家，也转着圈追赶自己的尾巴，果然觉得自己很快乐。老猫恍然大悟："原来快乐全在尾巴上。"

"猫的快乐在猫尾巴上"，多么深刻而简单的智慧呀！由此可见，快乐是可以制造的。我们同样也有许多这样快乐的"尾巴"，只是在纷杂的生活中将它们遗失了而已。

如果你认为快乐是清早起来新鲜的空气，一顿丰盛的晚餐，一个真诚的问候，那么快乐就会随时来到你的身边。

曾经有过这样一个调查："世界上谁最快乐？"

在上万个答案中，有四个答案十分精彩，它们分别是：吹着口哨欣赏自己刚刚完成的作品的艺术家，给婴儿洗澡的母亲，正在沙地里堆城堡的孩子，劳累了几个小时终于救治了一位病人的外科大夫。

这些快乐其实都在我们的生活周围，除了这些，应该还有许许多多答案：口渴时的一杯水，酷热时的一阵风……只要我们能够做回自己。

在罗马尼亚，有这样一个许多人都喜欢去的墓地。因为这墓地中的墓碑上有许多快乐的文字。有一块墓碑上写着一篇文章："村中我最老，生平喜舞蹈，彼得兄弟俩，放声做伴唱……你们快来看看我，像我这样能够活到九十六，祝您活得比我老。"这样的墓志铭在这片墓地上很多，吸引了许多游客驻足，鲜有人迹的墓地成了游览景点，为墓地管理者始料不及。而这些快乐竟然是这些步入黄泉的农人、贫困者甚至乞丐给世人留下的，他们活着为自己制造了快乐，死了又给世人带来了快乐。

生活中的快乐有许多种，有钱的人，可能觉得他因为有钱而快乐；有权的人，可能觉得他因为有权而快乐。然而哪种快乐是属于我们自己的？

我们自己的快乐，正是我们所拥有的生活——看似简单而充实的生活。

心"虚"是一种境界

【原典】

致虚极，守静笃。

——《道德经·第十六章》

【译释】

达到虚空的极点，安住于极深的禅定之中；宇宙万物相互运作生长，我们得以观察到它们的本根源头。

"致虚极，守静笃"，讲的就是要我们以一种虚空的心态去守静与守笃。"守静"就是守住安静的心情，"守笃"就是守住实在。

解读

当于静处品人生

外表看似安静的人，实则他的内心不一定平静；真正的安静是实在的、踏实的，所以很舒服，而不是一静下来心里就空得慌。

问问自己：为什么我们要那么紧张？能不能不紧张呢？今天的生活太紧张，把自己逼迫得太厉害，疯狂地赚钱、工作，结果得不偿失，所得到的物质财富并不能弥补失去的精神财富。那么，我们何不学学老子"致虚极，守静笃"的智慧，让自己的心平静下来品味生活的乐趣呢？

有一位成功的商人，虽然赚了几百万美元，但他似乎从来不曾轻松过。一天，他下班回到家里，走进餐厅。

餐厅中的家具都是胡桃木做的，十分华丽，有一张大餐桌和六把椅子，但他根本没去注意它们。

他在餐桌前坐下来，但心情十分烦躁不安，于是他又站了起来，在房间里走来走去。他心不在焉地敲敲桌面，差点被椅子绊倒。

他的妻子这时候走了进来，在餐桌前坐下。他说声"你好"，然后用手敲桌面，直到一个仆人把晚餐端上来为止。

他很快地把东西一一吞下。他的两只手就像两把铲子，不断把眼前的晚餐一一"铲"进口中。

吃完晚餐后，他立刻起身走进起居室去。起居室装饰得富丽堂皇，意大利真皮大沙发，地板铺着土耳其的手织地毯，墙上挂着名画。他把自己投进一把椅子中，几乎在同一时刻拿起一份报纸。他匆忙地翻了几页，急急瞄了瞄大字标题，然后把报纸丢到地上，拿起一根雪茄。他一口咬掉雪茄的头部，点燃后吸了两口，便把它放到烟灰缸里去。

他不知道自己该怎么办。他突然跳了起来，走到电视机前，打开电视机。等到画面出现时，又很不耐烦地把它关掉。他大步走到客厅的衣架前，抓起他的帽子和外衣，走到屋外散步。

他这样子已有好几百次了。他在事业上虽然十分成功，但却一直未学会如何放松自己。他是位紧张的生意人，并且把职场上的紧张气氛从办公室带回家里。

这个商人没有经济上的问题，他的家是室内装饰师的梦想，他拥有四部汽车。可以说，这个商人已经拥有了一切所需，然而他却不懂得如何去享受这些生活、享受这些快乐。因此他是不快乐的。

在这个日益繁忙的社会中，大多数人都变得如同这个商人一般焦躁不安、迷失了快乐。唯一可以改变这种状态的办法便是保持心灵的宁静，在静处细心体味生活的点滴，让生活重归宁静。

老街上有一个铁匠铺，铺里住着一位老铁匠。由于没人再需要他打制的铁器，现在他以卖拴狗的链子为生。

他的经营方式非常古老。人坐在门内，货物摆在门外，不吆喝，不还价，晚上也不收摊。无论什么时候从这儿经过，人们都会看到他在竹椅上躺着，微闭着眼，手里是一只半导体，旁边有一把紫砂壶。

他的生意也没有好坏之说，每天的收入正够他喝茶和吃饭。他老了，已不再需要多余的东西，因此他非常满足。

一天，一个古董商人从老街上经过，偶然间看到老铁匠身旁的那把紫砂壶，因为那把壶古朴雅致，紫黑如墨，有清代制壶名家戴振公的风格。他走过去，顺手端起那把壶。

壶嘴内有一记印章，果然是戴振公的。商人惊喜不已，因为戴振公在世界上有"捏泥成金"的美名，据说他的作品现在仅存三件：一件在美国纽约州立博物馆；一件在中国台湾"故宫博物院"；还有一件在泰国某位华侨手里，是他1995年在伦敦拍卖市场上以60万美元的拍卖价买下的。

商人端着那把壶，想以15万元的价格买下它，当他说出这个数字时，老铁匠先是一惊，后又拒绝了，因为这把壶是他爷爷留下的，他们祖孙三代打铁时都用这把壶喝水。

壶虽没卖，但商人走后，老铁匠有生以来第一次失眠了。这把壶他用了近六十年，并且一直以为是把普普通通的壶，现在竟有人要以15万元的价钱买下它，他有点想不通。

过去他躺在椅子上喝水，都是闭着眼睛把壶放在小桌上，现在他总要坐

77

起来再看一眼，这让他非常不舒服。特别让他不能容忍的是，当人们知道他有一把价值连城的茶壶后，总是挤破门，有的问还有没有其他宝贝，有的甚至开始向他借钱，更有甚者，晚上也来推他的门。他的生活被彻底打乱了，他不知该怎样处置这把壶。当那位商人带着 30 万元现金第二次登门的时候，老铁匠再也坐不住了。他招来左右邻居，拿起一把斧头，当众把那把紫砂壶砸了个粉碎。肯定有人会说老铁匠是个地道的傻子。然而人的生活观念各有不同，老铁匠非常懂得宁静的宝贵，他实在不愿借钱的人、要钱的人乃至于想偷钱的人把焦点放在他身上而扰乱他的正常生活，甚至使他惹上更严重的麻烦。

能在一切环境中保持宁静心态的人，都具有高贵的品格修养。我们每个人都应努力培养自己心理上的抗干扰能力，才能达到"致虚极，守静笃"的境界。

人生如茶，唯有我们静下心来细细地品味它，才能品尝出这杯茶中的芬芳。如果一通牛饮，尝到的只有苦涩或无味。

4
一切都会好起来的

【原典】

夫唯道善贷且成。

——《道德经·第四十一章》

【译释】

只要遵照"道"的规律去行事，一旦开始以后，尽管也会遇到一些不如意，但最终会有一个好的结果。

人的一生中难免遇到各种各样的问题。老子面对挫折问题的观点是：站在生机处去对待这些挫折，相信一切都会好的。也唯有这样，人的精神世界才不会被这些艰难困苦所摧毁，才能产生克服它们的勇气与信心。

人生之路本来就是这样的——充满了坎坷与挫折，甚至有时让人绝望得想死掉。也许我们的能力确实有限，也许我们的厄运真的无法摆脱，然而我们不能太悲观，虽然我们逃不脱生老病死，但是我们却有可能躲避人生迎面而来的一些灾难。

解 读

用积极的心态面对一切

当我们遇到问题时，用积极的心态去思考非常关键。如果我们渴望一个好的结果，就必须调整心态，要积极但不忘谨慎。能不能巧胜对手脱颖而出，能不能战胜自己驱除心魔，取决于我们能不能把否定思维转化为肯定思维。

很早以前，有这样一个故事：

一个小和尚为了让寺里的伙食更丰盛，每天从树林里采来许多香菇。湿的香菇不易保存，要摊在地上晒干再收藏。一天他正在太阳底下曝晒采回来的香菇，师父走了过来。

"晒干之后，装进袋子。"师父说。

"知道了。"小和尚边干活边答应着，觉得师父过于操心了。

一连几天太阳都很好，香菇干得很快。小和尚正在装袋时，师父又来了。

"不要全装进一个大袋。多分几个小袋子，封紧了，别透气！"师父叮嘱道。

"知道了！"小和尚带着几分不耐烦的口气答道，心想，师父真是多事！但他还是一包包地装好，并没有半点怨言。

野生的香菇特别香，炒青菜时丢进几个，滋味别提多好了，到院里用斋饭的施主和其他师兄师弟无不称赞。

第一包香菇用完了，小和尚打开了第二包，发现香菇里长满了小虫，不能吃了！他很着急，赶快向师父报告。

"别急，你先把这包扔掉，打开别的包看一看，这包不能吃，别的包说不定能吃。"师父说。

小和尚紧张地打开那些包，高兴地笑了。

"这回你知道我为什么让你分开密封了吧。"师父摸着小和尚的头说，"你以为画板是保护画的，岂知板子也伤了画；你以为袋子是防外面的虫咬香菇，岂知香菇里原来就可能有虫。于是那保护它不受外界侵犯的，反过来保护了外界不受它侵犯。"师父接着语重心长地说："我们总怕别人会害自己，其实害自己的不一定是别人，也许是自己！我们应该能常常清理自己的心虫，别让它偷偷啃食我们的心，或飞出去伤害别人。"

面对不幸、挫折与打击，我们可以跑、可以奋斗，站在生机处去思考、去克服，我们很快便能摆脱不幸与失败，迎来胜利与幸福。

有一天，一个年轻人因心情不好，走出了家门，漫无目的地到处闲逛，不知不觉间走进了森林深处。在这里他听到了婉转的鸟鸣，看到了美丽的花草，他的心情渐渐好转，他愉快地感受着生命的美好与幸福。

忽然，一声长啸。年轻人回头一看，吓得魂飞魄散，原来是一头猛虎正张牙舞爪地向他扑了过来。年轻人拔腿就跑。跑到一棵大树下，看到树下有个树洞，一棵粗大的树藤从树上深入树洞里面，他不假思索，抓住树藤就滑了下去，他想，这里也许是最安全的，能躲过劫难。他松了口气，双手紧紧地抓住树藤，侧耳倾听外边的动静，并时不时伸出头去看看。那只老虎在四周踱来踱去，久久不肯离去。年轻人悬着的心又紧张起来，他不安地抬起头来，这一看又叫他吃了一惊，一只坚牙利齿的松鼠在不停地咬着树藤，树藤虽然粗大，可松鼠也非等闲之辈。

年轻人下意识地低头看了看洞底。真是不得了，洞底盘着四条大蛇，一齐瞪着眼睛，嘴里伸出了长长的芯子。年轻人悲观透了：爬出去有老虎，跳下去有毒蛇，上不得也下不得，就这么不上也不下吧，却还有那只松鼠在咬树藤，他甚至已经听到了树藤被咬之处"嘎吱——嘎吱"欲断未断的响声。

年轻人想：悬挂不动已不可能，树藤已不让你悬了；跳下去也绝无生路，那是个死胡同，连逃的地方都没有；唯一的希望就是外面，虽然外面有可怕的老虎，但也有鸟鸣，有花香。难道这就是人生的宿命？冥冥之中，他听到一个声音在喊："别怕，跑吧。"于是他不再多考虑，一把一把向上攀登，终于爬到了地面，看到那只老虎在树底下闭目养神，他瞅准这个机会，拔腿狂奔，终于摆脱了老虎，安全回到了家。

这个故事并不是人生的特殊个例，也不是人生的具体写实，而是人生境遇的一个比喻。佛经解释说，那只老虎不是别的，其实是无常；那只松鼠是时间；那四条大蛇是人生无法逃避的生老病死；那根树藤就是我们的生命线。老虎存在于这个世界上是无疑的，正如灾害，正如苦恼，正如天外飞来的横祸。

故事里的年轻人给我们做了一个好的榜样：只要我们对生活没有失去希望，只要我们敢于奋斗、勇于拼搏，人生总会有生机、有出路。

5
像水一样保持自己纯真的本性

【原典】

上善若水。水善利万物而不争，处众人之所恶，故几于道。

——《道德经·第八章》

【译释】

水滋养万物而不和它们有所争执，身处众人所厌恶的污垢之地仍能保持自己的本性，所以水最近于"道"。

水，为涧、为溪、为江河，可以潺潺，可以涓涓，可以浩浩；水，为池、为潭、为湖海，可以清流，可以舒缓，可以宁澈。水永远顺应自然，可以升化成雨，可以凝结成冰，可以渗入沙土，可以跌宕起伏，可以弥散于空中，也可以潜藏于地下，在一动一静之间开合运行，有条不紊。

水的本性，不混杂就会清澈，不搅动就会平静，闭塞不流动也就不会纯清，这是自然本质的现象。所以说，纯净精粹而不混杂，静寂持守而不改变，恬淡而又无为，运动则顺应自然而行，这就是养心的道理。

解 读

让心回到最初的澄澈

水的本性是清澈平和的，如果搅动它就会变得混浊，如果堵塞住不让它流动，它也就不会纯净了。这和人心是一致的，人心的本初都是清静明澈如水一样的，但是流落于世，渐渐被欲望所迷惑，就像是往水中丢进了泥沙一样，也就渐渐变得混浊起来。只有懂得顺应天道的人，才能使自己的心重回当初的澄澈。

心一旦澄澈，没有欲望的杂质，那么对于名利富贵也就视若浮云了，最多也只是投映在水面的影子，触不到他们内心一分一毫。

清朝时，出身于农家的于成龙少有大志，自幼过着耕读生活，受到传统的儒家教育。顺治十八年（1661年），已44岁的于成龙不顾亲朋的阻拦，抛妻别子，怀着"此行绝不以温饱为志，誓勿昧天理良心"的抱负，接受清廷委任，到遥远的边荒之地——广西罗城为县令。

罗城新隶于清统治下不到两年，由于局势未稳，两任知县一死一逃。于成龙到罗城时，这里遍地荒草，城内只有居民6家，茅屋数间，县衙穷得连门墙都没有，只有三间破草房，他只得寄居于关帝庙中。于成龙从山西老家带来的一位仆人忍受不了这样的清苦，就对于成龙说："当官如果是这个样子，还有谁愿意当官呢？你应该请求调离此地，否则还不如回老家呢。"

于成龙说："我本来就是个农家子弟，现在能当上知县，为百姓做事，还有什么不满足呢？和这里的百姓相比，我们并不算清苦，你就不要抱怨了。"

于成龙知足常乐，为百姓的事到处奔忙。他那个仆人见劝不动他，又不甘心跟着他吃苦，竟然偷偷逃跑了。

罗城的百姓见于成龙是真心为他们办事，便自发地前来看望他，有的还给他带来了一点钱物。于成龙说："我一个人用不了多少钱，你们的心意我领了。钱物我绝不能收下，这是我做人的准则啊！"

罗城百废待举，首要的是安定社会，恢复生产。于是，于成龙采取"治乱世，用重典"的方法，首先在全乡建立保甲，严惩缉获案犯，大张声势地"严禁盗贼"。境内初安后，他又令乡民练兵，甘冒"未奉邻而专征，功成也互不赦之条"的后果，抱着为民而死甚于瘴疠而死的决心，准备讨伐经常扰害的"柳城西乡贼"。接着又在全县搞联防，从此"邻盗"再不敢犯境。

在消除内忧外患的同时，于成龙十分注意招募流民以恢复生产，他常常深入田间访问农事，奖勤劝惰。农闲时带领百姓修民宅、建学校、筑城墙。对迁入新居的农家，还亲为之题写楹联，以示鼓励。在深得民心之后，他又以刚柔并用的斗争策略，解决了"数大姓负势不下"的问题，使这些一向桀骜不驯的地方豪强"皆奉法唯谨"。这样，三年之间就使罗城摆脱混乱得到治理，出现了百姓安居乐业的新气象。

康熙六年（1667年），于成龙被两广总督芦光祖举荐为广西唯一"卓异"，并升任四川合州（今四川合川市）知州。离开罗城时，他连赴任的路资也没有，出现了百姓"遮道呼号：'公今去，我侪无天矣！'追送数十里，哭而还"的感人情景。

后来于成龙升湖广下江陆道道员，驻地湖北新州（今新春县），在湖北期间，无论地位和环境都有很大改善，但他仍然心清如水，保持了异于常人的艰苦生活作风。在灾荒岁月，他还以糠代粮，把节余的口粮、薪俸救济灾民。因之百姓在歌谣中唱道："要得清廉分数足，唯学于公食糠粥。"为广行劝施，让富户解囊，他更以身作则，甚至把仅剩的一匹供骑乘的骡子也"鬻之市，得十余两，施一日而尽"。康熙十七年（1678年），于成龙升福建按察使离湖北时，依然一捆行囊，两袖清风，沿途以萝卜为干粮。

于成龙的官阶虽越升越高，但他的心却没有被宦海中的各色欲望所腐蚀，仍然是那样清澈，没有混杂，始终活泼地流动着，充满了盎然生机。他提倡"为民上者，务须躬先俭朴"。去直隶，他用糠屑杂米煮粥，和仆人一起吃；在江南"日食粗粝一盂，粥糜一匙，侑以青菜"，甚至整年都尝不到肉味，江南百姓因而亲切地称他作"于青菜"。于成龙的清操苦节享誉当时。据说，当他出任两江总督的消息传出后，南京布价骤然上涨，"金陵阖城尽换布衣。即婚嫁无敢用音乐，士大夫减驱从，毁丹垩，至有惊恐喘卧不能出户者……奸人猾胥各鸟兽窜"。

待于成龙卒后，居室中只看到"冷落菜羹……故衣破靴，外无长物"。南京"士民男女无少长，皆巷哭罢市。持香楮至者日数万人。下至菜庸负贩，色目、番僧也伏地哭"。可见百姓对他有多么敬爱。

于成龙在20余年的宦海生涯中，历任知县、知州、知府、道员、按察使、布政使、巡抚和总督，加兵部尚书、大学士等职。三次被举"卓异"，以卓著的政绩和廉洁刻苦的一生，深得百姓爱戴和康熙帝赞誉，以"天下廉吏第一"蜚声朝野。

人们通常认为，一个人在官场上，最开始时的那片清正廉明之气是很难保持长久的，是很容易被官场上的一些恶习所污染的。其实这是因为他们的心不够清净，如果都能像于成龙那样，心如水一般清澈，便是有泥沙倾倒下来，也不过是晃上几晃，泥沙尽可沉底，水质仍是一片清明。所以环境的恶劣混浊并不是理由，一个人若是真正想要坚持内心的原则，任何外界的东西都是动摇不了他的。

现代生活中处处可以名闻利扬，不一定要做官，也一样可以接触到那些"泥沙"。但是我们可以秉持自己内心的清正，让自己如流水一样澄澈明净，不被混染。虽然我们不可能生活在真空之中，但是却可以让所有尘埃都沉到水底，只留水本质的清净。

6

静止的水才清

【原典】

孰能浊以止静之徐清？孰能安以久动之徐生？

——《道德经·第十五章》

【译释】

什么能让浑浊动荡的水变清？只要能静下来，水自然会清。什么能使安静变动起来，慢慢显出生机？只要灵活地运作自然会有生机。

人的内心就像流水一样，如果一直动荡不安，就永远不能悟道，也就不能认识自己。想要看清自己的内心，发现自己内心所潜藏的真正的力量，就必须让心中的杂念、妄想静止。

解 读

"止"是内心的修养

"唯止能止众止"，只有真的安静下来，平稳下来，到达止的境界，才能够使心像止水一样澄清，然后才能开启智慧之门。

止，就是静心，是定，是专一，不仅道家讲究，佛家、儒家也都讲究。比如佛家的禅坐入定，儒家的"止于一"，都与道家的"唯止能止众止"是相通的。因为人一切思想的混乱、烦恼和痛苦都来源于心的乱，心若不能止，烦恼接踵而来，永无宁日。

止是内在的修养，也是对外在行为的一种认定，或许是一个目标，或许是一个方向，或许是一个途径。就好像射线起始的那个点，只不过我们是从射线发散的那一端逆转回来，寻找能让我们止住的那一个点。

由于社会环境的压力，生活得愈久愈会给人带来一种恐惧，人们往往对于自己的人生旅途有着莫名的恐慌。就像古人诗中所讲的"世事茫茫难自量"，前途如何，后果怎样，谁也预见不了，所以就会有很多不安、很多恐惧。

如果能将心止住，观照内在，以自己内心的力量去顺应外在的变化，那么这种恐惧和不安是可以消除的。

在陈丹燕所著的《上海的金枝玉叶》一书中，主人公是一个美丽柔婉的女子——郭婉莹（戴西），她是上海著名的永安公司郭氏家族的四小姐，曾经锦衣玉食，应有尽有。时代变迁，所有的荣华富贵都随风而逝，她经历了丧偶、劳改、受羞辱打骂、一贫如洗……但三十多年的磨难并没有使她心怀怨恨，她依然美丽、优雅、乐观，始终保持自己的自尊和骄傲。她一生的经历令人惊奇，让人不禁重新思考：一个人身上的美好品质究竟是怎样生成的？一个柔弱如水的女子怎会坚强如斯？

戴西的一生从容、淡定、安详。她在悉尼长到 6 岁，进当地的幼儿园，在离开悉尼之前，她从来不会说中文。1915 年年底，郭父为了响应孙中山先生的号召，到上海开办百货公司——也就是后来中国最大的百货公司——永安百货公司。1918 年，戴西和母亲及兄弟姐妹们一起离开了悉尼，那时候，她以为她要去一个叫"上海"的餐馆吃饭。回到上海后，戴西被送入中西女塾学习，那是一个西化的女子贵族学校，宋庆龄、宋美龄都是在那里毕业的，那里教导学生怎样做出色的沙龙和晚会的女主人，培养学生秀外慧中和坚强的性格。在那里，戴西坚定了一生都要独立的信念。

在那个年代，她是一个秀丽的追求完美的富家小姐，没有参加过什么轰轰烈烈的新文化运动，她眼中的一切都是明亮而美好的。从那个时候起，她的着装完全中国化，第一次穿上了旗袍，然后就一直只穿中式服装——虽然英语仍然是她最常用的语言。她从中西女塾毕业后，成为燕京大学儿童心理系的学生。

心理学让她受益匪浅，20世纪五六十年代，面对各种各样对她心怀恶意的人的折磨，她总能利用心理学知识机智地应付。儿子中正回忆起她的时候，常常眼含泪水，但又由衷地笑着说："我妈妈懂得如何分析利用人的心理来保护自己。她一直说我父亲聪明，其实他只会玩，她才是真正的聪明。"亲戚们回忆起她，总说她是个脸上常常有活泼笑容的女子，总是让人感觉愉快。跟她在一起，空气都好像是经过蜂蜜的熏染一样。

这样的戴西，谁能想象她能经受住后来时代和命运带给她的种种折磨？然而她真的做到了，真正如庄子所说，唯止能止众止。

1963年以后，戴西和儿子住在上海市区一个狭小的亭子间里，两个人一个月只有24元钱。冬天的时候，从农场干完活回家，她常常要在隔壁的小面馆要一碗清汤素面——8分钱。在农场，她住在鸭棚里，在烂泥地上铺上一层稻草，然后就睡在上面。农场里的人分配给这个"资本家大小姐"的工作是倒粪桶，这不只是劳动，还有侮辱的意思。或许那些人是想看看这个曾经高高在上、养尊处优的富家女是怎样在最肮脏的劳动中流泪的吧。可是戴西表情平静地接受了。

她在农场里倒粪桶、盖房子、烧锅炉，这种种艰苦的工作是她过去连做梦都不曾想象过的，可是她总是愉快地告诉儿子："你妈妈都能做，没有什么做不来的。"那个时候，这个外表柔弱的女子，开始从她如水的内心里散发出惊人的力量。农场里开批斗会，让别人揭发她的罪行，让她承认莫须有的事情，让她跪在台上，用扫帚打她的脸。面对这一切侮辱，她并没因此而扭曲自己的性格，也没有变得畏缩和懦弱，她一直都很平静，让自己心如止水。

后来，当外国记者问起戴西在"文革"期间的生活时，她笑笑回答说："劳动让我保持了苗条的身材。"她不把自己受的苦给别人看，她让别人看到她一直到老都挺直的背。和其他那些谈起"文革"时受到的迫害就显得无比悲愤的人们不同，戴西不爱说起这些往事，偶尔说起也总是一脸平静："如果没有那一段生活，如果我和别的姐妹一样到了国外，继续做郭家小姐，我永远不会知道，我的心还可以这样大。我的生活因为这些更加丰富了。"

戴西就像一颗包裹着异香的琥珀，在变故和惊涛骇浪中静止着芬芳，以她如水的宁静和柔婉，淡淡地散发着钻石般明亮的光芒。她是水，她不跌倒于生活加给她的种种磨难，所以那些艰苦和磨难也就微不足道了，不能够影响到她内心的平静。这样的戴西，让人看到一个智慧而理性的女子，虽然温婉柔弱，沉着安然，但却无法击倒。

时至今日，我们的一生或许不会像戴西那样大起大落，或许也不会像她那样经历很多痛苦和侮辱，可是为什么我们面对生活时的恐惧却比她更多更深？反观自己就会明白，我们的心太过动荡，不能静止。如果我们可以像戴西一样心静如水，就会像她一样平静地面对生活，在磨难中坚强起来。

7

欲心杂念使人心累

【原典】

不欲以静，天下将自定。

——《道德经·第三十七章》

【译释】

无欲求必然清静洒脱，天下也会自得其正道。

老子认为，人只有去除贪婪、无知和狂妄，学习大道包容万物的胸襟，才会过得逍遥自在，无所为而又无所不为。人生在世，我们离不开名利这些身外之物，但也不能为它们而活。不执着于一己之欲，你才能受人尊敬，并成就一番事业。

解读

欲望太多心就难以平静

我们的痛苦烦恼似乎永远也没有尽头，一下成功，一下失败，时而悲伤，时而喜悦；在生活里我们东突西撞，愈陷愈深，找不到一条出路。而老子告诉我们，道就是道，不生不灭，欲望太多的人就无法看透迷茫的前途，而平心静气着，却能够灵敏活泼地勇往直前，这才合乎大地所具有的德性。

有一则寓言这样讲：

有位书生准备进京赶考，路过鱼塘时正巧看见渔夫钓了一条大鱼，便问渔夫是如何钓到大鱼的。渔夫得意地说，这当然需要一些技巧。当我发现它时，我就决心要钓到它。但刚开始，因鱼饵太小，它根本不理我。于是，我就把鱼饵换成一只小乳猪，没想到这方法果然奏效，没一会儿，大鱼就上钩了。

书生听后，感叹地说，鱼啊，鱼啊，塘里小鱼小虾这么多，让你一辈子都吃不完，你却挡不住诱惑，偏要去吃渔夫送上门的大饵，可说是因贪欲而死啊！

欲望与生俱来。饿了要吃饭，冷了要穿衣，这是人的本能。仅从生命科学而言，人类绵延生息不绝，可以说欲望是生命的动力。生命停止，欲望则消失。同时，人的欲望的满足，又是生命消耗的过程。

从某种意义上讲，有效地节制欲望，是构建和升华生命、延伸和拓展生命长度的必由之路。

这就不得不让我们想起了性情淡泊、道法自然的庄子。

有一天，秋高气爽，太阳已爬在半空，庄子还长卧未醒。忽然，门外车马滚滚，喧嚣非凡，随后有人轻轻叩门。

原来是楚威王久仰庄周大名，欲将他招进宫中，辅佐自己完成图霸天下的事业。

楚威王便派了几位大夫充当使者，抬着猪羊美酒，携带黄金千两，驾着驷马高车，郑重其事地来请庄周去楚国当卿相。

半个时辰过后，庄子才睡眼惺忪地开门出来。

使者拱手作揖，说明来意，呈上礼单。

不料庄子连礼单瞟也不瞟一眼，仰天大笑，说了一套令众使者大跌眼镜的话：

"免了！千金是重利，卿相是尊位，请转告威王，感谢他的厚爱。

"诸位难道没有看见过君王祭祀天地时充作牺牲的那头牛吗？想当初，它在田野里自由自在；一旦作为祭品被选入宫中，给予很好的照料，生活条件是好多了，可是这牛想不当祭品，还有可能吗？还来得及吗？

"去朝廷做官，与这头牛有什么差别呢？天下的君主，在他势单力孤、天下未定时，往往招揽海内英才，礼贤下士。一旦夺得天下，便为所欲为，视万民如草芥，视功臣为敌手，真所谓'飞鸟尽，良弓藏；狡兔死，走狗烹'。

"你们说，去做官又有什么好结果？放着大自然的清风明月、荷色菊香不去观赏消受，偏偏费尽心机去争名夺利，岂不是太无聊了吗？"

使者见庄子对于世情功名的洞察如此深刻，也不好再说什么，只得怏怏告退。

其中一位使者还如临当头一棒，看破数十年做官迷梦，决定回朝后上奏威王告老还乡。

庄周仍然过着无忧无虑的生活。登山临水，笑傲烟霞，寻访故迹，契合自然，抒发感情，盘膝静坐，冥思苦想，在贫穷中享受人生的快乐和尊严。

老子说得好："见欲而止为德。"邪生于无禁，欲生于无度。当官掌权忘记了世界观改造，忘记了清正廉洁，忘记了立党为公、执政为民，难免产生邪心恶念，而"疾小不加诊，浸淫将遍身"，到头来必然出大事，栽大跟头，为人民所唾弃。

清代陈伯崖写的对联中有这样一句"人到无求品自高"。这里说的"无求"，不是对学问的漫不经心和对事业的不求进取，而是告诫人们要摆脱功名利禄的羁绊和低级趣味的困扰，去迎接新的、高尚的事业。

有所不求才能有所求，无求与自强是不可分割的。这正是这句对联所反映的辩证思想。人生在世，不能离开名利等。但对这些身外之物必须有一个清醒的认识，保持一定的警觉。一个人只有抛开私心杂念，砸掉套在脚上的镣铐，心地才能宽阔，步履才能轻松，才能卓有成效地干一番事业。

提倡"人到无求品自高"，不是让人们去过那种清贫的生活，而是为了清除社会上的腐败现象，使那些追名逐利者保持政治上的清醒和思想道德上的纯洁。

无欲则静。付出不图回报，但必有回报，尽管并非得如所付。尽心尽力地劳动也许不能暴富，但却来得踏实。

人的心理需要平衡，欲望过少缺少动力，欲望太多则心烦意乱，你所要做的就是把握你的心，不要让多余的不着边际的欲心杂念扰乱你生命的脚步。

8

知道"止"就没有那么累了

【原典】

始制有名，名亦既有，夫亦将知止，知止可以不殆。譬道之在天下，犹川谷之于江海。

——《道德经·第三十二章》

【译释】

因为有了万物，所以需要给它们加以名称用来分辨，既然能分辨则应知适可而止，这样就不至于产生问题，发生危险。道存在于天下，就如同谷中溪流流向江河、江河又归于大海一样自然。

人的欲望是个无底洞，不加节制的话，永远不会有满足的一日。其实，我们所需不过是一日三餐，睡床七尺，何必贪得无厌自取烦恼呢？若是懂得知足，人生的快乐一定很多！

解读

少一分贪心，多一分快乐

人不能没有欲望，没有欲望就没有前进的动力；但人不能有贪欲，因为，贪欲是无底洞，你永远也填不满它，贪欲只会给你带来无穷无尽的烦恼和麻烦。

据说上帝在创造蜈蚣时，并没有为它造脚，但是它仍可以爬得像蛇一样快。有一天，它看到羚羊、梅花鹿和其他有脚的动物都跑得比自己快，心里很不高兴，便嫉妒地说："哼！脚多，当然跑得快。"于是它向上帝祷告说："上帝啊，我希望拥有比其他动物更多的脚。"

上帝答应了蜈蚣的请求，他把好多好多脚放在蜈蚣面前，任凭它自由取用。蜈蚣迫不及待地拿起这些脚，一只一只地往身体上粘，从头一直粘到尾，直到再也没有地方可粘了，它才依依不舍地停止。

它心满意足地看着满身是脚的躯体，心中窃喜："现在我可以像箭一样地飞出去了！"但是等它开始跑时，才发觉自己完全无法控制这些脚。这些脚噼里啪啦地各走各的，它非得全神贯注，才能使一大堆脚顺利地往前走，这样一来它反而比以前走得更慢了。

还有这样一个故事：有一个农夫，每天早出晚归地耕种一小片贫瘠的土地，累死累活，收获甚少。一位天使可怜农夫的境遇，就对农夫说，只要他能不停地跑一圈，他跑过的地方就全部归其所有。于是，农夫兴奋地朝前跑去，跑累了，想停下来休息一会儿，然而一想到家里的妻子、儿女们都需要更多的土地来生活，又拼命地往前跑……有人告诉他，你到了该往回跑的时候了，不然你就完了。农夫根本听不进去，他只想得到更多的土地，更多的金钱，更多的享受，于是继续拼命地向前跑去。最终因心衰力竭倒地而亡。

生命没有了，土地没有了，一切都没有了，贪婪使这个农夫不知道全身而退，于是他失去了一切。

贪婪是一切祸乱的根源，一间蜂蜜工厂的仓库里洒了很多蜂蜜，吸引了许多苍蝇，因为蜂蜜太香了，它们都舍不得离开。不久这些贪吃的苍蝇都因脚被蜂蜜黏住而飞不了了。当它们快死时，很难过地说："我们真是太贪心了，为了短暂的快乐却赔上了宝贵的生命。"生活中，一批又一批人前仆后继地把自己绑在欲望的战车上，纵然气喘吁吁也不歇脚。不断膨胀的物欲让工作、金钱几乎占据了现代人全部的空间和时间，许多人每天忙着应付这些事情，几乎连吃饭、喝水、睡觉的时间都没有。他们想要赚更多的钱、找更好的工作、升更高的职位、住更大的房子、开更豪华的车子……然而一旦拥有之后，一些人反而会产生一种迷惘的心情：花了半生的力气去追逐这些东西，表面上看来该有的差不多都有了，可是为什么自己却并没有变得更满足、更快乐？

在物欲横流的现代社会，如何控制好自己对名利的欲望，不仅关系到脚下的人生，更关系到我们每日的心情。生命属于个人，每个人有权设计自己的生活和人生道路。所有的心愿，只要符合法律和道德的要求，都应该受到尊重。但是我们必须明白：生命的过程中，一切物质及肉体都是不可靠的奴仆，想让自己的人生得以升华，就必须放下这些本性之外的东西，追求生活的淳朴，这样才能活得惬意，活得洒脱。

人的欲望是没有止境的，如果你不放弃一些东西，你的身体和心灵一定会越来越沉重，快乐就真的离你而去了，因此要学会放弃和自我解脱，保持一颗平常心。少一点欲望，就会多一些快乐。

那么，怎样才能淡化自己的欲望呢？"仕途虽纷华，要常思泉下的光景，则利欲之心自淡"。常以世事世物自愉自悦则可贯通得失，"常疑好事皆虚事，方信闲人是福人"。

中国有一句俗话叫"知足常乐"。佛教的理想是"少欲知足"。孟子有一句话叫"养心莫善于寡欲"。他还说："其为人也寡欲，虽不存焉者寡矣；其为人也多欲，虽有存焉者寡矣。"欲少则仁心存，欲多则仁心亡，说明了欲与仁之间的关系。

人生在世，除了生存的欲望以外，人还有各种各样的欲望，自我实现就是其中之一。欲望在一定程度上是促进社会发展的动力，但欲望太强烈，就会造成痛苦和不幸，这种例子不胜枚举。因此，人应该尽力克制自己过高的欲望，培养清心寡欲、知足常乐的生活态度。

《菜根谭》中说："爵位不宜太盛，太盛则危；能事不宜尽华，尽华则衰；行谊不宜过高，过高则谤兴而毁灭。"意即官爵不必达到登峰造极的地步，否则就容易陷入危险的境地；自己得意之事也不可过度，否则就会转为衰颓；言行不要过于高洁，否则就会招来诽谤或攻击。

而在追求快乐的时候，也不要忘记"乐极生悲"这句话，适可而止才能掌握真正的快乐。大凡美味佳肴吃多了就如同吃药一样，只要吃一半就够了；令人愉快的事追求太过就成为败身丧德的媒介，能够控制一半才是恰到好处。

"宾朋云集，剧饮淋漓乐矣，俄尔漏尽烛残，香消茗冷，不觉反而呕咽，令人索然无味。天下事率类此，奈何不早回头也。"痛饮狂欢固然快乐，但是等到曲终人散、夜深烛残的时候，面对杯盘狼藉必然会兴尽悲来，感到人生索然无味。天下事大多如此，为什么不及早醒悟呢？

9
得失都是"道"

【原典】

同于道者，道亦乐得之；同于德者，德亦乐得之；同于失者，失亦乐得之。

——《道德经·第二十三章》

【译释】

认同"道"的哲理，"道"就乐于帮助他；认同"德"，"德"就乐于帮助他；如果明白了这些，无论得失就都会是发自内心的快乐。

人的一生，既有火红耀眼之时，也有暗淡萧条之日，此乃世之常理，又何必患得患失？过于注重个人得失，只会使自己变得心胸狭窄，斤斤计较而已。

生活中往往有这样一些人，做什么事情之前都要反复考虑，做完之后又放心不下，对方方面面都考虑得尽量周到，如有不妥，就很担心把事情办砸，担心别人对自己有看法，并且极其注重个人的得失，他们被笼罩在患得患失的阴影之中，内心被得失搅得没有一分安宁。

解 读

患得患失，幸福也就离之远去

从前，晋国有位并不富裕的农夫不慎丢失了一头牛，可他仍像从未丢失过什么值钱的东西似的，整天乐呵呵的。旁人不解，问他为何不去寻找丢失的那头牛？农夫笑笑说："牛是在晋国丢失的，肯定被晋国人拾到了。牛还在晋国，我何必费心去找它呢？"

孔子听说这件事后说，如把"晋国"两字去掉不是很好吗？老子感慨道，要是再把"人"字去掉就更好了！

晋国农夫没有因为自己家中丢失了一头牛而沮丧，更没有因为自家有所损失而悲伤，而是超越"物之主人为谁"之羁绊，从容而又洒脱地把自己之物推及为晋人之物，从而得出一国之内物没有得与失。此乃人生之第一境界。

孔子认为，此人的境界还有个局限，应该把自己之物推及世人之物，突破有限的国界，其境界更为宽广。此乃人生之第二境界。

老子更高一筹，他把一头牛放进大自然中，挣脱了人之束缚，让其往来无牵挂，真正回归自然。此乃人生之第三境界，也是最高境界。

人生得失是常事，有些东西失去了就永远不能再得到。面对得失，能够达到像晋国农夫那样坦然的心胸，心中会少些阴郁的云朵，透进更多的阳光。

如若能像孔子所言，人世间的种种得失便随风而去，红尘中的你还能不轻装上阵？更甚者，如老子，人生无所谓得与失，让心灵像云一样飘逸，让思绪无边际地驰骋，定会看到风光无限。

人生如白驹过隙，面对种种挫折与失败，怀着什么样的心态，就会有什么样的人生。

楚国有一个人叫支离疏，他的形体是造物主的一个杰作，或者说是造物主在心情愉快时开的一个玩笑——脖子像丝瓜，脑袋似葫芦，头垂到肚子上，双肩高耸超过头顶，颈后的发髻蓬蓬松松似雀巢，背驼得两肋几乎同大腿并列。好一个支支离离、疏疏散散的"半成品"！

然而支离疏却丝毫不为自己的尊容而伤心，相反，他感谢上苍独钟于他，平日里乐天知命，舒心顺意，日高尚卧，无拘无束，替人缝衣洗服，簸米筛糠，足以糊口度日。当君王准备打仗，在国内强行征兵时，青壮汉子如惊弓之鸟，四散逃入山中。而支离疏呢，偏偏耸肩晃脑去看热闹。他这副尊容谁要呢，所以他才那样大胆放肆。

当楚王大兴土木，准备建造王宫而摊派差役时，庶民百姓不堪骚扰，而支离疏却因形体不全而免去了劳役。每逢寒冬腊月官府开仓赈贫时，支离疏便欣然前去，领到三盅小米和十捆粗柴，仍然不愁吃不愁穿。

一个在形体上支支离离、疏疏散散的人，尚且乐天知命，以自然的心性安享天年。那么把这支支离离、疏疏散散从而遗形忘智、大智若愚的精神运用到立身处世的方法中去，难道还不可逢凶化吉、远害全身吗？

月满则亏，水满则溢。这是世之常理。否极泰来，荣辱自古周而复始。因此，大可不必盛喜衰悲，得喜失悲。盛衰、得失自有天意。

凡人皆有七情六欲，面临得失，很少有人能泰然处之，患得患失的心情搅得本来平静的生活乱成一团，这又何苦呢。

有位朋友这样看待得失。他说得失就像人体内的血，缺少了就会贫血、眩晕乃至危及生命，而太多了则会引发血稠、血脂升高，同样会危及生命。

由此可见，保持一份平常心，才是面临得失的处世之道。别人得再多也是别人的，与我丝毫不相干；别人失再多也是别人的，我能帮则帮，帮不上也没必要长吁短叹。同样，我得再多也是凭能力得到的，付出自有回报，也不必因此而沾沾自喜；我失再多也只能从自身找原因，客观情形本来就是千变万化，埋怨不得别人。这样看来，问题岂不简单得多了？

心理学所说的"自我协调和自在法"，基本功夫就在于"看懂自己"。正确看待得失，不为小事计较，不莫名其妙生气哀伤，不悲天悯人，主动适应变化。

患得患失就是一味地担心得失，斤斤计较个人的得失。患得患失是人生的精神枷锁，是浮躁的一个重要表现形式。

从前有一位神射手，名叫后羿。他练就了一身百步穿杨的好本领，立射、跪射、骑射样样精通，而且箭箭都能射中靶心，几乎从来没有失过手。人们争相传颂他高超的射技，对他非常敬佩。

夏王也从左右的嘴里听说了这位神射手的本领，也目睹过后羿的表演，十分欣赏他的功夫。有一天，夏王想把后羿召入宫中来，单独给他一个人演习一番，好尽情领略他那炉火纯青的射技。

于是，夏王命人把后羿找来，带他到御花园里找了个开阔地，叫人拿来一块一尺见方、靶心直径大约一寸的兽皮箭靶，用手指着说："今天请先生来，是想请你展示一下你精湛的本领，这个箭靶就是你的目标。为了使这次表演不至于因为没有彩头而沉闷乏味，我来给你定个赏罚规则：如果射中了的话，我就赏赐给你黄金万两；如果射不中，那就要削减你一千户的封地。现在请先生开始吧？"

后羿听了夏王的话，一言不发，面色变得凝重起来。他慢慢走到离箭靶一百步的地方，脚步显得相当沉重。然后，后羿取出一支箭搭上弓弦，摆好姿势，拉开弓开始瞄准。

　　想到自己这一箭出去可能发生的结果，一向镇定的后羿呼吸变得急促起来，拉弓的手也微微发抖，瞄了几次都没有把箭射出去。后羿终于下定决心松开了弦，箭应声而出，"啪"的一声钉在离靶心足有几寸远的地方。后羿脸色一下子白了，他再次弯弓搭箭，精神却更加不集中了，射出的箭也偏得更加离谱。

　　后羿收拾弓箭，勉强赔笑向夏王告辞，悻悻地离开了王宫。夏王在失望的同时掩饰不住心头的疑惑，就问手下道："这个神箭手后羿平时射起箭来百发百中，为什么今天跟他定下了赏罚规则，他就大失水准了呢？"

　　手下解释说："后羿平日射箭，不过是一般练习，在一颗平常心之下，水平自然可以正常发挥。可是今天他射出的成绩直接关系到他的切身利益，叫他怎能静下心来充分施展技术呢？看来一个人只有真正把赏罚置之度外，才能成为当之无愧的神箭手啊！"

　　得而不喜，失而不忧，在大得大失面前，若始终保持一份淡然的心境，那么这一生必定活得更从容。

10
不要想得太多，太远

【原典】

天地尚不能久，而况于人乎？

——《道德经·第二十三章》

【译释】

天地的自然现象尚不能持久，何况人呢？

老子的这句话应该是针对那些"杞人忧天"的人说的，他们总是感叹活得太累，殊不知这都是自己造成的。每天胡思乱想，为以后那些看不见摸不着的事操心，能不累吗？

过去的早已过去，未来的又遥不可及，所以生活不在别处，就在当下。一旦你明白了这个道理，你就会发现原来自己苦苦追求的就是珍惜现在所有的生活，我们所能做的就是珍惜现在所有的生活，无论清闲还是忙碌，无论富贵还是贫穷，只要用心，你就能生活得无比快乐！

解 读

活在当下，以求心安

活在当下意味着无忧无悔。对未来会发生什么不去作无谓的想象与担心，所以无忧；对过去已发生的事也不作无谓的思虑与算计得失，所以无悔。人能无忧无悔地活在当下，就不会为一切由心所生的东西所束缚。因此活在当下的人，是愉悦而充实的！

梦想是一碰即碎的泡沫，未来是遥不可及的念想，我们所能把握、所能真实感受的只有现在而已！

在生活中，人们也往往喜欢追寻着一些不切实际的梦想，为此忽视了周围的一切，结果，失去了此刻就没有下一刻，不珍惜现在也就无法拥有未来了。

有一个小伙子，就是不懂得这个道理，总是生活在对未来的梦想中而忽略当下的存在。有一天，他又在想："我要在 20 岁时找个漂亮的女朋友，30 岁成家立业，40 岁成为亿万富翁！"正在这个时候，一个神仙出现在他眼前，给了他一只表，说："当你想要时间变快的时候，只要拨动这只表，就可以如愿以偿了！"

小伙子高兴极了，他想快点到 20 岁，于是就把表向前拨动了一格，一个漂亮的女孩突然出现了，并成了他的女朋友。他想："如果现在就能结婚就更好了。"于是他又转动了表，婚礼上，他与漂亮的女孩并肩而坐，悠扬的音乐和醉人的美酒都出现了。

他又想："如果现在就是洞房花烛夜多好呀!"于是他再一次转动了表，屋子里只剩下他们两个人。他心中的愿望层出不穷，于是不停地拨动着表，得到了宽敞的房子、大把的钞票、吵闹的孩子……

时间飞快地过去了，他的梦想都实现了，但生命也很快地走到了尽头。弥留之际，他开始后悔自己以前没有认真享受生活，从不珍惜当下，转眼生命已经到了尽头；如果可以重新来过，他一定会认真地活在每一天，可是后悔已经来不及了，因为那个神仙告诉他，那块表只能向前转，不能向后调。他躺在床上后悔莫及，痛哭流涕。

突然间，他醒了。原来只是一场梦。小伙子欣喜地发现自己又可以享受生活的鸟语花香、蓝天白云了，这一切是多么可爱呀!

一场梦让小伙子懂得了"当下"的意义。活在当下，就是全心全意地投入现在的生活，这样才不会让过去扰乱精神，阻挡前进的步伐，也不会被未来强拉着盲目地狂奔。

11

无"患"即无忧

【原典】

吾所以有大患者，为吾有身，及吾无身，吾有何患?

——《道德经·第十三章》

【译释】

我之所以寝食难安，是因为总是惦记自身的荣辱得失，如果把这一切都抛开，还有什么能挡住我的快乐？

在这里，老子剖析了人们不快乐不幸福的原因，那就是看不透世间的纷纷扰扰、熙熙攘攘。"及吾无身，吾有何患？"这是一种感叹，但更多的是一份看破人世后的宁静。月的阴晴圆缺是客观规律，是自自然然就发生的转变。人的悲欢离合、顺逆穷通如同皓月圆缺一样，也是自然的。要是能洞悉这样的变化，自能"不以物喜，不以己悲"。这份超然，就是豁达的真正原因。

解 读

豁达每一日，快乐每一天

不管身处顺境逆境，只要你心胸开阔，心境平和，那么你就能够不被环境变化而影响，只觉日日是好日，四季都是好时节，始终拥有快乐。

一个月皎风清的夜晚，云门交偃禅师把弟子们召集在一起讲法，他问道："十五日以前不问汝，十五日以后道将一句来！"

弟子们听了面面相觑，他便自己代答说："日日是好日。"

这段公案非常有名，翻译成白话就是说："开悟以前的事我不问你们了，开悟以后的情境，你们试着用一句话说来听听！"学生们正在想的时候，他自己就说："天天都是好日子呀！"

"日日是好日"最能体现禅者的境界，宋朝的无门慧开禅师曾经专门为云门的这句"日日是好日"写下一首传诵千古的禅偈："春有百花秋有月，夏有凉风冬有雪，若无嫌事挂心头，便是人间好时节。"四季如是来，如是去，我们若能真心体悟到它们的殊胜情趣和景致，自能得到一番自在和逍遥。

但是，世俗的人们往往因为"嫌情"——分别心、取舍心，而产生种种挂碍和计量。因为分别心而有对立，因为对立而有取舍，因为取舍而有矛盾，矛盾既生，种种烦恼和痛苦也就在所难免了。

所以，只有从自性、自心的反照去克服分别、取舍的嫌心，深入地去体会身边各个不同的世界和境遇；心胸既开，何日不是好日呢？

对于觉悟生命的人而言，万象皆为虚空，一切江月松风、雾露云霞只是自然情景，一切横逆苦厄也不过是阴雨黄昏而已，所以对"日子"能有什么破坏呢？当我们有一个巨大的花园时，几朵玫瑰花的兴衰又有什么相干呢？

宋代理学家邵雍初到洛阳时，生活非常窘迫，曾住在一间极其简陋的草房里，不足以遮风挡雨；同时，他还要每天砍柴烧饭侍奉父母。为了生活，他每天不得不干很多活，可是每年耕种庄稼的所得，仅能换取衣食让父母与自己勉强度日。

生活虽然清苦，但他却能乐在其中，还把自己的住处称为"安乐窝"，自号安乐先生。有地方住，有饭吃，双亲俱在，可以共享天伦，还有什么比这个更令人快乐呢？

春秋宜人时节，把家里安顿好，他还会外出游历，走到哪里就把快乐带到哪里，所到之处人们都争相迎候，并高兴地说："安乐先生给我们带来快乐了噢！"

其实，只要心境明朗，自为自乐，每天都会是个好日子，有了这种心态，人生还有什么能够将他困住的呢？一箪食，一瓢饮，也是一种自在自得。

有一个老渔夫给自己设定了一个目标，每天捕到鱼儿能换到 30 元就收工。然后在家里吹笛子、斗斗鸡、下下棋或者和孩子们一起玩陀螺、放风筝。

有一天，他的一位刚读完工商管理硕士学位的外甥来访。这位硕士对舅舅的作业与生活方式很是纳闷，便提议道："舅舅，为什么您不向银行贷款，买艘先进的船与先进的捕鱼工具到较远的深海处多捕些鱼儿呢？"

渔夫听了有些莫名其妙。于是，这位硕士外甥继续解释道："这样，您就可以储蓄，等到有了足够的钱，就可无忧无虑去享受您自己想要过的生活，那该多好呀！"

渔夫听了外甥的一番大道理后，放声大笑，继而说道："你的意思是要我放下现有的生活方式，更勤快点，赚更多的钱后再来过这样的生活吗？"

外甥愕然……

对老渔夫来说，这样的生活就已经很满足了，他每天都过得很快乐。还有什么比这个更重要的呢？何必放弃自己现在的好日子去追求以后所谓的好日子呢？这份豁达实在令人羡慕！

面对苦短的人生，豁达的人不会长吁短叹，反而要长啸一句"尽吸西江，细斟北斗，万象为宾客。扣舷独啸，不知今夕何夕"。于穷厄时不会怨天尤人，反而安贫乐道，如刘禹锡的"斯是陋室，唯吾德馨"。于贬谪时不会失意落魄，反而"在其位，谋其政"，尽心为公，如滕子京"谪守巴陵郡。越明年，政通人和，百废俱兴，乃重修岳阳楼，增其旧制"。于遭谤时，不会忙于辩解，反而扪心自省，坦然面对，如欧阳公被谤，依旧井井有条地处理政务。于疾患时不会消极悲观，反而暂作偷闲，安心养病，如郑獬"病来翻喜此心闲，心在浮云去住间"。

豁达之人，能在逆境中安心。这份安心，不是消极待命。真正的安心，是积极的，是愈挫愈勇的，是永远奋进的。"天行健，君子以自强不息"，豁达之人，必也是自强不息之人。

豁达的风貌令人向往。要达到这样的境地，实在是困难的。这其中虽然有一点性格的因素，但更多的是来源于"看破"，而不是消极的"看开"、"暂忘"，甚至是破罐破摔的"无所谓"。看破是一种"世事洞明，人情练达"的明悟，是对人情世故变化规律的明了，是对人生和社会的通透理解。

要获得人生的快乐其实没什么秘诀可寻，只要放开心胸，便处处是福地、夜夜是良宵了。

12
无拘无束，给心灵一片广阔的天地

【原典】

大道汜兮，其可左右。

——《道德经·第三十四章》

【译释】

大道广阔无边，无拘无束，而真正的悟道之人也是不会被外界的纷纷扰扰所左右的。

老子用寥寥几个字就给我们展现出一个超然于尘世之外的宏大场景。那是一种境界，至高至远、逍遥自在的境界，唯有摆脱层层束缚的心灵才能到达。

放飞心灵，不再守着一方小塔，而去拥抱整个世界、整个宇宙，等到可以"宠辱不惊，去留无意"时，人生便已完美！

解 读

心灵需要休息，需要自由

在纷纷扰扰的尘世中待得太久了，有多少人在感叹生活的压抑？又有多少人仍然背着沉重的包袱为声色犬马所累？

放下吧，心灵需要休息，更需要自由。

颜渊问孔子说："我曾经在觞深过渡，摆渡人驾船的技巧实在神妙。我问他：'驾船可以学吗？'摆渡人说：'可以的。善于游泳的人很快就能驾船。假如是善于潜水的人，那他不曾见到船也会熟练地驾驶船。'我进而问他怎样学习驾船，而他却不再回答我。请问他说的是什么意思呢？"

孔子回答说："善于游泳的人很快就能学会驾船，这是因为他们适应于水而处之自然。至于那善于潜水的人不曾见到过船就能熟练地驾驶船，是因为他们眼里的深渊就像是陆地上的小丘，看待船翻犹如车子倒退一样。船的覆没和车的倒退以及各种景象展现在他们眼前却都不能扰乱他们的内心，他们到哪里都从容自得！用瓦器作为赌注的人，心地坦然而格外技高，用金属带钩作为赌注的人心存疑惧，用黄金作为赌注的人则头脑发昏内心迷乱。各种赌注的赌博技巧本是一样的，而有所顾惜，那就是以身外之物为重了。大凡对外物看得过重的人，其内心世界一定笨拙。"

是啊，人的灵性之所以逐渐消失，不就是因为过分执迷于身外之物吗？

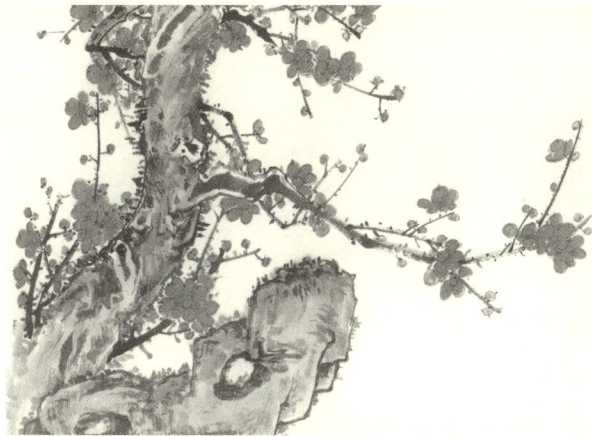

想想世界上有什么不是身外之物？事实上一切都是。不要把自己的东西看得太重，放下一切吧。没了就没了，大不了重新创造一个，也许在重新创造的过程中，反而会发生一些有趣的故事，让人生更加精彩！所以对一切都应该做到放得下，无所谓，凡事看到好的一面，往好的方面想。天下没有免费的午餐，上苍也不会亏待你，关键是你自己怎么看。既要珍惜，又要放得下；既不要放弃，也不要强求。本来无一物，何处惹尘埃？

声名权钱色，都是身外之物，化身而为各种形态，诱惑人类。不理它，它就无所施其技，我们也就少却许多自寻的烦恼。

难得糊涂，人人知道，但有几人真能"糊涂"？又有谁真的能做到"宠辱不惊，观庭前花开花落；去留无意，望天际云卷云舒"？

当我们为名利激烈角逐的时候，当我们为琐事患得患失的时候，我们的心在红尘中已经迷失了方向，失去了可贵的灵性，为物欲横流的社会所主宰时，给心灵一点空间吧，放飞我们的心灵，让人性在放飞中回归，让冷漠在放飞中感动……

让我们再来看这么一则故事：

汉灵帝时，太原孟敏出行，途中不慎失手打破瓦甑。只见他掉头不顾，径直前行。名士郭泰奇之，问其故。他答："瓦甑已破，不能复用，顾之何用？"

甑既然已经摔得粉碎，既然不能使它复原，看它一眼也无济于事，还是往前走的好。孟敏的故事启示我们，纠缠在无谓的痛惜和懊悔上，为外物所束缚，不如彻底摆脱失败与挫折的阴影，放下包袱，轻装前进。

多么睿智的回答啊！事情既然已经发生了，无法挽回，又何必死盯住一个地方，一味地悲伤，一味地哀叹呢？其实，很多时候，是我们自己在作茧自缚，心被身外之物禁锢了，思维无法打开。"雪融化了不一定是水，也可以是春天；叶子落了不一定是萧索，也可以是硕果。"这个世界上有多少沧海变为桑田，又有多少现在变为历史，生命原本为彩虹，只要不被身外之物所束缚，永远也不会涂抹成灰色。

许多貌似普通的人有太多的平实自在的生活态度值得我们学习。用平实的思想生活，就是态度的改变，懂得名利与时间、健康、快乐是不可兼得的；争名夺利的人，不可能有健康的身体，没有身体健康，心理也就不会健康，心理不健康的人不会快乐。

平实的生活并不一定要求你成为那种完全世俗的人，但普通人因为太懂得生活的艰难，他们常常"自我检讨"，为自己铺陈出一种平和、宁静、希望、友爱、快乐的生活方式。例如有的农民常说：钱够用就行了。而有的下岗工人则习惯这样考虑问题：失去了眼前的工作，也许并不完全是坏事，也许还会有新的机会呢。网上有些网民也常常这样写道：我不嫉妒有钱人，也许是因为我没本事，所以我应该努力让儿女们改变这种状况。一个公司职员在受到领导批评后，常常会开解自己说：这真是我的错，也许我可以做得更好一点。而我们今天的社会所缺少的不就是这样一种平实的生活态度吗？

什么是生活？假如把它解释成"好好活着"，那么希望我们每一个人都

"活得快乐"，"活得有意义"，"活得清心自在"，"活得身心安顿"，让"活"着的时候很有"生"气。

金钱不能带来所有的愉悦，功名之类的身外之物也不能带来永恒的快乐。唯有放飞我们的心灵，才能品味最有诗意的人生。

生活总不是那么一帆风顺，总会有许多十字路口，向左走或向右走，无论你选择哪条路，都是你自己的选择，都是人生的一种态度，都要勇敢地朝前走。只要心中装着宽阔的天空，相信没有迈不过的沟沟坎坎。抬起头，朝前走，前面等待你的必定是一片广阔的天地。

13

道法自然，心境自可平和

【原典】

天地相合以降甘露。

——《道德经·第三十二章》

【译释】

天地相互交融，自然就会普降甘露。

很多事情都是这样，自然而然，水到渠成。顺应自然而不妄加增减，事物自然会有一个圆满的结果。这和佛家常说的"不增不减"是一个意思，同时，这也是一种养心的境界。当我们感叹心累的时候，不要总是抱怨外界的因素，看看是不是我们自己画蛇添足了？

解 读

不要画蛇添足

惠子谓庄子曰："人故无情乎？"他问庄子，人本来就是没有情的吗？

庄子说："是的。"

惠子说："人而无情，何以谓之人？"惠子觉得奇怪，一个人如果没有情，那怎么还能称作人呢？

庄子解释说："道与之貌，天与之形，焉得不谓之人？"就是说，道赋予人容貌，天赋予人形体，怎么能不称之为人呢？这可和情没有什么关系呀。

惠子听了以后，说既然都已经称为人了，那又怎么能够没有情呢？

庄子说："是非吾所谓情也。吾所谓无情者，言人之不以好恶内伤其身，常因自然而不益生也。"就是说，你说的情和我说的情是两码事，我说的情不是你所说的那种普通的感情，而是包括后天的思想观念。人天生就有感知，有普通的感情，而我说的那个情是后天加上的意识。我之所以讲人要修养到无情，是不要偏见，不要后天加上的好恶，从而伤害自己。如果我们加上妄情，加上后天的好恶，就会伤害生命本身。那人要怎样用知用情呢？"常因自然而不益生也。"要很自然地活下去，运用天生的自然感知，不要起分别心，不要被俗世所污染。这样人就可以长寿，可以常在。

惠子说："不益生，何以有其身？"不增不减，那靠什么来保有自己的身体呢？是呀，人体是需要补充能量的，不吃东西，不休息，那怎么能让身体不损坏呢？

庄子说："道与之貌，天与之形，无以好恶内伤其身。今子外乎子之神，劳乎子之精，倚树而吟，据槁梧而瞑，天选子之形，子以坚白鸣！"庄子一看惠子还是不明白自己的话，就接着说，我是说生命要顺其自然，要不增不减，是指心中保持清明，这样才是神仙之道。上天给我们道，这个道就是本性，上天又给了我们形体，这就很好了。人何必要加上后天的人情世故，用喜怒哀乐来内伤其身呢？你看看你，把自己的神都用在身体外面去了，没有内养其神，心里一天到晚胡思乱想，杂念不断，这不就是在把自己生命的能量消耗完了吗？你靠着树干吟咏，凭依几案假寐，天给了你形体，你却非得以"坚石非坚"、"白马非马"这些诡辩而自鸣得意。这种事情也要考虑个没完，考虑来考虑去有什么意义？不过是迟早把自己给累死罢了。

庄子跟惠子的辩论告诉我们，一个人要修养其内在，要使心灵顺其自然，不增不减，不要自找麻烦。自找麻烦就同惠子一样，认为自己学问好、知识丰富，学问越好知识越丰富，就烦恼越多痛苦越深，也就同自己生命过不去，自己往死路上走，那就不是道的境界了。

要让心境很平和，顺天而行，自养内在的精神，生命道德就充沛了，身体内容也充沛了，这才是道的境界。

晋武帝时，杨骏以国丈的身份把持朝政，声势显赫。

杨骏为人奸诈，凡事营私，为了永保权势，他上台伊始便拉党结派，排挤打击不屈从于自己的人。他为此还得意地对自己的两个弟弟杨珧和杨济说："古时智者谋事在先，我们兄弟要权位永固，岂能无所作为？趁皇上宠信我们，任用私人是最要紧的，若是满朝文武皆为我党，我们还怕什么风吹草动吗？"权位永固，这简直是神话。权力这种东西和其他事物一样，是盛极则衰、物壮则老的，怎么可能永固呢？

杨珧、杨济颇有见识，对哥哥的做法不以为然，杨珧忧心地说："兄长处心积虑，未免有些过头了。兄长的智谋是高妙的，但人人得见、路人皆知，大违智谋的本意。现在兄长如果不另取他法，只怕会招人忌恨，于事无益啊。"

杨济也说："人心向背，绝不是智谋所能赚取的。兄长若是能礼贤下士，以诚待人，自然会有奇效，否则只会自取其辱。"他所说的是要杨骏修养自身，以品德感化他人，让别人自然归服，这是凭借内心的力量来达到的，用不着什么外在的谋略。对内在的修养来说，那些所谓的智谋就是多添加上的污染罢了。

可是杨骏刚愎自用，对兄弟的劝谏嗤之以鼻。晋武帝病重时，杨骏撤换掉了很多与他不和的大臣，安插大量亲信进入朝廷。他的做法引起了众怒，被罢斥的大臣们纷纷弹劾杨骏不法，晋武帝病情略有好转，知道此事后十分震怒，当面斥责了杨骏，又诏命汝南王和杨骏共同辅政，以削弱杨骏之权势。

杨骏十分害怕，便将诏书藏匿起来，两天之后晋武帝病情加重，其他人也不敢追究此事，不久之后晋武帝就病死了，杨骏因此侥幸保住了富贵。

经过此事，杨骏得意忘形，更不把继位的惠帝和大臣们放在眼里，他日夜盘算如何整治他人，往往心血来潮便违反常制，大树亲党。杨珧、杨济劝阻他说："兄长唯恐算计不到，岂不知这才是最大的失策啊。兄长担负国家大任，当以情动人，以德服人，怎可一味徇私枉法呢？一个人的智力终是有限的，你这样对待天下人，天下人自会这样对待你，你岂有胜算？"

杨骏十分讨厌弟弟们的规劝，他说："身处显位，焉能无智无计？我只怕智谋不多，又何谈当止呢？别人算计于我，难道我也要坐以待毙？"

他自知难孚众望，于是想出大开封赏这一招来，以便向众人示好，收买人心。但结果是有功受封者不感其恩，无功受封者难服众心，没有受封者更是对他增加了怨恨。殿中中郎孟观、李肇因对杨骏不满，就向贾后诬告他要篡位，贾后早有干预政事之心，借此机会和汝南王亮、楚王玮勾结，发动了兵变。杨骏逃到马棚里被人杀死，他的党羽也被诛杀，牵连数千人。

杨骏自以为聪明，实则愚蠢。他不知道自己的种种计谋实乃画蛇添足，于事无益。

第四章

处世之道:游刃有余地立足于世

整个社会就是一个有机的整体,没有谁可以孤立存在。那么,如何游刃有余地立足于社会,是每个人必须面对的课题。老子深明此理。在当时乃至于今天,若没有良好的处世之道是很难在社会上站稳脚跟的,更别说成就一番伟业了。尽管老子最后还是无奈地归隐山林,但他留给我们的处世智慧还是具有现实意义的。

1

诚信不足就得不到别人的信任

【原典】

信不足，焉有不信焉。

——《道德经·第十七章》

【译释】

居上位的执政者若是诚信不足（在未得权位之前对人民百般承诺，得到权位之后却变得只讲小众私利，不顾多数百姓的权益），那么，当他执政的时效停止的时候，这个国家的人民终究会唾弃他；不会再信任他，自然也就会落个"无法继续执政"的后果。

做人做事也是如此，要想赢得别人的信任，继而有一番成就，离不开一个"诚"字。古代做生意讲究"童叟无欺"，现代做生意讲究"诚信为本"；古代交朋友讲究"肝胆相照"，现代交朋友讲究"一诺千金"。怪不得老子一直告诫我们说，"信不足，焉有不信焉"，让我们在做人方面一定要谨守诚信美德。因为诚信可以让我们交更多的朋友，让我们获得更多的信赖，使人生之路更加顺畅。

解 读

诚实守信，务实无虚

一个人要做到"诚信"并不是一件简单、容易的事情，必须具备诚信的世界观，养成诚信的品格，在生活、学习和工作中处处以诚为本，凡与诚信相符者就做，与其相悖者坚决不做。

抗战时期，某县内有一个姓胡的石匠，为人忠厚。一次，应人要求去修石磨，那人叮嘱了他几句就离开了。胡石匠在打开磨底时，突然发现石磨内藏了数十个金元宝，石匠先密封石磨，再找到主人告之，一时传为佳话。

当时这个县内有一伙啸聚山林、打家劫舍的土匪，抗日组织念这帮土匪几次伏击日伪军有功，根据政策对其开展争取团结工作。匪首对此感激涕零，但又考虑到自己曾有劣迹，一时踌躇无语，几经争取，匪首才以实言相告，说惧怕投诚之后遭到清算，想找一可信之人作证，以担保其日后的安全。

抗日组织提出了本县绅士、名流数个为其担保，匪首都摇头否定，最后匪首自报人名一个曰：胡石匠！

匪首并未见过胡石匠，然而匪首根据胡石匠的信誉就相信他的担保，这充分说明坦诚之人容易让人信服。

东汉的许慎在他所著的《说文解字》中说"诚，信也"，又说"信，诚也"。由此可见，"诚"和"信"，无论是单独使用还是相连使用，在古代都是同一个意思，诚实守信无论是在古代还是在现代，都具有十分重要的意义。自古以来，诚实守信就是做人最基本的品德，"言出必行"、"一诺千金"、"诚实不欺"一直被公认为是为人处世的基本准则。

西汉初年有一个叫季布的人，他为人正直，乐于助人，特别是非常讲信义。只要是他答应过的事，无论有多么困难，都一定要想方设法办到，所以在当时名声很好。

季布曾经是项羽的部将，他很会打仗，几次把刘邦打败，弄得刘邦很狼狈。后来项羽被围自杀，刘邦夺取天下，当上了皇帝。刘邦每想起败在季布手下的事，就十分生气。怒愤之下，刘邦下令缉拿季布。

幸好有个姓周的人得到了这个消息，秘密地将季布送到鲁地一户姓朱的人家。朱家是关东一霸，素以"仁侠"闻名。此人很欣赏季布的侠义行为，尽力将季布保护起来。不仅如此，还专程到洛阳去找汝阴侯夏侯婴，请他解救季布。

夏侯婴从小与刘邦很亲近，后来跟刘邦起兵，转战各地，为刘邦建立汉王朝立下了汗马功劳。他很同情季布的处境，在刘邦面前为季布说情，终于使刘邦赦免了季布，还封他为郎中，不久又任命他为河东太守。

当时，楚地有个名叫曹丘生的人，能言善辩，专爱结交权贵。季布和这个人是同乡，很瞧不起他，并在一些朋友面前表示过厌恶之意，偏偏曹丘生听说季布又做了大官，一心想巴结他，特地请求国戚窦长君写一封信给季布，介绍自己与季布认识。窦长君早就知道季布对他印象不好，劝他不要去见季布，免得惹出是非来，但曹丘生坚持要窦长君介绍。窦长君无奈，只好勉强写了一封推荐信，派人送到季布那里。

季布读了信后很不高兴，准备等曹丘生来时当面教训教训他。过了几天，曹丘生果然登门拜访。季布一见曹丘生就面露厌恶之情。曹丘生对此毫不在乎，先恭恭敬敬地向季布施礼，然后慢条斯理地说："我们楚地有句俗语，叫做'得黄金百两，不如得季布一诺'。您是怎样得到这么高的声誉的呢？您和我都是楚人，如今我在各处宣扬您的好名声，这难道不好吗？您又何必不愿见我呢？"

季布觉得曹丘生说得很有道理，当即热情款待，留他在府里住了几个月，临走时还送他许多礼物。曹丘生确实也照自己说过的那样去做了，每到一地，就宣扬季布如何礼贤下士，如何仗义疏财。这样，季布的名声越来越大。后人用"一诺千金"来形容一个人很讲信用，说话算数。

诚实守信，在社会交往中有着十分重要的作用。一个人说话实实在在，说到做到，就会使人产生信任感，愿意同他交往、合作。相反地，轻诺寡信，一而再再而三地自食其言，必然要引起人们的猜疑和不满。只有彼此守信，友谊才会持久。因此老子"信不足，焉有不信焉"的智慧，仍然是现代人立足的法宝。

2 不要轻易许诺

【原典】

夫轻诺必寡信，多易必多难。

——《道德经·第六十三章》

【译释】

随便作出承诺的人，必然很难保持信用。把事情看得太容易的，往往会遇到很多困难。

对任何一件事许诺的时候，都必须慎重地掂量，大的许诺、小的许诺，眼前的许诺、将来的许诺，无论什么样的许诺都是这样。因为轻率地许诺，你就要面对失信的风险。

在感到自己做不到时，你最好不要轻率地向别人许诺，这样会有许多好处：别人只能表示遗憾，并不会认为你说话不算数，因而不会对你产生不信任感；在很多情况下，事情和形势已经变化了，你做不到但并没有许诺，事后也不会受窘。

解 读

许诺之前细思量，承诺之后要做到

作出许诺之前，你首先得掂量它对人有无意义，价值几何，凡对人没有意义和价值的许诺，绝不可发出。其次你得掂量你有无时间、精力和才能实现你的许诺，如果没有足够把握绝不可作出。你还得多方估计，实现你的许诺是否还需要其他条件的辅助，你具备那些条件吗？凡没有把握实现时，你最好不要作出许诺。

当然，如果你嫌这样做太过谨小慎微，有时也不妨作出一些大胆的许诺。只是你在作出许诺的同时，必须告诉对方可能出现的各种麻烦和不能实现的可能性，亦即不要把话说得太绝对，以让人家事先有思想准备，一旦未能实现，不至于对你失去信任。

在你已经许诺了以后，你就应该认真地对待，努力去实现它。

一个小小的承诺，比如"我今晚9点钟回家"。在你完全可以做到的情况下绝不要掉以轻心，你已许诺9点钟回家，这时你的同事邀你出去玩，时间可能要拖到10点，你该怎样做呢？你应该婉言谢绝朋友的好意相邀，按时回家。

虽然这是一件小事，但它足以让你诚实的形象光芒闪烁。

你在许诺时如果未留任何余地，那就想方设法地实现它，以后也不要寻找任何不能兑现的理由。说话未能做到，许诺未能兑现，即使你把理由说得头头是道，极为充分，人们也不会十分相信的，也许口头上理解你、宽恕你，可是内心深处无疑添进了一丝不信任你的念头。若第二次第三次仍然如此，他再也不会谅解你、相信你了，你便失去了信誉。

三国时吴国大夫鲁肃在诸葛亮如簧之舌的煽动下，轻率地许诺作保把荆州借给了刘备。岂知这一许诺，使得东吴伤透了脑筋。围绕荆州，吴蜀你争我夺，东吴是"赔了夫人又折兵"，气死了周瑜，为难了鲁肃。

轻诺别人，不仅会给自己带来不守信的声誉，更会招致许多麻烦，而且有时还会严重地伤害别人。

甘茂在秦国为相，秦王却偏爱公孙衍。秦王有一次对公孙衍说："我准备让你做相国。"

甘茂手下的官吏在路上听到这个消息，就去告诉甘茂。甘茂因此进宫拜见秦王说："大王得了贤相，斗胆给大王贺喜。"

秦王说："我把国家托付给你，哪里又得到贤相呢？"甘茂说："大王将要立公孙衍为相。"

秦王说："你从哪里听来的？"

甘茂回答说："公孙衍告诉我的。"

秦王窘迫非常，于是就驱逐了公孙衍。

秦王轻诺公孙衍，事后又不兑现自己的诺言，结果成了失信于人之君主，同时也伤害了一直忠心耿耿的良臣甘茂。要做到不轻诺，除了要有自知之明外，还必须养成对客观情况做比较深入细致的了解的习惯。

要做到谨慎许诺，一旦许诺，就要做到。这样才能成为诚实、守信、靠得住的人。

公元前408年，魏文侯拜乐羊为大将，率领五万人去攻打中山国。当时乐羊的儿子乐舒在中山国做官，中山国国君姬窟利用此父子关系，一再要求乐舒去请求宽延攻城时间。乐羊为了减少中山国百姓的灾难，一而再、再而三地答应了乐舒的要求。如此三次，三个月过去了，乐羊还未攻城。这时西门豹沉不住气了，询问乐羊为何迟迟不攻城。乐羊说："我再三拖延，不是为了顾及父子之情，而是为了取得民心，让老百姓知道他们的国君是怎样三番两次地失信于人。"果然，由于中山国国君的一再失信，失去了百姓的支持，结果一战即败。

反过来，一个信守诺言的人，则往往能够成功。

《左传》记载，晋文公时，晋军围攻原这个地方，在围攻之前，晋文公让军队准备三天的粮食，并宣布："如果三天攻城不下，就要退兵。"

三天过去了，原的守军仍不投降，晋文公便命令撤退。这时，从城中逃出来的人说："城里的人再过一天就要投降了。"

晋文公旁边的人也劝说道："我们再坚持一天吧！"

晋文公说："信义，是国家的财富，是保护百姓的法宝。得到了原而失去了信，我们以后还能向百姓承诺什么呢？我可不愿做这种得不偿失的蠢事。"

晋军退兵后，原的守军和百姓便纷纷议论道："文公是这样讲究信义的人，我们为什么不投降呢？"于是大开城门，向晋军投降。

晋文公凭着信义，不战而胜。

三国时，孔明在祁山布阵与魏军作战。长期的拉锯战使士兵疲惫不堪，孔明为了休养兵力，安排每次把五分之一的士兵送返国内。

战争越来越激烈。一些将领为兵力不足而感到不安，便向孔明进言说："魏军的兵力远远超过我们的估计，以现在的兵力来看，恐怕难以获胜，恳请将这次返乡的士兵延缓一个月遣送，以确保兵力。"孔明说："我率军的一个基本原则是：凡是与部下约好的事情必定要遵守。"

于是，依然如期遣返。士兵们听到这个消息后，都自动返回战场，英勇作战，结果大败敌军。

在这次战争中，孔明凭着信义，唤起了士兵的勇气和斗志，取得了胜利。

所以，为自己的每一个诺言负责，看似迂腐、愚笨，但其收益远大于付出。言出必行、一诺千金的良好习惯，能使你在困难的时候得到真正的帮助，能使你在孤独的时候得到友情的温暖。因为你信守诺言，你的诚实可靠的形象推销了你自己，你更有可能在生意上、婚姻上、家庭上获得成功。从这一点上说，为诺言负责的人是一个真正的人生智者与赢家。

3
忠言多逆耳，美言常害人

【原典】

信言不美，美言不信。

——《道德经·第八十一章》

【译释】

很多人因为无知，觉得那些忠诚直率的话不好听，却喜欢听那些虚伪漂亮的话。须知，当别人对你说好听话的时候，说话的人必有所图；所以，爱听信美言的人，反而常会招致恶果。因此，不要草率相信，而应观察说者的动机，看清话中的本质。

人们都喜欢听到夸耀自己的美言，不喜欢听取别人对自己的批评建议；人们都喜欢吃甘甜的药草，不喜欢吃苦涩的药草。但事实上，听信美言常常使人迷失自我，陷自己于危难之中；甘甜的药草一般很难达到药到病除的功效。

解 读

用心鉴别美言和忠言

人际交往中说话很重要，聆听鉴别也很重要，中国文化中关于此智慧的表述非常多而且美妙，名言警句熠熠生辉。老子为此曾经提出过这样的观点："信言不美，美言不信"，正是要人们提高对语言的鉴别能力，不能一味地听信顺耳美言、摒弃逆耳忠言。

很多人都听过邹忌讽齐王纳谏的故事。邹忌在镜前穿朝服，随口问其妻："我和徐公谁漂亮？"妻曰："君美甚，徐公何能及公也！"徐公之美是齐国有名的，邹忌当然不信，又问其妾："我与徐公谁漂亮？"妾曰："徐公何能及君也！"翌日有客来访，邹忌再问："我和徐公谁漂亮？"客人也说："徐公不如你漂亮。"后来邹忌亲眼见到徐公，方知自己确实不如人家。换了别人，故事可能就结束了。但邹忌的特别之处恰恰在此：他先是"寝而思之"，明白了"吾妻之美我者，私我也；妾之美我者，畏我也；客之美我者，欲有求于我也"。然后又以此事面谏齐威王："今齐地方千里，百二十城，宫妇左右，莫不私王；朝廷之臣，莫不畏王；四境之内，莫不有求于王。由此观之，王之蔽甚矣！"促使齐威王下令悬赏纳谏，国家得以振兴。

邹忌的过人之处就在于：他能够对称赞自己的美言抱持怀疑的态度，而不是陶醉地收入耳中飘飘然起来。

唐太宗李世民曾经对大臣萧禹说："我少年时就喜爱弓箭，得到好弓几十

张，自以为再不会有更好的弓了，近来拿给工匠看，工匠说都不是好弓。我问是什么原因，工匠说，木心不直，自然脉理都斜，弓虽然硬，发箭却不能直。我才知道以往的鉴别不够精确。我以弓箭定天下，尚且不能真正识别弓箭的优劣，何况天下的事？我怎么能都懂得？"有一次，他问魏征："君王怎样才算明智，怎样才算昏暗？"魏征回答说："兼听则明，偏听则暗。"他十分赞同，于是，鼓励大小官员积极进谏。

李世民在位时魏征进谏二百多次，提出的意见都十分尖锐，但是李世民每次都能非常理性地对待，改变自己的施政方略，这对他开创盛世起了至关重要的作用。

在现实生活中，有的人讲话说得天花乱坠，很动听，很华美，但是到头来却让你上当受骗。因为他不伪装得美一些，怎么会打动你、让你上钩？所以"不信"的话经过外表"包装"变成了"美言"，就容易使一些人相信。相反"信言"是真实的、朴素的，一般都不会使用"包装"，没有那种外表的掩饰，因而经常被一些人愤怒地抛弃。历史告诉我们，谁能够区分美言与忠言，并能接受那些逆耳忠言，谁就能成为"圣人"。

生活中，有的人笑脸迎人，心中未必友好；有的人痛哭失声，心中未必悲伤。人的内心常与外表不一，很难看透。给你恰当批评的人，是你的老师；给你恰当肯定的人，是你的朋友；给你不恰当恭维的人，是你的敌人。讲别人的坏话，并非直爽；帮别人做坏事，并非有义。

4

不要固执地坚持己见

【原典】

不自见故明。

——《道德经·第二十二章》

【译释】

不固执己见，所以看事情能够客观明白。

不可否认，即便是世界上最完美的人也同样会犯错误。这时候就会有一些善意的朋友站出来，提醒我们到底哪出了问题、哪出了错，应该怎样解决。

在对待朋友好心的提醒这一问题上，很容易就能区分出哪些人能够成功，哪些人容易失败。老子这样认为："不自见故明。"多考虑一下朋友提的建议，始终对我们有帮助。

解 读

听人劝，可以让我们做得更好

接受别人的劝告和批评，也是对自己的一种宽容。我们不可能做到完美，但必须要为完美而努力。别人的劝告和批评，就是我们与完美的距离。

有一次，爱德华·史丹顿称林肯是"一个笨蛋"。史丹顿之所以生气是因为林肯干涉了史丹顿的业务——为了要取悦一个很自私的政客，林肯签发了一项命令，调动了某些军队。

121

史丹顿不仅拒绝执行林肯的命令，而且大骂林肯签发这种命令是笨蛋的行为。然而当林肯听到史丹顿说的话之后，他很平静地说，如果史丹顿说自己是个笨蛋，那自己一定就是个笨蛋，因为他几乎从来没有出过错，还说要亲自过去看一看。

林肯果然去见了史丹顿，他知道自己签发了错误的命令，于是收回了成命。只要是诚意的批评，是以知识为根据而有建设性的批评，林肯都非常欢迎。

愚钝的人受到一点点的批评就会发脾气，聪明的人却急于从这些责备他们、反对他们和"在路上阻碍他们"的人那里学到更多的经验。美国著名诗人惠特曼这样说："难道你的一切只是从那些羡慕你，对你好，常站在你身边的人那里得来的吗？从那些反对你，指责你，或站在路上挡着你的人那里，你学来的岂不是更多？"

我们不可否认的是，从善意的批评中能够吸取很多经验和教训，能够帮助自己成长与成功，然而还有一些恶意的批评与职责来自于对我们的嫉妒。面对这些批评，我们当然也要从中看到积极的一面，那就是我们自身的价值。

1929 年，美国发生了一件震动全国教育界的大事，美国各地的学者都赶到芝加哥看热闹。在几年之前，有个名叫罗勃·郝金斯的年轻人，半工半读地从耶鲁大学毕业，做过作家、伐木工人、家庭教师和售货员。现在，只经过了八年，他就被任命为全美国第四富有的大学——芝加哥大学的校长。刚三十岁！真叫人难以相信。老一辈的教育人士都大摇其头，人们的批评就像山崩落石一样一齐打在这位"神童"的头上，说他这样，说他那样，说他太年轻了、经验不够，说他的教育观念很不成熟，甚至各大报纸也参加了攻击。

在罗勃·郝金斯就任的那一天，有一个朋友告诉他的父亲说，早上看见报上的社论攻击罗勃，真的很吓人。

郝金斯的父亲回答说，话虽说得很凶，可是请记住，从来没有人会踢一只死了的狗。

确实，这只狗愈重要，踢它的人愈能够感到满足。

后来成为英国爱德华八世的温莎王子（即温莎公爵），他的屁股也曾被人狠狠地踢过，当时他在达特莫斯学院读书。

这个学院相当于美国安那波里市的海军学校。温莎王子那时候才十四岁，有一天，一位海军军官发现他在哭，就问他有什么事情。他起先不肯说，后来终于说了真话，他被学校的学生踢了。指挥官把所有的学生召集起来，向他们解释王子并没有告状，可是他想知道为什么这些人要这样虐待温莎王子。

支吾了半天之后，这些学生终于承认说，等他们自己将来成了皇家海军的指挥官或舰长的时候，他们希望能够告诉人家，他们曾经踢过国王的屁股。

所以，要是我们被人家踢了，或被别人恶意批评，请记住，他们之所以做这种事情，是因为这事能使那些人有一种自以为重要的感觉；这通常也就表示着你已经有所成就，而且值得别人注意。很多人在骂那些教育程度比他们高，或者在各方面比他们成功得多的人的时候，都会有一种满足的快感。

不管是真的自身有缺点也好，有所成就也罢，总之，只要我们能够做到老子所说的"不自见故明"，从这些善意或恶意的提醒、指责之中找到自己所缺乏的加以改进，我们便能进步，这正验证了一句老话——"听人劝，吃饱饭"。

5
示人以弱，将锋芒隐藏起来

【原典】

人之生也柔弱，其死也坚强。万物草木之生也柔脆，其死也枯槁。故坚强者死之徒，柔弱者生之徒。是以兵强则不胜，木强则兵。强大处下，柔弱处上。

——《道德经·第七十六章》

【译释】

人刚出生时身体是柔软的，死后身体却变得坚硬。草木在刚长出来的时候是柔嫩脆弱的，死后则变得枯槁。所以坚强皆跟死亡是同一种类型，柔弱与生存是同一种类型。因此，自视兵强而发动战争则不可能赢得战争，巨大的树木因资源较多可以利用反而容易被当成目标而被砍伐。强大的往往因树大招风而容易居于下风，柔弱的则常常居于上风。

老子认为"兵强则灭，木强则折"，是因为其锋芒过露。他认为"强大处下"，而"柔弱处上"——为人处世应该善于隐匿自己的锋芒，才能让自己永远不落"下风"。

能成大事的人在做一件大事之前，都会将真实的自己置于暗处（将才能、智慧隐藏起来），为了观察明亮处其他人的行动；自己保持静默，从而细心观察别人的动作。这样所有人的内外情形就都真实地展现在自己眼前，这件事自然能成。

解读

不鸣则已，一鸣惊人

将自己真实的实力和意图隐藏起来，并非是让我们一声不响默默无闻，而是让自己在这种不被关注的情况下去发现那些隐藏在表面现象之中的本质问题，然后我们再行动，从而达到"一鸣惊人"的效果。这就是老子"柔弱处上"的人生哲学。

古代就有许多人深知老子的这一哲学，并将之发扬光大。楚庄王"不鸣则已，一鸣惊人"的举动，正是悟透了老子的这一智慧而为。

春秋战国时期，楚庄王即位伊始便受到内外的瞩目，因为他的祖父、父亲两代国王都很有作为。楚国上下希望他能继承父、祖遗志，开疆拓土，使楚国更加强盛；而邻近的小国则战战兢兢，危不自安，甚至连中原的大国秦、晋也都密切注意着楚国的动向。

然而出人意料的是，楚庄王即位后，根本不理国政，每日里不是在宫中听音乐，饮美酒，与妃妾们寻欢作乐，便是率领卫士于深山大泽打猎，一副标准的荒淫无度的国王形象。

楚国的大臣们自然不甘心楚国前两代国王奋斗的成果就此毁灭，纷纷入宫劝谏，但楚庄王置之不理，我行我素。后来听得烦了，干脆在王宫外立一道牌子，上写：敢入谏者死。严令之下，楚国的大臣们大概觉得还是保命要紧，真的没人敢再劝谏了。

楚庄王日以继夜，荒淫不已，一连持续了三年。国王不理朝政，下面自然乱作一团：权臣们借机树党争权，谄谀小人们则逢迎拍马，捞取官职，贪官们更是浑水摸鱼，中饱私囊。楚国的政治一下子陷入了混乱无序的状态，而忠臣贤良只有扼腕叹息的份儿了。

楚国的大夫伍举实在忍不住了。他决定入宫进谏，不过他也不愿意拿自己的头往刀刃上撞，于是想出了一个巧妙的方法。

他入宫见到楚王时，楚庄王正左搂郑姬、右拥越女，一边喝着美酒，一边听乐师们奏乐。见到伍举，楚庄王问道："大夫是想喝美酒，还是要听音乐？"

伍举笑道："臣既不想喝酒，也不想听音乐，而是听人们说大王智慧过人，所以想请大王猜个谜语。"

楚庄王知道伍举是要借机进谏，但既然伍举没明说，自己也不点破。伍举便说道："在楚国的一座高山上，停落一只大鸟，它羽毛五彩缤纷，异常华丽，可是三年来它既不鸣叫也不飞走，臣实在不明白其中的原因。"

楚庄王沉思片刻，说道："这不是一只平凡的鸟，它三年不鸣，是在积蓄自己的力量；三年不飞，是等待看清方向。这只鸟不鸣则已，一鸣惊人；不飞则已，一飞冲天。你去吧。你的意思我都明白了。"

伍举听完楚庄王的解释后异常兴奋，他出宫后告诉自己的好友、同是楚国大夫的苏从，国王是很有头脑的人，他是在等待时机，而绝不是一个沉溺酒色的荒淫君主，看来楚国还是大有希望的。

几个月过去了，楚庄王不但没有丝毫改变，反而更加荒淫无度，苏从感到受了骗，他全无顾忌，舍身直闯王宫，直言进谏："您身为国王，不理国政，只知道享受声色犬马之乐，却不知道乐在眼前，忧在不远，不久就会民众叛于内，敌国攻于外，楚国离灭亡不远了。"

楚庄王勃然大怒，拔出长剑，指着苏从的鼻尖，厉声叱道："大夫不知道寡人的禁令吗？难道你不怕死吗？"

苏从凛然正色道："假如我的死能让君王悔悟，能让楚国富强，我的死就是值得的。"

楚庄王看了苏从半晌，忽然扔下长剑，双手抱住苏从，感慨道："我等的就是大夫这样忠于国家、不怕死的栋梁。"他挥手斥退歌男舞女，与苏从谈论起楚国的政务。苏从这才惊异地发现：国王对国家上下了解得比自己还要多。

楚庄王随后发布一系列政令，对那些权臣政客、谄谀小人、贪官和不称职的官员，该杀的杀，该罢职的罢职；把那些包括伍举、苏从在内的忠于国家、有才能、刚直不阿的人提拔上来。一番振作之后，楚国的政治从贪浊混乱一下子变得清明而富有活力。

楚庄王待国内基础巩固后，不仅继续开疆拓土，平定了周围附属小国的背叛，而且挺进中原，夺得了霸主地位，成为历史上著名的"春秋五霸"之一。

楚庄王即位时，楚国的情况表面上看来不错，但实际上却有隐忧——在当时，国内权臣夺利，小人充斥，群臣良莠不清，忠奸难辨。他就故意收敛自己的锋芒，将真实的自己隐匿起来，装扮成一个荒淫君主的形象，这样不仅解除了周围国家对自己的戒心，更消除了群臣的顾忌，让他们尽情施展自己的手段，露出自己的庐山真面目。在苦等三年，摸清了所有的情况后，猝然施展霹雳手段，使楚国政治焕然一新，这才是真正的人生智慧。

6 "道"无须言说

【原典】

希言自然。

——《道德经·第二十三章》

【译释】

真正的大道无须太多的语言描述，很多事情都是水到渠成自然而然的，少说几句会更好。

"道"其不言，既是言语无法表达，也是"道"本身的浑厚沉默，不彰显自己的广博超拔。这个道理可以引申到我们的日常生活中。换句话说，真正领悟大"道"的人，往往是那些在人群中最为沉默寡言的人。那些真正明了事物运转规律、洞达世情的人，往往是那些在人群中最为平和淡泊的人。因为明了通达，所以他们什么也不说，不去用自己的言论误导别人，也不用自己的妄想去评议别人。他们懂得什么时候应该沉默，什么时候应该倾听，什么时候应该超然物外笑看世间风云，所以他们不会被那些俗事所纠缠。

从另一个角度来说，"希言自然"是因为"道"能包容万物，以其厚德载物而具备造化神奇之美。做人也是如此，能够包容别人，才能够成全自身的修养，才能够完善自己的人际关系。

解 读

逞口舌之利毫无意义

言辞是一种艺术，运用得好，威力十足，运用不好，苍白无力。凸显言辞效果最主要的是要根据不同的对象施用不同的言辞。逞口舌之利是毫无意义的，不但不能改变别人的立场，弄得不好，反而会把自己逼上绝路。

罗马执政官马西努斯围攻希腊城镇帕伽米斯的时候，由于城高墙厚，士兵们死伤惨重却仍然未能攻占这座城镇。最后，马西努斯发现城门是最薄弱的环节，于是打算集中兵力猛攻城门，但要攻打城门就必须要用到撞墙槌，当时军中并没有这种器械。马西努斯想起几天前他曾在雅典船坞里看过两支沉甸甸的船桅，就马上下令把其中较长的一支立刻送来。

然而，传令兵去了多时，桅杆仍未送达。原来是军械师与传令兵发生了争执。军械师认为短的那根桅杆才能真正发挥作用，不但攻城效果比长的那根要好，而且运送起来也方便，他甚至花了不少时间画了一幅又一幅图来证明自己的专业，而传令兵则坚持执行命令，既然上司要长的桅杆，他的任务就是把长桅杆送到上司面前。

面对军械师喋喋不休的说辞，传令兵不得不警告他，他们的领袖是不容争辩的，他们了解领袖的脾气，军械师终于被说服了，他选择了服从命令。在士兵离开以后，军械师越想越觉得自己的想法是正确的，他觉得服从一道将导致失败的命令是毫无意义的，于是，他竟然违抗命令送去了较短的船桅。他甚至幻想着这根短桅杆在战场上发挥功效，使领袖不得不赏赐他许多战利品以赞扬他的高明。

马西努斯见送来的是那根短的桅杆很生气，马上召来传令兵，要他对情况做出合理的解释。传令兵忙向他汇报说军械师如何费时费力地与他争辩，后来还承诺要送来较长的桅杆。马西努斯对这名军械师的自以为是深感震怒，于是，他下令马上把这名军械师带到他面前来。

又过了几天，军械师才到达，他没有察觉到领袖的震怒，反而为能够亲自向领袖阐述自己的正确理论而扬扬得意。他仍然以专家自居，滔滔不绝地说了许多专业术语，并表示在这些事务上专家的意见才是明智的。马西努斯见军械师仍然不改其说大话的老毛病，十分生气，立刻叫人剥光他的衣服，用棍子将他活活打死。

这名军械师可能至死也没有搞懂自己错在什么地方，他设计了一辈子的桅杆和柱子，还被推崇为这方面最好的技师，凭他的经验，他知道自己是对的，因为较短的撞墙槌速度快、力道强，更适合攻城。他可能永远也没办法想通，他费尽口舌向统帅解释了大半天，为什么统帅仍然坚持他的无知呢？

在现实生活中随处可见像军械师这样的好辩者。他们不了解言辞从来都不是中立的，或多或少总带点偏向性。有些人是天生的辩论狂，太过于争强好胜，整天只知要与比自己地位高的人争辩，或总是找机会责难比自己有权有势的人的聪明才智，他们似乎已经忘记了面对的是什么人物。面对这些人物，高谈阔论、滔滔不绝，徒逞口舌之利，是毫无用处的，他只要说一个字就能封住你的嘴，因为权势掌握在他手里。

每一个人都相信自己才是真理的拥有者，为此，他们常常争论不休。一个明智的人应该学会以间接的方式证明自己想法的正确性，而不是喋喋不休、毫无益处地争论。

7

刚柔并济，进退有道

【原典】

天下莫柔弱于水，而攻坚强者莫之能胜，以无以易之。弱之胜强，柔之胜刚，天下莫不知，莫能行。

——《道德经·第七十八章》

【译释】

天下没有什么比水更柔弱的了，但攻坚克强却没有什么能胜过它，因为它的柔弱所以没有什么能真正改变得了它。弱能胜过强，柔能胜过刚，天下没有人不知道这个道理，但却很少有人能实行。

老子一直提倡以温和或迂回的方式来实现自己的主张，也就是以柔胜刚，以弱胜强。他在《道德经》中反复强调了这个观念。柔中含刚，刚中存柔，刚柔相济，不偏不倚，才是中国人处世的正道。这一理想化的处世方式，太极图表现得最为形象。在一个圆圈中有一条白色的阳鱼和一条黑色的阴鱼，阳鱼头抱阴鱼尾，阴鱼头抱阳鱼尾，互相纠结，浑融婉转，恰成一圆形，无始无终，无头无尾，无前无后，无高无低。最妙的是阴鱼当中有阳眼，阳鱼当中有阴眼，相互包容，相互蕴含，相互激发，相互转化而又相互促生。这正是刚柔并济的哲理。

解 读

以退为进，以弱胜强

春秋时期，郑国的子产出任宰相的时候，正值郑国内忧外患之时，处境十分困难。子产一方面以大刀阔斧的政治手段使国内政治步入轨道；另一方面又积极展开外交活动，功绩斐然，从而改变了郑国的困难处境。

当时朝廷有许多暴政扰民，老百姓对朝廷多有怨恨。子产建议废除暴政，他说："国家如果不为百姓设想，只会盘剥取利，那么百姓就视国家为仇人了，这样的国家是不会兴旺发达的。给百姓一些好处，好比放水养鱼一样，国家看似暂时无利，但实际上大利还在后边，并不会真正吃亏的。"

郑国大族公孙氏在郑国很有影响，为了安抚他们，子产格外照顾公孙氏，一次竟送一座城邑作为对他们的奖赏。子产的下属太叔表示反对，说："让国家吃亏而讨公孙氏的欢心，天下人就会认为你出卖国家，你愿意背上这样的罪名吗？"

子产说："每个人都有他的欲望，只要满足了他的欲望，就可以役使他了。公孙氏在郑国举足轻重，如果他们怀有二心，国家的损失会更大。我这样做可促使他们为国效力，对国家并无损害。"

几年之后，郑国由于子产的改革，使全国人民的生活臻于富裕安康，渐渐步入强国的行列。

百姓常在乡校休闲聚会，非议政府的政策，大夫然明向子产建议关闭乡校，但子产不同意，他说："为什么要毁掉乡校呢？百姓在一天工作完毕之后，聚集在一起批评我们的施政得失，我们可以参考他们的意见，对获得好评的政策继续推展，对于获恶评的施政行为虚心改善，他们岂不是相当于我们的恩师？我听说尽力做好事以减少怨恨，没听说过倚权仗势可以防止怨恨的。如果以强制手段阻止他们的言论，就如同要切断水流，最终使河水决堤造成大洪水，产生重大损失一般，到时抢救都来不及了。不如在平时就任随水流倾泻以疏通水路。对于人民的言论，堵塞不如疏通，这才是治乱的根本。"然明说："我从现在起才知道您确实可以成大事，我的确不如你啊。"

在子产的这段话中，或者说是在他的施政方法上，可以看出他对水之本性的深刻理解，这种理解也就是他实行刚柔相济政策的依据。

子产临终时，在病榻之前，他把后事托付给心腹，并忠告说："我认为施政的方式不外柔与刚两者，一般来说以刚性的施政较妥。刚与柔两者譬如火与水一般，火的性质激烈，故人民见之畏之不敢接近它，所以因火丧生的人极微；反观水，因为水是温和的，故而不易使人生畏，但因为水而丧命的却不在少数。施行温和的政治看起来虽然容易，但实际上实行起来却极困难。"

其实子产就是因为掌握了刚与柔的平衡，才能刚柔并济治国有道。他能看到民心不可逆，也能看到施政的诀窍在哪里，并从中掌握一种巧妙的平衡，既能得人心，又能使国家复兴。

如果我们在生活中和子产一样明智，能够刚柔并济，以柔克刚，以退为进，那么无论是工作还是学习，都可以以一种平衡的状态去实施。因为子产的明智，在他死后，郑国人凡是男子都舍弃玉制装饰品，妇人都舍弃珠珥，男女都在巷口恸哭，三个月不闻音乐之声。这是由于子产的所作所为像水一样浸透了大地，所浸透的地方就能生长出草木，所以老百姓这样爱戴他。

大到管理一个国家，小到管理一个企业，甚至经营一个家庭，都有着与子产的施政措施相通的地方，都可以运用水的智慧。而这同样也是道的智慧。

身居领导之职的人，或者是一家之长，都要有这样的觉悟：对下属或家人，切不可以过于严苛，也不可以过于宽大；过严则失去人心，没有人情味，过于宽大则不能立威，无规矩不能成方圆。当然，在细节上还是有着不同的，管理企业要更偏于刚一些，而经营一个家庭则应更注重宽柔。但是无论是哪一种，作为领导者或是家长，都应该像水润草木一样，要把企业或家庭的利益放在前面。

必须指出的是，不论在历史中还是现实中，人们做人处事时往往是刚者居多，柔者居少，只知进取的多，明了后退之理的少。虽然人们都知道以柔克刚的道理，可是由于贪婪、暴躁、逞一时之快、急功近利、目光短浅等人性中的弱点，人们一般不去施用，或是施行得不好，这就需要从老庄之道中吸取智慧。

8

给别人留点空间

【原典】

天地之间，其犹橐籥（tuó yuè）乎？虚而不屈，动而愈出。

——《道德经·第五章》

【译释】

天地之间，不正像是风箱一样，因有空间而得以运作，能在运行之中生化不息。

"橐籥"，是旧式农业社会用作鼓吹通气的工具，俗称风箱。也就是《淮南子》本经所说的"鼓橐吹埵，以销钢铁"的冶炼金属的工具之一。"橐"，是指它的外形的箱椟；"龠"，是指它内在的往来活动的管片。但在旧式农业社会里，用布缝成两头通，中间空，用来装置杂物的布袋，也叫作"橐"；"龠"，又指后世的七孔笛。总之，"橐龠"，是老子用来说明万物的造化生灭都是乘虚而来、还虚而去而常用的比喻。这里的"虚"，就是空间，就是我们在为人处世的过程中，应给自己也给别人留下足够的喘息、反应、思考、悔过的空间。

解读

处事须"留白"

"留白"是书法绘画术语，指的是一幅书法或绘画作品的整张纸面上，线条与颜色以外的地方。书画艺术中的"疏能跑马，密不插针"讲的就是书画艺术"黑"与"白"的辩证关系：后者讲的是线条与颜色上的功夫，前者则是神奇的灵魂所在——看上去似不经意，细细品味才知乃神来之笔，所以有的艺术家又将"留白"叫作"造白"。

中国画的留白，留得其所，便生气韵，使画面上流动着生命，使观者得以在那白而不空之处徜徉。留白是中国画的智慧，其表现力与感染力绝不逊于有形的线条与颜色，"留白"有时甚至可以将人带到线条与颜色所无法达到的境界。可以说没有留白便不能显出着墨处的美妙。

据说，当毕加索看到齐白石的水墨画时，不禁惊叹：白石先生画水不着一点色，只用一根线，却使人看到了江的涌流，嗅到了水的清香。由此足见"留白"之境界：创作之人，在留白里可以洒脱地留下自己的胸臆与情怀，而欣赏之人在留白里则可以展开想象的翅膀，读出自己心中的山水与风月。

生活也需要"留白"，这便是老子所说的"虚而不屈，动而愈出"。

报纸上刊登了一家公司招聘员工的信息，有一个人前去应聘。他事先打听到这家公司的总经理一些过去的情况，一见面就对那位总经理说："能在这里工作我将感到十分荣幸，我更愿意追随您左右努力工作！因为我知道在十几年前，这个办公室里只有一台打字机和一个职员，经过您的艰苦奋斗和努力经营，才能成就今天这样伟大的事业，这是多么令人敬佩的事啊！"

那位经理本来对去应聘的人大都不满意，所以应聘的人虽然络绎不绝，结果都扫兴而归。可是这个人这么一说，正中那位经理的下怀，使他想起自己创业之始的艰辛，再看看现在的成绩，自然是有很多感慨。于是便和这个人聊起了自己的奋斗历史，兴高采烈，眉飞色舞。这个人只是在旁边侧耳恭听，不时用简短的词句表示敬佩。谈了半晌，那经理也没有问他的学历、技能，就对坐在旁边的副经理说："我看这位小伙子很不错，我们就定下要他吧。"

有人做过统计，看人们在日常生活中最常用的一个单词是什么，结果发现就是"我"这个字。人们的注意力大都放在自己身上，做事时会从自己的角度出发去考虑问题、作出决定，在与人交谈的时候也都喜欢把话题围绕在自己身上。这是一种潜意识的行为，并不一定是有意为之。所以，如果在与人交谈时能认真倾听对方的话，那么无须自己多说什么，就能够与对方拉近距离。

法国大哲学家洛士佛科说："与人谈话，如果自己说得比对方好，便会化友为敌；反之，如果让对方说得比自己好，那就可以化敌为友了！"这句话说得真是一针见血！如果对方总是夸自己的长处，并陶醉其中，觉得自己像个伟人，那么你就不妨多谦逊一下，表示自己卑小无能，这样自然容易获得对方的好感。

做一个倾听者比做一个倾诉者更有用，而适当的沉默无疑便是巧妙的留白，将空间留给对方去发挥，也就是给予对方极大的尊重。世上话说得天花乱坠的人不在少数，而能够善于倾听的人却不多，但是往往这样的人才更容易办成事。

在爱情和婚姻上，这种留白也是十分重要的。有很多人虽然爱得很深，但是爱情和婚姻却十分短暂，这就是因为他们不懂得要在爱情中"留白"。这就使爱情"密不插针"，没有可以喘息的空间，那么爱情也就会进入坟墓。

那么如何为爱情与婚姻"留白"呢？

首先，要尊重对方的自主性。我们常说"爱情是自私的"，这是指在感情问题上具有排他性，不允许他人染指，否则爱情就会变质，就会消失。但是这种"自私"绝不意味着一方对另一方的绝对支配和控制。如果有一方以爱为名而强迫对方绝对服从自己，穿什么衣服、梳什么发型、吃什么东西、交什么朋友、做什么工作等，都要听从自己的安排和意见，那么另一方就会失去主体性。这其实是一种精神虐待，因为它已经变成了一方对于另一方的奴役，爱情的和谐已经荡然无存。

所以，在爱情和婚姻生活里，我们要尊重对方的"隐私"。这是给予对方的信任和尊重。每个人都有自己不方便说出来的事情，无论两个人有多么亲密，这样的事情多多少少都会有一些的，这是心理空间上的自我保护。如果这些事情不影响双方感情，对家庭生活不构成障碍，那么我们就没有必要去强迫对方坦白。比如对方与前任恋人的关系等，既然已经成为过去，既然两个人已经决定要共同生活，那么未来都是你们的，何必纠缠于已经过去的事呢？

其次，爱情与婚姻的"留白"还在于给自己留下一份清醒。

人们形容恋爱，往往用"干柴烈火"、"海枯石烂"等激烈的形容词，这是爱情的天性，但不是爱情的全部。爱情里除了激情，还有责任和义务，还有从爱情转化而来的亲情、友情、平等和尊重。火烧得虽然旺，可是终究不会长久，真正持久的是细水长流。所以在恋爱的时候，我们没有必要把自己的缺点都伪装起来，只给对方看自己完美的一面，事实上这样的伪装是不可能长久的，一旦脱去伪装展露真实的时候，就不免会让对方感到意外和伤害了。

最后，爱情与婚姻的"留白"还在于保持对方的独立人格。

有的人喜欢将对方按照自己理想中的样子去雕琢，还认为这样是为对方好。可是每个人都是独一无二的，按照老子和庄子的话来说，只要顺其自然便好，多加矫饰反而不美。

如果能够在爱情与婚姻中"留白"，给予对方和自己私有的空间，有余地地去回旋和体味，那么就不至于在爱情中迷失自己的个性，感情也就不会轻易破裂了。总之，爱情的质量也许不在于我们"做了什么"，而在于我们"没做什么"。

我们只要在生活中注意"留白"的妙用，就能发现生活会更加自在。

9

神龙在天，不见首尾

【原典】

迎之不见其首，随之不见其后。

——《道德经·第十四章》

【译释】

迎着它看不到它的头，跟着它看不到它的尾。

处事做人有时候不能太过彰显自己，要像神龙一般，自身清清楚楚，却只让人看到该看到的部分。有人看到龙鳞，说是金子；有人看到龙爪，说是霹雳。其实都是龙。管中窥豹，只能看见斑点；盲人摸象，只能摸到厚墙。豹与象都只能走不能飞，已经让人如此难以见到全貌，何况飞龙！

龙有道吗？在老子看来，龙也有道。龙的道有两条：一是大，二是飞。龙之大充盈宇宙，让人迎之不见其首，随之不见其尾，只能看见一段龙身在蜿蜒而游。龙之飞舒展风云，御气为车轮，借日作轴心，逍遥太空。我们要学习龙的"大"，不能让人见全貌，这样做事才能自己掌握而不被人控制。

解 读

善于隐藏，不露峥嵘

在日常生活中，人们为了回避某种矛盾，或者为了渡过某种危难，或者为了对付某个势力强大的对手，在一定时期内，隐藏首尾不露峥嵘，伺机待时而动，这就犹如神龙在天，虽不见其身，但其势不可抵挡。

诸葛亮死后几年里，蜀汉对魏国只采取守势。魏国的势力强大起来了，但是它的内部却发生了动乱。

魏国的司马懿，出身大士族。曹操刚刚掌权的时候，曾经征召司马懿出来做官。那时候，司马懿嫌曹操出身低微，不愿意应召，但是又不敢得罪曹操，就假装得了风瘫病。曹操怀疑司马懿有意推托，派了一个刺客深夜闯进司马懿的卧室去察看，果然看到司马懿直挺挺地躺在床上。刺客还不相信，拔出佩刀架在司马懿的身上，装出要劈下去的样子。他以为司马懿要不是风瘫，一定会吓得跳起来。司马懿也真有一手，只瞪着眼望着刺客，身体纹丝不动。刺客这才相信他是真瘫，收起刀向曹操汇报去了。

司马懿知道曹操不会就此放过他。过了一段时间，让人传出消息，说风瘫病已经好了。等曹操再一次召他的时候，他就不拒绝了。

司马懿先后在曹操和魏文帝曹丕手下，担任重要职位。到了魏明帝即位，司马懿已经是魏国的元老。由于他长期带兵在关中跟蜀国打仗，魏国兵权大部分落在他手里。后来，辽东太守公孙渊勾结鲜卑贵族反叛魏国，魏明帝又调司马懿去对付辽东的叛乱。

司马懿平定了辽东，正要回朝的时候，洛阳派人送来紧急诏书，要他迅速赶回洛阳。

司马懿到了洛阳，魏明帝已经病重。魏明帝把司马懿和皇族大臣曹爽叫到床边，嘱咐他们共同辅助太子曹芳。

魏明帝死后，太子曹芳即位，就是魏少帝。曹爽当了大将军，司马懿当了太尉。两人各领兵三千，轮流在皇宫值班。曹爽虽然说是皇族，但论能力、资历跟司马懿比都差得远。开始的时候，他很尊重司马懿，有事总听听司马懿的意见。

后来，曹爽手下有一批心腹提醒曹爽说："大权不能分给外人啊！"他们替曹爽出了一个主意，用魏少帝的名义提升司马懿为太傅，实际上是夺去他的兵权。接着，曹爽又把自己的心腹、兄弟都安排了重要的职位。司马懿看在眼里，装聋作哑，一点也不干涉。

曹爽大权在手，就寻欢作乐，过起荒唐的生活来了。为了树立他的威信，他还带兵攻打蜀汉，结果被蜀军打得大败，差点全军覆没。

司马懿表面不说，暗中自有打算。好在他也确实老了，就推说有病，不上朝了。

曹爽听说司马懿生病，正合他的心意。但是毕竟有点不放心，还想打听一下太傅是真病还是假病。

有一次，曹爽的亲信李胜被派为荆州刺史。李胜临走的时候到司马懿家去告别，曹爽要他顺便探探司马懿的情况。

李胜到了司马懿的卧室，只见司马懿躺在床上，旁边两个使唤丫头伺候他吃粥。他没用手接碗，只把嘴凑到碗边喝，没喝几口，粥就沿着嘴角流了下来，流得胸前衣襟上都是。李胜在一边看了，觉得司马懿病得实在可怜。

李胜对司马懿说："这次蒙皇上恩典，派我担任本州刺史（李胜是荆州人，所以说是本州），特地来向太傅告辞。"

司马懿喘着气说："哦，这真委屈你啦，并州在北方，接近胡人，你要好好防备啊。我病得这样，只怕以后见不到你啦！"

李胜说："太傅听错了，我是回荆州去，不是到并州。"

司马懿还是听不清，李胜又大声说了一遍，司马懿总算有点搞清楚了，说："我实在年纪老、耳朵聋，听不清你的话。你做荆州刺史，这太好啦。"

李胜告辞出来，向曹爽一五一十地说了一遍，说："太傅只差一口气了，您就用不着担心了。"

曹爽听了，竟信以为真。

249 年新年，魏少帝曹芳到城外去祭扫祖先的陵墓，曹爽和他的兄弟、亲信大臣全跟了去。司马懿既然病得厉害，当然也没有人请他去。

等曹爽一帮人一出皇城，太傅司马懿的"病"全好了，他披戴起盔甲，抖擞精神，带着他两个儿子司马师、司马昭，率领兵马占领了城门和兵库，并且假传皇太后的诏令，把曹爽的大将军职务撤了。

曹爽和他的兄弟在城外得知消息，急得乱成一团。有人给他献计，要他挟持少帝退到许都，召集人马，对抗司马懿。但是曹爽和他的兄弟都是只知道吃喝玩乐的人，哪儿有这个胆量。司马懿派人去劝他投降，说是只要交出兵权，绝不为难他们。曹爽就乖乖地投降了。

过了几天，有人告发曹爽一伙谋反，司马懿派人把曹爽一伙人全下了监狱处死。

这样一来，魏国的政权名义上还是曹氏的，但实际上已经转到了司马懿手里。

今天再回顾那段历史，真让人感慨良多，曹芳虽为一国之君，但司马懿才是真正的"龙"。

老子说"迎之不见其首，随之不见其后"，形象地说明了龙的巨大灵动与高深莫测，我们做事当如神龙，不能让人看见首尾，不能示人以全貌，这样才能不被控制（连龙都怕被控制，因为龙多屠龙的人也多），何况人。有的人喜欢无保留地展示自己，只能自取灭亡。

《史记》记载：孔子向老子问礼，出来后感叹说：老子，龙也。孔子觉得老子是条龙。

老子一生行为神秘莫测，最终出关而去，不知所终，果然是条不见首尾的神龙。

10
为人处世必须具备"大"的胸怀

【原典】
故道大，天大，地大，王亦大。

——《道德经·第二十五章》

【译释】

"道"之所以无所不能在于其大，在于其无所不包。天地也是如此，而人若想成王，也必须有这样的气魄和胸怀。

老子给我们的启示用在今天就是"为大不为小"。

有人聪明在眼前，有人聪明在长远。大智慧的人行为总是很超脱，他们襟怀坦荡，从不为一点鸡毛蒜皮的小事去斤斤计较。而有点小聪明的人却总喜欢察言观色，纠缠不清，鸡蛋里可以挑出骨头，无事也可以生非。这实在是很可悲。人生那么短暂，每个人都应该致力于让自己活得更有意义，怎么能因为计较小事而让自己背上沉重包袱呢？

解 读

小事别太较真儿

《庄子》中对如何不与别人发生冲突也有阐述：有一个人去拜访老子，到了老子家中，看到室内凌乱不堪，心中感到很吃惊，于是，他大声咒骂了一通扬长而去。翌日，他又回来向老子道歉。老子淡然地说："你好像很在意智者的概念，其实对我来讲，这是毫无意义的。所以，如果昨天你说我是马的话我也会承认。因为别人既然这么认为，一定有他的根据，假如我顶撞回去，他一定会骂得更厉害。这就是我从来不去反驳别人的缘故。"

从这则故事中我们可以得到如下启示：在现实生活中，当双方发生矛盾或冲突时，对于别人的批评，除了虚心接受之外，还要保持一种毫不在意的心态。人与人之间发生矛盾的时候太多了，因此一定要心胸豁达，有涵养，不要为了不值得的小事去得罪别人。生活中常有一些人喜欢论人短长，在背后说三道四，如果听到有人这样谈论自己，完全不必理睬这种人。只要自己能自由自在按自己的方式生活，又何必在意别人说些什么呢？

做人固然不能玩世不恭，游戏人生，但也不能太较真，认死理。"水至清则无鱼，人至察则无徒"，太认真了，就会对什么都看不惯，连一个跟随自己的人都容不下，把自己同社会隔绝开。镜子很平，但在高倍放大镜下，就成了凹凸不平的山峦；肉眼看很干净的东西，拿到显微镜下，满目都是细菌。试想，如果我们"戴"着放大镜、显微镜生活，恐怕连饭都不敢吃了。再用放大镜去看别人的毛病，恐怕许多人都会被看成是罪不可恕、无可救药的了。

人非圣贤，孰能无过。与人相处就要互相谅解，经常以"难得糊涂"自勉，求大同存小异，能容人，这样你就会有许多朋友，且左右逢源，诸事遂愿；相反，过分挑剔，"明察秋毫"，眼里揉不进半粒沙子，什么鸡毛蒜皮的小事都要论个是非曲直，容不得人，那么人家就会躲你远远的，最后你只能关起门来当"孤家寡人"，成为使人避之唯恐不及的异己之徒。古今中外，凡是能成大事的人都具有一种优秀的品质，就是能容人所不能容，忍人所不能忍，善于求大同存小异，团结大多数人。他们具有宽阔的胸怀，豁达而不拘小节；大处着眼而不会鼠目寸光；从不斤斤计较，纠缠于非原则的琐事，所以他们才能成大事、立大业，使自己成为不平凡的人。

一个人要真正做到不较真、能容人，首先需要有良好的修养，善解人意，经常从对方的角度设身处地地考虑和处理问题，多一些体谅和理解，就会多一些宽容，多一些和谐，多一些友谊。比如，有些人一旦做了官，便容不得下属出半点毛病，动辄横眉立目，发怒斥责，属下畏之如虎，时间久了，必积怨成仇。许多工作并不是你一人所能包揽的，何必因一点点毛病便与人怄气呢？如若调换一下位置，站在挨训人的立场，也许就能理解这种急躁情绪之弊端了。

在公共场合遇到不顺心的事，实在不值得生气。有时素不相识的人冒犯了你，其中肯定另有原因，不知哪些烦心事使他此时情绪恶劣，行为失控，正巧让你赶上了，只要不是恶语伤人、侮辱人格，我们就应宽大为怀，不以为然，或以柔克刚，晓之以理。总之，没有必要与这位原本与你无仇无怨的人瞪着眼睛较劲。假如较起真来，大动肝火，枪对枪、刀对刀地干起来，再酿出个什么严重后果，太不划算。与萍水相逢的陌路人较真，实在不是聪明人做的事。假如对方没有文化，与其较真就等于把自己降低到对方的水平。此外，从某种意义上说，对方的触犯是发泄和转嫁他心中的痛苦，虽说我们没有义务分担他的痛苦，但确实可以用你的宽容去帮助他，使你无形之中做了件善事。这样一想，也就会容忍他了。

不仅别人错待自己时不要计较，自己的一些烦心琐事也要放下，千万不要把精力放在寻找人际关系的障碍上。

生活中，财、色、利、贪、懒……时刻潜伏在我们的周围，像看不见的灰尘一样无孔不入。时间长了，不去清扫，人的心上就会积着厚厚的一层尘埃，智慧被蒙蔽了，善良被遮挡了，儿时的纯真亦不复见。

那些尘埃，颗粒极小，极轻。起初，我们全然不觉它们的存在，比如一丝贪婪、一些自私、一点懒惰，几分嫉妒、几缕怨恨、几次欺骗……这些负面的意念，像细微的尘灰，悄无声息地落在我们心灵的边角，而大多数人并没有及时地清扫，结果尘灰越积越厚，直到有一天完全占满了我们的内心，使我们再也找不到原来的自己。

落叶之轻，尘埃之微，刚落下来的时候难有感觉，但是存得久了，积得多了，清理起来就没那么容易了。在生命的过程中，也许我们无法躲避飘浮着的微尘，但千万不要忘记去拂拭自己的心灵，只有这样，我们的心灵才会如生命之初那般清洁、明净！

第五章

待人之道：包容、善良是待人良方

　　你用什么样的方式和心态对待别人，别人就会用同样的方式和心态对待你，这有点像牛顿的作用与反作用原理。所以在与人交往遭受挫折的时候，不要一味埋怨别人自私、冷漠、尖酸刻薄，想要别人对自己好，首先要检点一下自己是不是做得到位。在这里，老子告诉大家，拥有一颗包容和善良的心，是待人的最佳之道，这样的人自会得到老天的眷顾和善待。

1

不要随意伤害人

【原典】

非其神不伤人，圣人亦不伤人。夫两不相伤，故德交归焉。

——《道德经·第六十章》

【译释】

无论是鬼神还是圣人，如果大家都不互相伤害，而是互相帮助、真诚以待，那么，世间将会无比的安宁和谐。

老子认为，只要遵循"道"的指引，即使鬼神也会失去原本邪恶的本质，而变得无比温和善良。如果大家都能做到这一点，那么人人可做圣人，世界也将变成另外一个不一样的世界。

解读

以诚待人是处世良方

在现代社会，人与人之间的相互帮助和合作是必不可少的，而要与人实现友好合作，你就必须以一片赤诚之心待人。宽宏大量与人为善，包容吸纳对方的意见，你才能走向成功。

孔子说："二人同心，其利断金。"意思很简单，只要大家齐心协力，就会像一把锋利的好刀，削铁如泥。一切事业都必须精诚合作才有希望成功。

一个人想知道天堂与地狱的差别，上帝对他说："来吧！我让你看看什么是地狱。"

他们走进一个房间，一群人围着一大锅肉汤，但每个人看上去骨瘦如柴，一脸饿相。他们每个人都有一只可以够到锅里的汤勺，但汤勺的柄比他们的手臂还长，自己没法把汤送进嘴里。有肉汤喝不到，只能无可奈何地饿肚子。

"来吧！我再让你看看天堂。"上帝把这个人领到另一个房间。这里的一切和刚才那个房间没什么不同，一锅汤、一群人、一样的长柄汤勺，但大家都身宽体胖，正在快乐地歌唱着幸福。

"为什么？"这个人不解地问，"为什么地狱的人喝不到肉汤，而天堂的人却能喝到？"

上帝微笑着说："很简单，在这儿，他们都会喂别人。"

故事并不复杂，但却蕴含着深刻的社会哲理和强烈的警示意义。同样的条件，同样的设备，为什么一些人把它变成了天堂，而另一些人却把它经营成了地狱？关键就在于是选择共享还是独霸利益。

现代社会，人与人之间的交往日益频繁，既存在着激烈的竞争，又有着广泛的联系与合作。一个缺乏合作精神的人，不仅事业上难有建树，很难适应时代发展的需要，也难在激烈的竞争中立于不败之地。

越是现代社会，越需要团结协作，形成合力，孤家寡人、单枪匹马越难取得成功。从某种意义上讲，帮别人就是帮自己，合则共存，分则俱损。如果因为心胸狭隘，放着身边的人力资源不去利用，单枪匹马去干事，那么结果只能是事倍功半，甚至更糟。

优秀人才有机结合在一起，就会相映生辉，相得益彰。如今许多企业实行强强联合，就是希望通过合作产生巨大的能量，达成双赢的结果。

一个以敌视的眼光看世界的人，对周围人戒备森严，心胸窄小，处处提防，这种人既很难信任别人，也很难得到别人的信任，只会使自己陷入孤独和无助中；而宽宏大量，与人为善，宽容待人，能主动为他人着想，肯关心和帮助别人的人，则讨人喜欢，易于被人接纳，受人尊重，具有魅力，因而能更多地体验成功的喜悦。

在 18 世纪，法国科学家普鲁斯特和贝索勒是一对死敌。他们围绕定比定律争论了 9 年之久，双方都坚持自己的观点，互不相让。最后的结果是普鲁斯特获得了胜利，成了定比这一科学定律的发明者。但是，普鲁斯特并未因此而得意忘形。他真诚地对与他激烈争论的对手贝索勒说："要不是你一次次地责难，我是很难进一步将定比定律研究下去的。"同时，普鲁斯特特别向众人宣告，定比定律的发现，有一半功劳是属于贝索勒的。

在普鲁斯特看来，贝索勒的责难和激烈的批评对他的研究是一种难得的激励，是贝索勒在帮助他完善自己。这与自然界中"只是因为有了狼，鹿才奔跑得更快"的道理是一样的。

普鲁斯特的宽容是博大而明智的，他允许别人反对，不计较他人的态度，充分看到他人的长处，善于从他人身上吸取营养，肯定和承认他人对自己的帮助。正是由于他善于包容和吸纳他人的意见，才使自己走向成功。

这种宽容实在让人感动，想到时下学术界中屡见不鲜的相互诋毁、压制排挤、争名夺利等现象，让正直的人备觉耻辱。

著名天文学家第谷和开普勒之间的友谊就是一曲优美的宽容之歌。

开普勒是 16 世纪德国的天文学家，在年轻尚未出名时，曾写过一本关于天体的小册子，深得当时著名的天文学家第谷的赏识。当时第谷正在布拉格进行天文学的研究，第谷诚挚地邀请素不相识的开普勒和他合作，一起进行研究。

开普勒兴奋不已，连忙携妻带女赶往布拉格。不料在途中，贫寒的开普勒病倒了。第谷得知后，赶忙寄钱救急，使得开普勒渡过了难关。后来由于妻子的缘故，开普勒和第谷产生了误会，又由于没有马上得到国王的接见，开普勒无端猜测是第谷在使坏，于是写了一封信给第谷，把第谷谩骂了一番后，不辞而别。

第谷是个脾气极坏的人，但是受此侮辱，第谷却显得出奇的平静。他太喜欢这个年轻人了，认定他在天文学研究方面的发展将是前途无量的。他立即嘱咐秘书赶紧给开普勒写信说明原委，并且代表国王诚恳地邀请他再度回到布拉格。

开普勒被第谷的博大胸怀所感动，重新与第谷合作。他们俩合作不久，第谷便重病不起。临终前，第谷将自己所有的资料和底稿都交给了开普勒，这种充分的信任使得开普勒备受感动。开普勒后来根据这些资料整理出著名的《路德福天文表》，以告慰第谷的在天之灵。

浩瀚如海洋般的宽容情怀，使第谷为科学史留下了一页光辉的人性佳话。这种宽容像雨后的万里晴空，清新辽阔，一尘不染；像是舐犊情深，对下一辈给予温暖的关爱和呵护；像是辽阔的大地，让所有为大地增添靓丽生命的物质，都有自己的一片发展天地；亦像是一条乡间的小河，让水草悠悠地生长，让小鱼快乐地游来游去。以赤诚之心待人，就要能容人。

正确评价自己，清醒地看到自己的不足之处，才能产生与人合作、共同发展的强烈愿望，充分发挥自己的潜能。如果用自己的长处比别人的短处，看不见自己的短处和别人的长处，就很难与人精诚合作。

在合作过程中，相互之间难免会有意见相左、磕磕碰碰的时候，也难免有差错、有失误，能不能相互宽容谅解，营造一个和谐宽松的合作氛围，往往直接影响事业的成败。

合作就要互相补充，尤其当合作伙伴的失误给共同的事业造成困难或损失的时候，应该给予充分理解与热情鼓励，开诚布公地指出失误，实事求是地分析原因，心平气和地探讨对策，以帮助合作伙伴尽快走出失误的阴影，振奋精神。这样才能尽快克服困难，尽量减少损失。

有的人遇到困难或不顺就一味埋怨指责合作伙伴，或者有了成绩则全部据为己有，结果是挫伤了别人的积极性，引起别人的反感，妨碍今后的合作，这显然不是明智之举。

哲学家威廉·詹姆士曾经说过："如果你能够使别人乐意和你合作，不论做任何事情，你都可以无往而不胜。"合作是一种能力，更是一种艺术。唯有善于与人合作，才能获得更大的力量，争取更大的成功。

以赤诚之心待人，你会赢得更多朋友，多一个朋友，就多了一片天地。

2 智者都明白成人达己的道理

【原典】

是以圣人后其身而身先；外其身而身存。非以其无私邪？故能成其私。

——《道德经·第七章》

【译释】

圣人做任何事时，先考虑公众利益，后考虑自己的好处，反而常被推为领袖。常把自己生死置之度外，因此圣人反而受到大众的保护。这不就是因为不自私而得到的好处吗？当然他做事会得到成功。

老子"非以其无私邪？故能成其私"的论述，堪称人生智慧的经典。老子这句话所说的人生智慧就是：人们如果以无私的心去帮助别人，最终受益的将会是自己。

或许很多人都无法理解这一智慧的现实意义与真实性，然而在现实生活中，这样的人生智慧却一直在影响着我们，只是它只存在于少数能够看到这点的人身上而已。

解 读

为人者更是为己

美国南部的一个州，每年都举办南瓜品种大赛。有一个农夫的成绩相当优异，经常是首奖及优等奖的得主。他在得奖之后，毫不吝惜地将得奖的种子分送给街坊邻居。

有一位邻居就很诧异地问他："你的奖项得来不易，每季都看你投入大量的时间和精力来做品种改良，为什么还这么慷慨地将种子送给我们呢？难道你不怕我们的南瓜品种超越你的吗？"

这位农夫回答："我将种子分送给大家，帮助大家，其实也就是帮助我自己！"

原来，在这位农夫居住的地方，家家户户的田地都毗邻相连。如果农夫将得奖的种子分送给邻居，邻居们就能改良他们南瓜的品种，可以避免蜜蜂在传递花粉的过程中将邻近较差品种的花粉传播到自己的瓜田，这样这位农夫才能够专心致力于品种的改良。相反的，若农夫将得奖的种子私藏，则邻居们在南瓜品种的改良方面势必无法跟上，蜜蜂就容易将那些较差品种的花粉传授给自己的南瓜，这样他必须在防范外来花粉方面大费周折。

由此可见，这位农夫大公无私地奉献，最终受益的还是他自己。

许多人做事情的时候喜欢将事情做绝，这就如同做生意的"一锤子买卖"一样（从不给别人留下任何余地），这样的人目光短浅，丝毫看不到其中的利害，以至于做人失败，做生意亏本。

做人就应该将目光看得远一些，不把事情做绝，这样也是为自己留条"后路"。

战国时期，齐国的孟尝君广招天下宾客，不管宾客有无才能，他都一律以礼相待，奉为上宾。

有人劝孟尝君不要这样，说："你志在求取贤人，帮助你建功立业，如今很多无才无德的人混了进来，骗吃骗喝，为何你却视而不见？"孟尝君说："留下他们，我只不过破费些钱财；可赶走他们，他们就会以我为仇了，谁知道会有什么祸事发生呢？"

孟尝君这样仁义，可有人还是不领情，一个宾客竟勾搭上了他的一位小老婆。这是普通男人都难以接受的事，但孟尝君知道后却十分平静。他不主张惩治那个宾客，反而为他开脱说："男人喜爱美色，这是人之常情。要怪，也只能怪我的小妾淫荡无耻了。如果她遵守妇道，这种事就不会发生了。"

孟尝君的手下人又气又怒，坚持要给那个宾客治罪，他们说："你讲仁义，原谅他人的过错，所以他们才会胆子越来越大。如今这种无耻的事都出来了，再不严办，我们都没脸待下去。你三番两次替坏人说话，到底为了什么呢？"

孟尝君说："为了我自己啊！树大招风，说不上哪一天我就会大难临头，到了那时，只有我的仁义才会救我。人心都是肉长的，我今天给人留条活路，他日人家才会卖力帮我。这也是我不咄咄逼人的原因。"

一年之后，孟尝君又推荐那个宾客到卫国为官。那个宾客感动万分，日思夜想报答孟尝君的恩情。

后来，齐国和卫国关系恶化，卫国国君想要联合其他诸侯攻打齐国。这时，那个宾客冒死进谏，他对卫国国君说："我并没有什么才能，多亏孟尝君的推荐，这才被大王器重。大王和齐国交战违背盟约，也不会占什么便宜，不该草率。大王如果坚持攻打齐国，我就死在大王的面前。"

在那位宾客的努力下，齐国避免了战祸，渡过了危机。孟尝君遇到多次挫折，都依赖他的宾客之力一一化解。他关心别人，为他人着想，结果受惠最多的还是他自己。这就是他屹立不倒的根本原因。

许多人求功心切，为了达到自己的目的，损人利己，他们认为只要这样就能快快有成，其实他们大错特错了。成功需要别人相助，灾难更需要他人援手，没有朋友便会死路一条。如果一个人极端自私，人们自会处处和他过不去，拆他的台，这样的人绝不会有大成就的。

"一分耕耘，一分收获"，我们不要总想学会如何去得，还要学会如何去舍，懂得了付出才会懂得取得，有付出才能有回报，没有无回报的付出，同样也没有无付出的回报，付出越大，回报越大。于人于己也是如此，只有为别人着想，别人才会反过来帮助自己。

3 用平等之心看天下

【原典】

是以圣人抱一，为天下式。

——《道德经·第二十二章》

【译释】

圣人以自然的观念去看待天下一切现象，对待一切人和事物都以平等之心，也就是没有分别之心。

由于个人差异，每个人在社会中的地位同样存在着差异，这样的差异就使一些人内心的天平失去了平衡——在自认为毫无利用价值、地位低下的人面前，他们显得高人一等，对于其不屑一顾，甚至对人略带鄙视。

而老子认为，"圣人抱一，为天下式"。他觉得有修养、有成就的人对待一切人和事物都应以平等之心，不存区别之心。

解读

摆正心中的天平，平等待人

在某些城市里，总有些人自认为是"城里人"，对于那些进城务工的农村人或者外地人横挑鼻子竖挑眼，生怕他们侵犯到自己的利益，动不动就对他们来一句"乡下人怎么怎么样"，"外地人怎么怎么样"。其实这些人又比他们强多少呢？

摆正心中的天平，以公正之心平等待人，是一个人美好的情操和风范。在这一点上，伟人周恩来堪称楷模。

在倡导"求同存异"的万隆会议上，周恩来阐述了新中国外交的一个原则立场：国家不分大小一律平等。他在这次会议的政治委员会会议上发言说："我们重视这个问题，因为我们是一个大国……由于历史的传统，大国容易对小国忽视和不尊重，因此我们经常检讨自己。到会的各国代表中如果有任何人觉得中国代表团对任何一国代表不尊重，请指出来，我们愿意接受意见并改正。"

周恩来终身信守了"平等待人"这一诺言。这也是他同外国人士经常谈到的一个主题。特别是对来自亚洲、非洲、拉丁美洲的朋友们，他时常虚心地询问他们对我们的工作有什么意见，是否发现我们有大国沙文主义的错误。直到他病重住院期间，他最后几次会见外宾时，仍然不倦地说明中国永远不称霸的方针。

周恩来在国际交往中平等待人的态度受到了国际舆论的普遍称赞。他对小国的尊重和体谅，尤其鲜明地体现了新中国平等对待他国的风格。1954年，许多国家派代表团参加新中国成立五周年庆祝活动。在分配接待任务时，剩下欧洲一个小国外长率领的代表团无人负责，周恩来便自告奋勇负责接待。他说，我们是大国，但不能歧视小国。我们应该尊重别国的民族感情。这件事对外事工作者是一次深刻的教育，令人至今难忘。

人人都有面子，人人都要面子。在社会中，人们信奉"你敬我一尺，我敬你一丈"的人生信条，因此在待人处事上，应当抱着尊重任何人的态度，不要因为工作分工不同而轻视他人。

某单位有两个年轻人住单位的集体公寓。两人也许都在恋爱阶段，经常很晚才回宿舍。其中一个后半夜回来了，总是一边敲门一边呵斥值班老人。老人三更半夜爬起来为他服务。一次，老人刚准备开门，门外的年轻人嫌老人动作慢，大声骂道："我当你睡死了，叫了半天不见动静！"老人家听见了，收起钥匙转身回屋睡觉去了。年轻人叫嚷了半天，老人就是没搭理，只好在外面转到天亮。另一个年轻人就有礼貌多了，每每经过门口，一定向老人打个招呼问声好；无论有多么要紧的事，到了门口都一定下车对老人点点头；晚上回来，无论早晚，总是轻轻地叩门，"大爷大爷"甜甜地叫。值班老人得知他回来时，也总是笑吟吟地快步出来把门打开。

每个人的人格都是平等的，意味着每个人都应该受到同等的尊重。尊重他人意味着尊重他人的人格，是人与人交往的基本要求，是每个人应有的对待他人的态度和方式，而不应因人们之间所存在的先天或后天的差异区别对待，也唯有这样我们才能受到别人的尊敬。

世间存百态，世象有纷繁，每个人在生命舞台上扮演的角色不尽相同。因而，人们的生活态度、生活方式也迥然不同。但不管怎样，面对生活，我们在待人接物方面都应摆正心中的天平。

4

学会包容，终身不殆

【原典】

知常容，容乃公，公乃王，王乃天，天乃道，道乃久，没身不殆。

——《道德经·第十六章》

【译释】

了解常道则能包容一切，能包容才会公正平等；做事能公正平等才会周全无遗，周全无遗就合乎自然；合乎自然就合乎道，合乎道就能长久，终身没有危难。

老子在"知常容，容乃公，公乃王，王乃天，天乃道，道乃久，没身不殆"这句话中，肯定了包容是做事公正、周全、终身没有危险的前提条件。可见，老子给予了"包容"这一人生智慧多么高的评价。

解读

包容者兴万事

　　一粒河沙侵入蚌的体内，挥之不走，驱之不去，让一个不折不扣的磨难成为其身体的一部分，对于蚌来说，生命有着太多的无可奈何。世事总不相同，蚌不能像树一样，用时间、用毅力去消灭它身上的瘤子，而是反其道而行之，磨炼它、关爱它，用生命的能量去温暖它，直到把它磨出珍珠的光华。难怪有些珠宝加工大师看着珍珠的华贵、感受着珍珠的温润，说能从它的光辉中感觉到生命的律动。

　　从人类历史来看，包容总是和繁荣、昌盛、进步联系在一起，而偏执、独断、专制总是和战争、不幸、灾难联系在一起。百家争鸣，乃有战国的学术繁荣；独尊儒术，乃有刘汉以后的文化衰颓。大唐对异域文化的兼收并蓄，遂有盛唐文明辉耀千古；清朝在外来文明前的闭关自守，终致近世中国的积贫积弱。

　　从人们琐碎的生活来看，包容总是与家庭和睦、幸福联系在一起的，而夫妻间相互不谅解、猜疑总是和家庭解体联系在一起。

　　在某个城市的一对中年夫妇，家里有一个正在上中学的孩子，一家人原本生活得和和美美，他们经常有说有笑地一起散步。

　　曾几何时，这种和谐美满的气氛消失了。夫妇俩开始频繁吵架、经常演奏出不和谐的"战争交响乐"——家具的碰撞声、瓷器的碎裂声、男人的谩骂声、女人的号啕声、孩子的啜泣声，八音齐奏，此起彼伏。

　　后来，男人带着孩子离开了，只剩了女人一个人。她整个儿变了，天天阴着脸，不哭不笑，似痴似呆，看了令人心碎。

　　缺少包容的家庭终将导致解体。"包容"，归根结底，源于爱和理解。只有心中有爱，我们才能以同情的态度对待他人，才会充分尊重他人的立场和见解。只有爱，才能消除彼此的敌视、猜忌、误解，让不同民族、不同国家、不同文化的人们在这个世界上和谐共存。而爱的荒芜和消亡，将使最亲密的人彼此伤害、仇视以致兵戈相向。

包容不仅是家庭和睦的润滑剂，更是成就事业的重要条件。古今成大事业者，必有大胸襟，学会包容，能把胜利也"包容"过来。

齐桓公尽弃前嫌，任管仲为相，终成春秋五霸之首；诸葛亮以宽广胸怀赢得孟获和少数民族的信服。

林肯对政敌也素以宽容著称，后来终于引起一个议员的不满，议员说："你不应该试图和那些人交朋友，而应该消灭他们。"林肯微笑着回答："当他们变成我的朋友，难道我不正是在消灭我的敌人吗？"

一位哲人曾说过："不要追求财富，因为你不会永远拥有它，只有朋友才能伴你走完一生。"所以朋友很重要。但是在与朋友交往的过程中，也经常会发生矛盾，唯有包容才能让自己与朋友之间的友谊更加牢固。

不久以前，曾经看到一部关于鲁迅先生的书，上面这样写道：

"鲁迅先生写了很多批评那种柔软而中性化的作家的文章，因为他认为，在那种战争年代，文人的义务便是激励和警醒那些愚昧、沉睡的民众。在他批评的人中便包括郭沫若先生。而郭先生也并不示弱，同样写了文章来回击鲁迅。一时间，这文人的战争硝烟四起……"

文章又写道："……鲁迅逝世时，上海滩云集了大批的学生、工人，还有从各地赶来的文人学者。这些中国知识分子很多都受过鲁迅文章的批评，然而他们无不表示了巨大的悲痛。其间尤数郭沫若最为突出，他一连写出几篇文章，说道：'我与周先生吵了一辈子架，然而我们是一辈子的朋友。'"

这是两位多么伟大的人啊！他们用最伟大的胸怀包容对方。这种包容使他们能够求同存异，冷静地看待对方，欣赏对方高尚的人格，在大方向一致下团结起来。

每一个生物体，都是一个依赖包容创建起来的和谐的、有机的组织。从最低等的原始生物到作为万物之灵的人，任何生物体都由许多不同的物质成分、不同的元素包容而成。生物体要维持机体的正常运转，要维持其作为生命的存在，就一刻也不能没有包容。如果组成这个生物体的物质成分闹起"分裂"，等待这个生物体的就只有解体和死亡。包容是生命的根本机能。

包容会产生强大的感染力和凝聚力，使各种各样的人都能成为你的朋友，团结在你周围。包容是一种豁达的人生态度，一种深厚的个人修养，它可以化干戈为玉帛，化戾气为祥和，增进人的相互理解，在人间播撒爱的种子。包容的人有爱，因而也被别人爱；包容的人包纳万物，因而也能拥有万物。

5

付出时不要想着回报

【原典】

善行无辙迹。

——《道德经·第二十七章》

【译释】

真正的善行是没有痕迹、不图回报的。

善意的付出不是交易，不应期待相等的回报。别斤斤计较，要付出便要付出得心甘情愿。要让别人感激，而不是要人感到内疚。老天爷很公平，有付出一定有回报，只是回报不一定来得如我们所预期，因此无所求的态度才最健康。

老子认为在为别人付出的时候，不应总惦记着别人的回报。期盼回报的付出不但狭隘，而且还会失去助人的本义，让原本高尚的行为蒙上了一层势利的阴影。

解 读

善心不可用来交易

做好事的目的不同，结果就大不一样。人的善心不该用来作为交易，否则就失去善良的本义。一旦开始计较这些，人们的心里就失去了原本的安宁。

不管怎样，如果我们想得到快乐，我们就不要去想感恩或忘恩，而只享受付出的快乐。

人类天性容易忘记感激别人，所以，如果我们施一点点恩惠都希望别人感激的话，那结果一定会使我们大为头痛。

亚里士多德说："理想的人以施惠于人为乐，但却会因别人施惠于他而感到羞愧。因为能表现仁慈就是高人一等，而接受别人的恩惠，却代表低人一等。"不管怎样，如果我们想得到快乐，那就不要去想感恩或忘恩，只有这样才能真正享受到施与的快乐。

如果为他人付出时还心想"他应该感激我，我应该得到回报，他应该感到内疚"，那根本不算是付出，那是交换条件。

可是生活中，很多人都是在一边付出一边索取，奇怪的是大多数人都认为自己付出的太多而获得的回报却太少。这样想的人无异于自寻烦恼。其实仔细想一下，在施恩于人时，在帮助别人时，你不是已经从这一善举中得到快乐、储蓄了感情吗？你已经有了收获，又何必为别人是否回报这份恩情而计较呢？

有这样一个故事：

有一对贫穷的夫妇——约翰和妻子珍妮。约翰在铁路局干一份扳道工兼维修的活，又苦又累；珍妮在做家务之余就去附近的花市做点杂活，以补贴家用。

冬天的一个傍晚，小两口正在吃晚饭，突然响起了敲门声。珍妮打开门，门外站着一个冻僵了似的老头，手里提着一个菜篮。"夫人，我今天刚搬到这里，就住在对街。您需要一些菜吗？"老人的目光落到珍妮缀着补丁的围裙上，神情有些黯然了。"要啊！"珍妮微笑着递过几个便士，"胡萝卜很新鲜呢。"老人混浊的声音里又有了几分激动："谢谢您了。"

关上门，珍妮轻轻地对丈夫说："当年我爸爸也是这样挣钱养家的。"

第二天，小镇下了很大的雪。傍晚的时候，珍妮提着一罐热汤，踏过厚厚的积雪，敲开了对街的房门。

两家很快结成了好邻居。每天傍晚，当约翰家的木门响起卖菜老人笃笃的敲门声时，珍妮就会捧着一碗热汤从厨房里迎出来。

圣诞节快来时，珍妮与约翰商量着从开支中省出一部分来给老人置件棉衣："他穿得太单薄了，这么大的年纪每天出去挨冻，怎么受得了。"约翰点头默许了。

珍妮终于在平安夜的前一天把棉衣赶做成了。平安夜那天，珍妮还特意从花店带回一枝处理的玫瑰花，插在放棉衣的纸袋里，趁着老人出门购菜，放到了他家门口。

两小时后，约翰家的木门响起了熟悉的笃笃声，珍妮一边说着圣诞快乐一边快乐地打开门，然而，这回老人却没有提着菜篮子。

"嗨，珍妮，"老人兴奋地微微摇晃着身子，"圣诞快乐！平时总是受你们的帮助，今天我终于可以送你们礼物了。"说着老人从身后拿出一个大纸袋，"不知哪个好心人放在我家门口的，是很不错的棉衣呢。我这把老骨头冻惯了，送给约翰穿吧，他上夜班用得着。还有，"老人略带羞涩地把一枝玫瑰花递到珍妮面前，"这枝花给你。也是插在这纸袋里的，我淋了些水，它美得像你一样。"

娇艳的玫瑰上，一闪一闪的，是晶莹的水滴。

付出一点爱心，去爱身边的每一个人，是每个人都很容易做到的事。一句话、一个微笑、一束花就够了，这对我们并不损失什么，却可能因此而帮助别人走出困境，同时也美丽了自己的一生，何乐而不为呢？

所以，善待别人、帮助别人时，你尽可以为这种善举欢欣，但却不要有太功利的想法，因为助人本身就是一种快乐，爱人就是在爱己。

对于一个身陷困境的穷人，一枚铜板的帮助可能会使他走出困境而感恩一辈子。

对于一个执迷不悟的浪子，一次促膝交心的帮助可能会使他建立做人的尊严和自信，或许在悬崖前勒马之后奔驰于希望的原野，成为一名勇士。

就是在平常日子里，对一个正直的举动送去一缕可信的眼神，这一眼神无形中可能就是正义强大的动力。对一种新颖的见解报以一阵赞同的掌声，这一掌声无意中可能就是对革新思想的巨大支持。

就是对一个陌生人很随意的一次帮助，可能也会使那个陌生人突然悟到善良的难得和真情的可贵。说不定他看到有人遇到困难时，他会很快从自己曾经被人帮助的回忆中汲取勇气和仁慈。

其实，人在旅途，既需要别人的帮助，又需要帮助别人。从这个意义上说，帮人就是积善。

也许没有比帮助这一善举更能体现一个人宽广的胸怀和慷慨的气度的了。不要小看对一个失意的人说一句暖心的话，对一个将倒的人轻轻扶一把，对一个无望的人赋予一个真挚的信任。也许自己什么都没失去，而对一个需要帮助的人来说，也许就是醒悟，就是支持，就是宽慰。相反，不肯帮助人，总是太看重自己丝丝缕缕的得失。因为担心别人不回报自己，就漠视别人的困境，这样的人不仅可能堕落成一个无情的人，而且还会沦落为一个可悲的人。因为他的心除了只能容下一个可怜的自己，整个世界都无须关注和关心，其实，他也在一步步堵死自己所有可能的路，同时也在拒绝所有可能的帮助。

有恩于人，也不必有什么优越感，更不要时刻盘算着我能得到什么，功利的想法只会抵消掉这笔人情！

6 君子须有仁慈之心

【原典】

夫慈，以战则胜，以守则固，天将救之，以慈卫之。

——《道德经·第六十七章》

【译释】

仁慈的人打仗必胜，守城必能平安。上天如果要救人，必给他仁慈的心来护卫他。

清朝学者吴敬梓说，"以仁义服人，何人不服"，就是指以仁义来服人，谁又会不服呢？

不论是哪个朝代，哪个国家，人们对奉行仁义的人都充满了敬仰和爱戴。因此，在古代就出现了什么"仁义大侠"、"仁义之师"之类的称呼。老子对待这个问题是这样看的——"夫慈，以战则胜，以守则固，天将救之，以慈卫之"。

解读

以"仁"待人

汉朝著名的学者董仲舒也很支持老子的这一观点，在他著的《仁义法》中，他讲道："仁之法在爱人，不在爱我；义之法在正我，而不在正人。"意思就是讲仁爱首先要爱别人而不是爱自己，讲正义首先从自己做起而不是要求别人。

"弯弓射大雕"的英雄成吉思汗，虽然一生杀人无数，但当不该杀时，他也能放人一马。因此成吉思汗得到了更多人甚至是敌人的拥护。

一天，成吉思汗率部外出打猎，恰好遇上与自己有仇的泰赤乌部的朱里耶人。部众请求说："这是我们的仇人，请您下令把他们杀个一干二净。"

成吉思汗望着惊慌失措的朱里耶人，说道："他们既然现在不与我为敌了，还杀他们干什么？"并喝令想动手的人放下武器，不得动眼前的朱里耶人。

朱里耶人起初颇为疑惧，现在见成吉思汗无心杀他们，便纷纷上前搭话。言谈中，成吉思汗得知他们常受泰赤乌部的虐待，既无粮食，又无帐篷。于是，成吉思汗慷慨地说："既然如此，那就请你们与我们一起住吧，明天行猎所获我们平分。"

第二天，成吉思汗果然兑现了自己的诺言。朱里耶人对此非常感动，皆曰泰赤乌无道，而成吉思汗才是大度的主子，便纷纷投靠了成吉思汗。此事传到泰赤乌部后，大将赤老温也来投靠，就连曾经射杀成吉思汗坐骑的勇士哲别也投到成吉思汗的帐下。

武力可以使人屈服，却难以使人心服。所以，高明的御人法，就是与人为善，以自己的仁心去换取别人的真心。

1754年，美国独立以前，弗吉尼亚殖民地议会选举在亚历山大里亚举行。

以后成为美国总统的乔治·华盛顿上校作为这里的驻军长官也参加了选举活动。

选举最后集中于两个候选人。大多数人都支持华盛顿推举的候选人。但有一名叫威廉·宾的人则坚决反对。为此，他同华盛顿发生了激烈的争吵。争吵中，华盛顿失言说了一句冒犯对方的话，这无异于火上烧油。脾气暴躁的威廉·宾怒不可遏，一拳把华盛顿打倒在地。

华盛顿的朋友们围了上来，高声叫喊要揍威廉·宾。驻守在亚历山大里亚的华盛顿部下听说自己的长官被辱，马上带枪赶了过来，气氛十分紧张。

在这种情况下，只要华盛顿一声令下，威廉·宾就会被打成肉泥。然而，华盛顿是一个头脑冷静的人，他只说了一句："这不关你们的事。"就这样，事态才没有扩大。

第二天，威廉·宾收到了华盛顿派人送来的一张便条，要他立即到当地的一家小酒店去。威廉·宾马上意识到，这一定是华盛顿约他决斗。于是，富有骑士精神的威廉·宾毫不畏惧地拿了一把手枪只身前往。

一路上，威廉·宾都在想如何对付身为上校的华盛顿。但当他到达那家小酒店时却大出意料之外。他见到了华盛顿的一张真诚的笑脸和一桌丰盛的酒菜。

"宾先生，"华盛顿热诚地说，"犯错误乃是人之常情，纠正错误则是件光荣的事。我相信我昨天是不对的，你在某种程度上也得到了满足。如果你认为到此可以和解的话，那么请握住我的手，让我们交个朋友吧。"

威廉·宾被华盛顿的宽容感动了，把手伸给华盛顿："华盛顿先生，请你原谅我昨天的鲁莽与无礼。"

从此以后，威廉·宾成为华盛顿的坚定的拥护者。

当人被打倒在地时，很容易失去理智，做出一些悔恨终身的事。可贵的是华盛顿能保持冷静，以一种宅心仁厚的姿态去面对自己的竞争对手，最终赢得了竞争对手的心。

"长风破浪会有时，直挂云帆济沧海"，只要我们拥有一颗仁义之心，终有一天可以得偿所愿。"千里黄云白日曛，北风吹雁雪纷纷。莫愁前路无知己，天下谁人不识君"，同样的，只要我们拥有一颗仁义之心，便能"知交遍天下"。

7

真正的朋友不在于多少

【原典】

知我者希，则我者贵。

——《道德经·第七十章》

【译释】

知道我的人不多，能理解我就更难能可贵了。

人生需要朋友。朋友有各种类型，但知己却难求，有一二足已。如果有那么几个人，你在他们面前可以不必戴面具，不需要防备些什么，让自己能够有充分的空间自由地呼吸，真是一大幸事。

解 读

朋友贵在真诚

庄子曾在惠子的墓前讲了一个流传千古的诙谐的故事。

那是庄子又一次去给朋友送葬，经过惠子的墓地，他不禁回过头来对跟随的人说："讲件事儿你们听听，好不？"

大家静听着——

有个泥水匠，他的鼻尖上沾上了一点白灰，这点白灰薄得就像苍蝇的翅膀。这样一点白灰在鼻尖上虽不碍什么事，却不怎么雅观。泥水匠就叫他的好友木工师傅匠石替他把白灰削去。

匠石很高兴地答应了，说话间便提起斧头，用力挥起，呼地一阵风响，泥水匠站着一动不动让匠石砍削，斧头刃口过去，鼻尖上的白灰尽数削去，鼻子却完好无损。泥水匠依然若无其事地站在那儿，脸未变色，心也没狂跳。

宋国的君主听说有这样的奇事儿，便召见匠石，说："请试着为我表演一次。"

匠石回答道："我确实能用斧头砍掉鼻子上的白灰。虽是这样，但我所砍削白灰的那个朋友已离开人世，所以，现在我无能为力了。"

庄子讲到这里，长叹一声说："自从惠施老先生过世以后，再也没有能和我一起深谈的人了。"

至此，方知挚友知心可贵，亦难觅矣！故清人何瓦琴《集禊帖字》联曰：人生得一知己足矣，斯世当以同怀视之。

社会上几乎人人都知道朋友的重要，都珍惜朋友之间的感情，但凡是人们珍惜的，也一定是稀少的，因而自古以来人们便慨叹"人生得一知己足矣"。其实，我们置身社会中，未必把每一个朋友都交到"知己"的程度。朋友可分为不同层次，有的是于事业有益的，有的是于生活有益的，有的是于感情有益的，也有的是于娱乐有益的，每一种朋友应该交到何种程度才恰到好处、才于人生有益，并没有一把尺子能量得出来。深交也罢、浅交也罢，朋友之益人人皆知，但这"益"并非信手拈来，重要的是方法，是怎样交友，怎样获得朋友之益。

许多青年人交友处世常常涉入这样一个误区：好朋友之间无须讲究礼仪。他们认为，好朋友彼此熟悉了解，亲密信赖，如兄如弟，财物不分，有福共享，讲究礼仪太拘束也太外道了。其实，他们没有意识到，朋友关系的存续是以相互尊重为前提的，容不得半点强求、干涉和控制。彼此之间，情趣相投、脾气相合则合、则交；反之，则离、则绝。朋友之间再熟悉、再亲密，也不能随便过头、不讲礼仪，否则默契和平衡将被打破，友好关系也将不复存在。

和谐深沉的交往，需要充沛的感情为纽带，这种感情不是矫揉造作的，而是真诚的自然流露。中国素称礼仪之邦，用礼仪来维护和表达感情是人之常情。当然，我们说好朋友之间讲究礼仪，并不是说在一切情况下都要僵守不必要的烦琐的客套和热情，而是强调好友之间相互尊重，不能跨越对方的禁区。

每个人都希望拥有自己的一片小天地，朋友之间过于随便，就容易侵入这片禁区，从而引起隔阂与冲突。譬如，不问对方是否空闲、愿意与否，任意支配或占用对方已有安排的宝贵时间，一坐下来就"屁股沉"，全然没有意识到对方的难处与不便；一意追问对方深藏心底不愿启齿的秘密，一味探听对方秘而不宣的私事；忘记了"人亲财不亲"的古训，忽视朋友是感情一体而不是经济一体的事实，花钱不计你我，用物不分彼此。凡此等等，都是不尊重他人的坏现象，偶然疏忽，可以理解，可以宽容，可以忍受；长此以往，必生嫌隙，导致朋友的疏远或厌恶，导致友谊的淡化和恶化。因此，好朋友之间也应讲究礼仪，恪守交友之道。

人与人的交往，最难得的是真诚。因为真心相待的朋友相处起来往往平淡如水，而假意相交的朋友因为有所图，往往山盟海誓、甜言蜜语，相比起来后者比前者更能动人，因此迷于假，失却真的现象屡见不鲜。

孔子曾就这一问题请教隐士子桑雽——

我两次被鲁国驱逐出境，在宋国受伐树的惩罚，在卫国被禁止拘留，在陈国与蔡国之间遭到人们的围攻，在东周也找不到出路。我遇到这几次挫折以后，亲戚与好友便与我一天天疏远了，学生与知交也越来越远离我，这究竟是为什么呢？

隐士子桑雽说：

难道你从来没听说过殷国人林回逃亡这件事吗？林回这个人在出逃时，连价值千金的璧玉都丢下了，背起婴儿就走。有人问他："你这样做，是为了得到钱财吗？婴儿能值多少钱！是为了减少拖累吗？婴儿的累赘可多啦！你抛弃千金之璧，带着个婴儿去逃难，这究竟为什么？"

林回回答说："我和那璧玉是以利益相结合的，我和婴儿却有着天然的联系。以利益结合起来的，穷困与灾难来时，就互相抛弃了；出自天然联系的，临到大难来时，就会互相关照。互相关照和彼此抛弃比起来，相隔太远了。并且，君子相交，平淡如同清水；小人相交，甘美如同甜酒。君子相处淡泊就能相亲，小人热火相交却容易翻脸。至于无缘无故自然而然地形成的一种关系，也会无缘无故顺其自然地散伙。"

孔子立即恍然，说："我明白了！"

于是孔子慢慢地走回家，一路上反省自己，进门便决定，停止空洞的学问研究，放下没有用的书本，跟弟子们相处，再不要他们打躬作揖。这样一来，师生们的感情反倒更加真挚、深厚了。

8

天道公平，作恶必受惩

【原典】

天网恢恢，疏而不失。

——《道德经·第七十三章》

【译释】

天道如网，广大无垠。看似疏散，但却没有漏失。

历史的罗网恢宏无边，尽管网眼稀疏，却不会漏掉一个坏人。须知，天道公平，作恶必将受到处罚。

解读

勿以恶小而为之

三国时刘备在白帝城临终托孤时，仍不忘谆谆告诫刘禅："勿以善小而不为，勿以恶小而为之"，刘备一世英雄，留下的名言不多，唯有这句话流传千古，而且给后人永久的启示：奉劝人们不要因为某个坏习惯不起眼就不重视，这句话看似比较浅显，但却蕴含着很深的哲理。它告诉我们要在日常生活中的细节上加强道德修养，以免因小失大。

白居易为官时曾去拜访道林禅师，他看见禅师端坐在鸟窠边，于是说："禅师住在树上，太危险了！"

禅师回答说："太守，你的处境才非常危险！"

白居易听了不以为然地说："本官是当朝重要官员，有什么危险呢？"

禅师说："薪火相交，纵性不停，怎能说不危险呢？"意思是说官场浮沉，钩心斗角，危险就在眼前。

白居易似乎有些领悟，转个话题又问道："如何是佛法大意？"

禅师回答道："诸恶莫做，众善奉行。"

白居易听了，以为禅师会开示自己深奥的道理，没想到只是如此平常的话，便失望地说：

"这是三岁孩儿也知道的道理呀！"

禅师说："三岁孩儿虽道得，八十老翁却行不得。"

白居易被禅师一语惊醒。

"勿以善小而不为，勿以恶小而为之。"谁都知道这个道理，但能够做到的人却很少。

正如佛语所说："愚昧之人，其实亦知善业与恶业之分别，但时时以为是小恶，为之无害，却不知时时为之，积久亦成大恶。犹水之一小滴，滴下瓶中，久之，瓶亦因此一滴一滴之水而满。故虽小恶，亦不可为之，为之，则有恶满之日。"

有个非常有名的寓言故事，名叫"象牙筷子"，也非常有意思。商纣王刚登上王位时，请工匠用象牙为他制作筷子，他的叔父箕子十分担忧。因为他认为，一旦使用了稀有昂贵的象牙做筷子，与之相配套的杯盘碗盏就会换成用犀牛角、玉石打磨出的精美器皿。餐具一旦换成了象牙筷子和玉石盘碗，接下来就会千方百计地享用各类山珍海味了。在尽情享受美味佳肴之时，则一定不会再去穿粗布缝制的衣裳，住在低矮潮湿的茅屋下，而必然会换成一套又一套的绫罗绸缎，并且住进高堂广厦之中。

箕子害怕这样下去，必定会带来一个悲惨的结局。所以，他从纣王一开始制作象牙筷子起，就感到莫名的恐惧。事情的发展果然不出箕子所料。仅仅只过了 5 年光景，纣王就到了穷奢极欲、荒淫无度的地步。他的王宫内挂满了各种各样的兽肉，多得像一片肉林；厨房内添置了专门用来烤肉的铜烙；后园内酿酒后剩下的酒糟堆积如山，而盛放美酒的酒池竟大得可以划船。纣王的腐败行径苦了老百姓，更将一个国家搞得乌七八糟，最后终于被周武王剿灭而亡。

古人说"千里之堤，溃于蚁穴"，如果对小的贪欲不能及时自觉并且有效地修正，终将因为无底的私欲酿成灾难，小则身败名裂，大则招致亡国。我们要时常依照好的准则来检点自身的言行和思想，否则等出现不良后果再深深痛悔已为时太晚！

人之善恶不分轻重：一点善是善，只要做了，就能给人以温暖；一点恶是恶，只要做了，也能给人以损害。所以，生活中的我们须谨言慎行。从一点一滴之间要求自己，做到为善。只有这样，我们才不至于在人生的沟沟坎坎中马失前蹄，断送我们本该美好的前程。

善恶因心起，为小善可以养心，为小恶则可以损心。

9 受到伤害不要急于报复

【原典】

和大怨，必有余怨，安可以为善？是以圣人执左契，而不责于人。有德司契，无德司彻。

——《道德经·第七十九章》

【译释】

无论如何化解深重的怨恨，必然还会残留难以消除的余怨，这怎么能算完善？所以圣人待人即使被伤害了，也不会利用有利的地位去报复。有德的人只给予别人而不向别人索取，这就像拿着契约却不去逼债一样。

　　与人相处，如果不能宽容，那么你就难免处处树敌，寸步难行。而在老子看来，不记旧怨还不是宽容的最高境界，真正懂得宽容的人在放弃报复对方的想法，热情大度地待人，求得人与人之间的谅解、和谐。

解 读

以德报怨是最大的宽容

　　一位名叫卡尔的卖砖商人，由于与另一位对手的竞争而陷入困难之中。对方在他的经销区域内定期造访建筑师与承包商，并告诉他们：卡尔的公司不可靠，他的砖不好，生意也面临即将歇业的危险。卡尔对别人解释说他并不认为对手会严重损害他的生意。但是这件麻烦事使他心中生出无名之火，真想"用一块砖来敲碎那人肥胖的脑袋作为发泄"。

　　"有一个星期天的早晨，"卡尔说，"牧师讲道时的主题是要施恩给那些故意为难你的人。我就把在上个星期五我的竞争者使我们失去了一份25万元订单的事跟牧师说了。牧师却教我们要以德报怨，化敌为友，而且他举了很多例子来证明他的理论。当天下午，我在安排下周日程表时，发现住在弗吉尼亚州的我的一位顾客正因为盖一间办公大楼需要一批砖，对方所指定的砖型号并不是我们公司制造供应的，而与我的竞争对手出售的产品很类似。同时，我也确定那位满嘴胡言的竞争者完全不知道有这笔生意。"

　　这使卡尔感到为难，是遵从牧师的忠告，告诉对手这个机会，还是按自己的意思去做，让对方永远也得不到这笔生意？那么到底该怎样呢？卡尔的内心斗争了一段时间，牧师的忠告一直萦绕在他心中。最后，也许是因为很想证实牧师是错的，他拿起电话拨到竞争对手家里。

　　接电话的正是竞争对手本人，当时他拿着电话，难堪得一句话也说不出来。卡尔还是礼貌地直接告诉他有关弗吉尼亚州的那笔生意。结果，那个对手很是感激卡尔。卡尔说："我得到了惊人的结果，他不但停止散布有关我的谣言，甚至还把他无法处理的一些生意转给我做。"卡尔的心情好多了，他与对手之间的误解也获得了澄清。

太过顺遂的人生反而是不好的，只有经历挫折才能让人真正成熟起来。如果一个人能以这样的心态去看待曾经伤害过自己的人，那么他也就悟透了宽容的含义。

宽容意味着给予，给予别人能使自己变得更加丰富。

宽容是人类情感中最重要的一部分，这种情感能融化心头的冰霜，驱散眉宇间的阴翳，焕发出重整旗鼓的力量，使你留得青山，可图再起。

宽容是一种无声的教育，"唯宽可以得人"。宽容最终将使伤害你的人情愿或不情愿地走向道德法庭的被告席，或者受到这宽容的巨大感召，放弃伤害。

宽容是人类性情的空间，这个空间愈大，你的情绪就愈有转折的余地，就愈加不会大动肝火，纠缠于鸡虫之争。宽容别人，给别人留条后路，别人才会报之以宽容，这也为自己留下了余地。因此从某种意义上说，宽容别人也是宽容自己，保护自己。给别人留一些空间，你自己将得到一片蓝天。一个宽容的人，到处契机应缘，可以和谐圆满，微笑着对待人生。

还在为受到的一次伤害怨气满腹吗？还在为自己的不平寻求报复吗？何苦呢？人生不过短短数十载，多包容一些，让心境更平和一些，不是可以活得更轻松一些吗？

10 待人接物要以"和"为本

【原典】

万物负阴而抱阳，冲气以为和。

—— 《道德经·第四十二章》

【译释】

万事万物都在背阴换阳的环境中繁衍生息，阴阳二气交互作用生成的一团和气是万事万物存在和发展的根本。

待人接物少不了这一团和气，如果你脾气不好，动不动就怒气冲天，那就违背了老子的"道"，有可能要吃亏。

有了喜怒又能适可而止，《中庸》把它称作"和"。如果怒气太盛，就会败坏内心的和气。至于事物乖张不顺，都是怒气过盛所致。

据《论语》中记载：孔子说君子有九思，其中第八思叫"忿思难"。是说人如果想发怒的时候，应当考虑日后的灾难性后果，以抑制自己的愤怒。

解 读

抑制愤怒才能有和气

陶潜有一首诗，大意是这样的：怒气比火焰还厉害，它会焚烧了和气，使人白白伤悲，当颇多感慨时，不必勉强自己，事后心境自会清凉。清代的林则徐曾手书"制怒"两个大字作为条幅，悬于室内，以提醒自己抑制发怒。这也就是在告诉我们，待人处事要以和为本，不要让怒火控制自己。

一位白领女士讲过这样一件事。

她说：我曾经对一份工作萌生疑惑，隐隐觉得我的潜力绝不仅止于此，但在一般人看来那又是一份相对光鲜的工作。何去何从？我将自己的想法跟一位平日里总是对我笑脸相迎、体贴入微的女友做了交流，并顺便打听一下她们单位的情况。过了一天，就有人打电话给我们老总：就我所知，你们这儿的某某想要跳槽去某处（就是那位女士供职的地方），请小心云云。听到这个消息，惊怒交加之下，我还是仔细想了想，这个想法的确只告诉了那个女朋友。我不禁笑起来。

事情说开了，我反而有些释然，向老总坦承了我的感受。我终于选择了另一份无疑更适合我发展的工作——当然，不是去那位女友的单位影响她的发展。她实在是过虑了。

现在想起来，我真的要好好感谢那位女友。如果不是她从中作梗，对于当时还没有清楚自身发展方向的我来说，还不知要在那份鸡肋工作中耽搁多少宝贵时间呢。还有就是她教会了我君子相忘于江湖的交友原则，这使我的友情天地愈加别具意趣：是你的朋友，不必卿卿我我；不是的话，说一千句一万句甜言蜜语，岂不是自取其辱？

这样想开了就会发觉，世间并没有什么事非让你耿耿于怀不可，只要乐于忘记，你就能拥有一个别样人生。

乐于忘记是智者的一个特征，既往不咎的人，才可甩掉沉重的包袱，轻装前进。乐于忘记，也可理解为"不念旧恶"。人是要有点"不念旧恶"精神的。况且在人际交往中，许多情况下，人们误以为"恶"的未必就真的是什么"恶"。退一步说，即使是"恶"，对方心存歉意，诚惶诚恐，如果你不念恶，以礼相待，进而对他格外地表示亲近，也会使为"恶"者感念其诚，改"恶"从善。

宋代的王安石当宰相时，因为苏东坡与他政见不同，便借故将苏东坡贬官到了黄州。然而，苏东坡胸怀大度，他根本不把这事放在心上，更不念旧恶。王安石被罢相后，两人的关系反倒好了起来。苏东坡不断写信给隐居金陵的王安石，或共叙友情，互相勉励，或讨论学问，十分投机。苏东坡由黄州调往汝州时，还特意到南京看望王安石，受到了热情接待，二人结伴同游，促膝长谈。离别时，王安石嘱咐苏东坡："将来告退时，要来金陵买一处田宅，好与我永做睦邻。"苏东坡也满怀深情地感慨说："劝我试求三亩田，从公已觉十年迟。"二人一扫嫌隙，成了知己。

唐朝宰相陆贽，在位时曾偏听偏信，认为太常博士李吉甫结党营私，便把他贬到明州做长史。不久，陆贽被罢相，被贬到了明州附近的忠州当别驾。后任的宰相明知李、陆有这点私怨，便玩弄权术，特意提拔李吉甫为忠州刺史，让他去当陆贽的顶头上司，意在借刀杀人，通过李吉甫之手把陆贽干掉。没想到李吉甫不记旧怨，上任伊始，便特意与陆贽饮酒结欢，使现任宰相借刀杀人之计化为泡影。对此，陆贽自然深受感动，他便积极出点子，协助李吉甫把忠州治理得一天比一天好。李吉甫不计前嫌，宽待别人，也帮助了自己。

生活中，当我们有对不起别人的地方时，便会深切地渴望得到对方的谅解，深切地希望对方把这段不愉快的往事忘记！将心比心，我们为什么不能用如此宽厚的想法去对待别人呢？

想让自己活得更轻松一点？那么心中就要有一团和气，就要把所有的怒火和不快统统放在一边！

11
美善的言辞可以赢得尊重

【原典】

美言可以市，尊行可以加人。

——《道德经·第六十二章》

【译释】

嘉美的言辞可以使人们互相尊重，良善的行为可以使人们互相感化。

渴望被肯定，渴望被赞美，这是每个人对成就感的需要。因此，生活中我们应该多去发现、寻找别人值得称赞的地方，这样不但能给对方的生活带来阳光与快乐，你也会因此更受欢迎。

解 读

对待别人要少一些斥责，多一些赞美

几乎没人喜欢那些吹毛求疵的人，因为他们总是发现除了自己之外的其他人有这样那样的缺陷，成为他们批评和指责的对象。法官的眼光是苛刻的，他们比我们更相信，罪犯都是些十恶不赦的社会垃圾，但犯罪心理学家却发现，如果不从法律的角度来看，在每一个罪犯身上都会发现一些真正值得赞赏的东西。这个道理实际上十分浅显，总是挂在我们的嘴边，那就是："金无足赤，人无完人。"

这就是说，无论我们的交往对象是谁，是什么样的人，我们都可以找到他们的某些值得称赞的特点，可以通过赞美使他们感受到温暖和快乐。擦亮自己的眼睛——寻找他人的长处，给予由衷的称赞，就会得到更多的朋友。

清朝有一部名为《一笑》的书，里面记载了这样一则笑话：

古时有一个说客，当众夸口说："小人虽不才，但极能奉承。平生有一愿，要将1000顶高帽子戴给我最先遇到的1000个人，现在已送出了999顶，只剩下最后1顶了。"一长者听后摇头说道："我偏不信，你那最后一顶用什么方法也戴不到我的头上。"说客一听，忙拱手道："先生说的极是，不才从南到北，闯了大半辈子，但像先生这样秉性刚直、不喜奉承的人，委实没有见过！"长者顿时手捋胡须，扬扬自得地说："你真算得上是了解我的人啊！"听了这话，那位说客哈哈大笑："恭喜恭喜，我这最后一顶帽子刚好送给先生您了。"

　　这只是一则笑话，但它却有深刻的寓意，包含了人们无法拒绝赞美之辞的道理。之所以如此，最主要的原因便在于赞美他人能满足他们的自我。如果你能以诚挚的敬意和真心实意的赞扬满足一个人的自我，那么任何一个人都可能会变得更令人愉快、更通情达理、更乐于与他人合作。

　　在《孩子，我并不完美，我只是真实的我》这本书里，著名心理学家杰丝·雷耳也评论说："称赞对温暖人类的灵魂而言就像阳光一样，没有它，我们就无法成长、开花。但是我们大多数人只是善于躲避别人的冷言冷语，却吝于把赞许的温暖阳光给予别人。"

　　卡耐基小时候是一个公认的非常淘气的"坏"男孩。在他9岁的时候，父亲把继母娶进家门。父亲一边向继母介绍卡耐基，一边说："亲爱的，希望你注意这个全县最坏的男孩，他可让我头疼死了，说不定会在明天早晨以前就拿石头扔向你，或者做出别的什么坏事，总之让你防不胜防。"出乎卡耐基意料的是，继母微笑着走到他面前，托起他的头看着他，接着又看着丈夫说："你错了，他不是全县最坏的男孩，而是最聪明但还没有找到发泄热忱的地方的男孩。"

　　继母说得卡耐基心里热乎乎的，眼泪几乎滚落下来。就凭着这一句话，他和继母建立起了深厚的感情。也就是这句话，成为了激励他的一种动力，使他日后创造了成功的28项黄金法则，帮助千千万万的普通人走上了成功和致富的光明大道。因为在继母来之前没有一个人称赞过他聪明。

　　正是继母的赞美改变了卡耐基一生的命运。谈到改变人，比尔·盖茨说："假如你愿意激励一个人来了解他所拥有的内在宝藏，那我们所能做的就不只是改变人了，我们能彻底地改造他。"

　　夸张吗？听听威廉·詹姆斯睿智的观点吧！他是美国有史以来最有名、最杰出的心理学家。他说："若与我们的潜能相比，我们只是在半醒状态。我们只利用了我们肉体和心智能源的极小一部分而已。往大处讲，每个人离他们的极限都远得很。他们拥有各种能力，但往往习惯性地未能运用它。"

　　在这些习惯性地未能运用的能力之中，有一种你肯定没有发挥出来，那就是赞美别人、鼓励别人、激励人们发挥潜能的能力。

真诚赞美别人其实也是自己进步的开端。只有当自己抱着开朗、乐观的态度面对生活时，才能被别人的优点和长处所吸引；只有当心胸开阔，对人对己有足够信心的时候，才能由衷地赞美别人，才能和谐地与人相处、共事，使生活道路上少一些荆棘，多一分生命力。

12 施予者得到的最多

【原典】

圣人不积，既以为人，己愈有；既以与人，己愈多。天之道，利而不害；圣人之道，为而不争。

——《道德经·第八十一章》

【译释】

圣人不为自己囤积，他尽力帮助别人，而自己更充实；他舍得把自己的所有施予众人，自己也更丰富。真正的天道，是对天下有利而不妨害万物；圣人之道，是服务于天下而不与人争。

佛家也对给予与获得进行深刻阐释，他们认为先舍而后得是人生的道理。

"舍得"一词，是佛家语，是禅境语。本意是讲万丈红尘扑朔迷离，人生在世总会有获得、有舍去。舍与得互为因果，往与复本来是自如的，如果领略其中奥妙，自然可以打破分别之心。佛无分别心；无分别心，即无烦恼挂碍，心境圆融通达，万象归于一乘，人生有限之生命就会融入无限的大智慧中。

解读

舍得付出本身就是一种收获

　　舍与得的问题，多少有点哲学的意味。舍得，舍得，先有舍才有得，不舍不得，小舍小得，大舍大得，舍即是得。舍是得的基础，将欲取之，必先予之，因此人生最大的问题不是获得，而是舍弃。领悟了舍得之道，对于做人做事都有莫大的益处。做人，应该抛弃贪婪、虚伪、浮华、自私，力求真诚、善良、平和、大气。做事，应该有所为有所不为。

　　所谓舍得，总是要先舍而后得，你付出的越多，收获的自然也就越多，所以乐于施予的人有福，那些只想占便宜而不愿付出的人最后只会一无所获。明白了这个道理，生活中我们就该学着多付出一点，多帮助别人，多善待别人。

　　一个阴雨绵绵的日子，剧院门外仍排起了等待购票的长龙，队伍中有一位身材瘦小的老妇人突然昏倒了。开门人连忙上前将她抱进了经理办公室。老妇人醒过来后，只听经理和善地问她："我可以送您回家吗？"老妇人一听一下子坐了起来："天啊，我是来看电影的，现在可能连票都买不到了。""别着急，坐在这儿别动，我先给您弄点儿茶点。我是这个剧院的经理古德。""古德先生，多么好的名字啊！往常，我总是连看两场电影，今天，我还可以这样吗？"老妇人问。"您想看几场就看几场。"古德先生答道。于是老妇人告诉古德先生，她是莫丝夫人，丈夫已经不在了，儿子也已去世。她之所以要来看这部影片，那是因为片中的男主人公很像他的儿子。从此，他们成了朋友，每有新片上映，莫丝夫人都会来，看完电影之后，她总要和剧院经理聊聊天，有时还一起喝杯茶，他们觉得在一起的时间过得很愉快。

　　那一年的冬天，许多人都找不到工作，剧院也越来越冷清，最后不得不关闭了。莫丝夫人再没有什么事情好做了，只好独自待在家里。她常常为好心的剧院经理祈祷，希望他能找到新的工作。后来她病倒了，不久就离开了人世。

　　其实，莫丝夫人是位富孀。她将自己的遗产做了如下安排：一部分给"儿童之家"的孩子们，一部分捐给教会，还有一部分作为礼物送给剧院经理。她在遗嘱中写道："我愿将这份礼物送给古德先生，因为他使我感到快乐。他并不知道我是谁，以为我很穷，但总是非常善良地对待一个瘦弱的穷老太婆。"

银行里的工作人员花费了很长时间，最终找到了古德先生。他现在工作很辛苦，报酬却少得可怜。当执行莫丝夫人遗嘱的人告诉古德先生，因为他曾给一位瘦弱的老妇人带来欢乐，她也要将快乐回赠给他，因而他将得到莫丝夫人100万美元的遗产时，古德先生惊呆了。

这是一个关于好人得好报的故事，说明同情心是感情的黏合剂，它使你与自己的心灵和周围其他人的心灵联系起来。学会了同情，你可以站在对方的立场，设身处地地为对方想一想。这样做了之后，你就会明白：同情并不仅仅意味着付出，而且它还可以给你带来丰厚的回报，这种回报就是你享受到了发自内心的愉悦。

当然，尽管这都是真实的故事，但并不意味着我们每一个人只要善良待人，就都能有机会得到100万美元，或者说，不能为了得到好报而刻意去做好事。那种刻意做好事的做法，实际上已丧失了做好事的初衷。我们必须记住的是：任何小小的善举都会给人带来价值千金的快乐。

一年冬天，年轻的哈默随一群同伴来到美国南加州一个名叫沃尔逊的小镇，在那里，他认识了善良的镇长杰克逊。正是这位镇长，对哈默后来的成功影响巨大。

一天，天下着小雨，镇长门前花圃旁边的小路成了一片泥淖。于是行人就从花圃里穿过，弄得花圃一片狼藉。哈默不禁替镇长感到痛惜，于是不顾寒雨淋身，独自站在雨中看护花圃，让行人从泥淖中穿行。

这时出去半天的镇长满面微笑地从外面挑回一担煤渣，从容地把它铺在泥淖里。结果，再也没有人从花圃里穿过了。镇长意味深长地对哈默说："你看，给人方便，就是给自己方便。我们这样做有什么不好？"

每个人的心都是一个花圃，每个人的人生之旅就好比花圃旁边的小路，而生活的天空不仅有风和日丽，也有风霜雪雨。那些在雨中前行的人们如果能有一条可以顺利通过的路，谁还愿意去践踏美丽的花圃，伤害善良的心灵呢？

后来，哈默在艰苦的奋斗下成为了美国石油大王。一天深夜，他在一家大酒店门口被黑人记者杰西克拦住，杰西克问了他一个最敏感的话题："为什么前一阵子阁下对东欧国家的石油输出量减少了，而你最大对手的石油输出量却略有增加。这似乎与阁下现在的石油大王身份不符。"

哈默听了记者这个尖锐的问题，没有立即反驳他，而是平静地回答道："给人方便就是给自己方便。那些想在竞争中出人头地的人如果知道，关照别人需要的只是一点点的理解与大度，却能赢来意想不到的收获，那他一定会后悔不迭。给人方便，是一种最有力量的方式，也是一条最好的路。"

这种"与人方便"的做法，貌似糊涂，实则智慧——因为在"善待他人"的同时，自己也得到了方便。

不要吝啬给予还有另外一个原因，就是在帮助别人、方便别人的同时，你其实也是在帮助自己、方便自己。

生活本来就是舍与得的世界，我们在选择中走向成熟。做学问要有取舍，做生意要有取舍，爱情要有取舍，婚姻也要有取舍，实现人生价值更要有取舍……正如孟子所说："鱼，我所欲也；熊掌，亦我所欲也。两者不可得兼，舍鱼而取熊掌者也。"人生即是如此，有所舍才有所得，在舍与得之间蕴藏着不同的机会；就看你如何抉择，倘若因一时贪婪而不肯放手，结果只会被迫全部舍去，这无异于作茧自缚，而且错过的将是人生最美好的事物，即使最后能获得什么，那也得不偿失。

所以我们要记住，给予本身就是一种收获，更是智慧的选择。

第六章

谋事之道:踏实稳健,万事可成

人活一世,草生一秋,若不成就一番事业,岂不枉费了这宝贵的一生? 的确,很多人从小的志愿就是功成名就、流芳百世。但话又说回来,"想"跟"做"永远是两码事。所以,老子才说"千里之行,始于足下","天下难事,必作于易;天下大事,必作于细"。很多成功的经验和失败的教训也都证明,踏实稳健的作风是成就万事的不二法门。

千里之行，始于足下

【原典】

千里之行，始于足下。

——《道德经·第六十四章》

【译释】

千里行程是从脚下第一步的跨出开始。

每个人小的时候都会被老师或者家长问及：你长大了想做什么？想成为什么样的人？同样，每个孩子都会梦想着自己长大了能够成为白衣天使、祖国的园丁、科学家、记者、作家……然而，当这些孩子长大之后，又有多少人实现了自己的愿望、理想呢？

老子在这里点明了人们失败的原因，或者说他告诉了我们踏上成功之路的方法——"千里之行，始于足下。"

这句话道出了两种智慧——"千里之行"与"始于足下"。千里之行说的无非是一种远大的奋斗目标，也就是孩子们常说的"我长大了要做科学家、要做作家……"当然，有了目标还要有行动，要勇敢地跨出第一步，也就是说要"始于足下"。

解读

行动——迈出成功的第一步

每个人都有自己的理想与目标，哪怕仅仅是微乎其微的——能吃饱饭、有衣服穿、有房子住……然而，唯有行动可以帮助我们实现这些目标：若想吃饱饭就要去劳动、就要去工作；同理，我们如果想在人生之路上有所作为，就不要将我们心中的那份宏伟蓝图深藏于大脑之中，随着我们的老去而发霉烂掉，而要敢于迈出成功的第一步，这样的人生才更有意义，我们离成功也会越来越近。

陈涉少时，曾受人雇用，替人耕种，心中不满于这种处境，在垄上休息时，常感慨怅恨，有一回对同耕者说："假如哪一天富贵了，彼此不要忘了拉朋友一把。"同伴嘲笑他："你现在替人耕种，地位卑微，还说什么富贵呢？"陈涉长叹一声："唉，燕雀安知鸿鹄之志哉！"陈涉后来在大泽乡和吴广发动起义灭秦，做出了惊天动地的壮举，若无佣耕垄上时就存埋在心底的鸿鹄大志，怎能想象他后来的惊天壮举？

陈涉曾说过一句话："壮士不死则已，死即举大名耳。王侯将相，宁有种乎？"有这样的雄心壮志，有这样一种虽死不辞的精神及高度的自尊自信，则人在此种心志下所激发出来的潜能，又岂是那些连好梦都不做一个的瞌睡不醒的人所能相比的？

周恩来从小就树立了为中华崛起而读书的宏伟志愿，有了这一理想才使他成长为一名伟大的无产阶级革命家，为新中国的事业鞠躬尽瘁，成为深受人民爱戴的总理。

人们常说："成功，始于心动，成于行动。"只有心动而没有行动，任何成功的渴望都将以失败告终。若想步行千里，首先要做的就是要迈出第一步，然后是第二步，第三步……直至达到千里终点。

对于那些想要"行千里"而不去"迈步"的人来说，他们只能默默承受失败的命运；任何不付出行动的等待都不会产生成功的奇迹，就像一名减肥者计划每天减掉半两肥肉，却每天和往常一样不采取任何运动或节食措施，谁都不难猜到他减肥的最终结果。

蒸汽机车的发明者史蒂芬孙小时候家里很穷，他没有机会读书，只好去给邻居放牛。但一有时间，他就用黏土和空心树枝做他想象中的蒸汽机模型。到他 17 岁时，他真的做成了一部蒸汽机，还让父亲帮他烧火做实验。史蒂芬孙虽然没有进学校读书的机会，但机器就是他的老师，而且他是非常用功的学生。当同龄人在游山玩水、逛酒吧间的时候，他却在拆洗机器，仔细研究和反复做实验。当他作为一个伟大的发明家和蒸汽机的改进者闻名于世的时候，那些游手好闲的人又都开始羡慕他了。

古往今来，能够在事业上取得成就的人很多。他们的成就和荣誉往往令人敬佩、羡慕，人们也常渴望着能取得他们那样的成就。而无论是哪一个有志者，都应该记住老子的这句话："千里之行，始于足下。"

立即开始行动是迈向成功的第一步，也是获得成功的必要条件，有了这第一步我们才能沿着这条路一步步地接近成功、接近终点。

2 万丈高楼平地起

【原典】

合抱之木，生于毫末。九层之台，起于累土。

——《道德经·第六十四章》

【译释】

合抱的大树是从细小的萌芽开始生长的，九层的高塔是由泥土堆积起来的，老子对于积累的认识很深刻，他认为："合抱之木，生于毫末。九层之台，起于累土。"——任何事物都是由小成大，聚少成多的。

老子的这一观点很客观，也很符合事物发展的规律。正如荀子所说："不积跬步，无以至千里；不积小流，无以成江海。"无论做什么事，若能不断努力，每次做一点，哪怕只是微不足道的一点点，只要持之以恒地做下去，总会有所收获。

解　读

积少成多，重视积累

《汉书·董仲舒传》记载："聚少成多，积小致巨。"成功需要积累，没有扎实的基础，就无法实现质的飞跃。

一个人想要获得成功，必须在日常的生活中有所积累，在这个基础上，才有可能抓住机遇。那些获得成功的人都善于掌握理解并善加利用他人的宝贵经验。

20世纪最初的几十年里，在太平洋两岸的美国和日本，有两个年轻人都在为自己的人生努力着。经过六年的拼搏，日本的滕田靠节衣缩食攒钱起家，美国的江恩靠研究 k 线理论致富。

这两个看似风马牛不相及的故事中蕴含着一个相同的道理，那就是许多成就大事业的人，都是从一点一滴的努力中创造和积累着成功所需的条件。

人们常常希望摆脱小事的束缚，甚至不愿意去做小事，企盼着能够"一夜成名"。当然，我们并不否认有不少人是"一夜成名"的，然而这里要说的是，那毕竟需要机缘，然而那机缘又不是大多数人能够碰上的。对于一般人来说，要想成就大事，就不能忽视对小事的积累。如果我们忽略小事、小物，就难以完成大事、难以取得成功。

提起我国的数学家陈景润，谁都会把他与那颗数学王冠上的明珠——"哥德巴赫猜想"联系起来。但是，你是否会因他的成绩联想到别的，比如他是从什么时候开始，最终积攒起那十几麻袋的草稿的？我们是否会想到，在通往这座科学高峰的千里征途上，攀登者是怎样一步一步地艰难向前的呢？

陈景润的事例告诉我们，伟人之所以成为伟人，是因为他们曾为理想一步一个脚印地奋斗过，因此他们成功了。

在现实世界里，每个人都有梦想，都渴望成功，然而智大才疏往往是阻碍人成功的最大的障碍。人们看到的只是成功人士功成名就时的辉煌，却往往忽略了他们在此之前所进行的艰苦卓绝的努力，任何人只有通过不断的努力才能凝聚起改变自身命运的爆发力。老子告诫我们：成功需要积累，这永远是最原始也最简单的成功智慧。

现在有些人很想成功，然而他们更关注树立怎样的理想，却对如何实现自己的理想不感兴趣，这样的人日夜眺望着远方辉煌的目标，却不想方设法地去缩短脚下的距离，这样的理想称之为空想。古人说，"读书破万卷，下笔如有神"，"读书破万卷"是一个积累的过程，如果没有这个过程，就很难达到"下笔如有神"的境界。因此，有远大抱负的人应该实践"读书破万卷"的积累过程，一点点缩短现实与理想之间的距离，才能接近、实现自己的理想。

3
圣人更懂得如何去做正确的事

【原典】

圣人常善救人，故无弃人；常善救物，故无弃物。

——《道德经·第二十七章》

【译释】

圣人很懂得让每个人发挥自己的有用之处，以至于没有人会被放弃；很懂得运用各种东西的长处，所以没有任何可以丢弃的东西。这是真正的智者。

在老子看来，不管是懂得发挥每个人的长处还是懂得运用各种东西的长处，圣人之所以被称之为圣人，都源于圣人更懂得如何去做正确的事。

解读

做正确的事比正确做事更重要

如果说正确地做事是聪明，那么做正确的事就是智慧。从某种意义上讲，做正确的事比正确地做事更重要。很多人都在寻找通往目标的方法和捷径，却都没有意识到如果自己做的是一件错事的话，无论你做事的方法怎样正确和优秀都不会成功的。可以肯定地说，无论任何方法或捷径都无法让自己揪着自己的头发离开地球，这也是"做正确的事"比"正确地做事"更重要的道理所在。

当一个人感到自己的工作没有意义、不值得去做时，往往会采取冷嘲热讽、敷衍了事的态度。这不仅使得他成功的概率变小，而且就算成功，他也不会有多大的成就感。对此，"不值得定律"作出了最直观的表述：不值得做的事情，就不值得做好。

因此，每个人都应该为自己最喜欢的事业而奋斗。"选择你所爱的，爱你所选择的"，才可能激发我们的意志，使自己心满意足。

一般来说，人们更喜欢与自己独特天赋相关的一项事业，做自己有天赋的事情会让人获得十足的成就感。

卡斯帕罗夫 15 岁获得国际象棋世界冠军，光用刻苦和正确的方法很难解释他的成功。大多数人在某些特定的方面都有着特殊的天赋和良好的素质，即使是看起来很笨的人，在某些特定的方面也可能有杰出的才能。

凡·高各方面都很平庸，但在绘画方面却是个天才；爱因斯坦当不了一个好学生，却可以提出相对论；柯南道尔作为医生并不出名，写小说却名扬天下……

每个人都有自己的特长和天赋，从事与自己特长相关的工作，就能取得成功；否则，就可能会埋没自己。当发觉某种工作不适合自己时，完全可以对自己的未来进行新的调整与规划。

阿西莫夫是一位科普作家，同时也是一位自然科学家。一天上午，他在打字机前打字的时候，突然意识到："我不能成为一个第一流的科学家，却能够成为一个第一流的科普作家。"于是，他几乎把全部的精力都放在科普创作上，终于成了当代世界最著名的科普作家之一。

伦琴原来学的是工程科学，在老师孔特的影响下，他做了一些有趣的物理实验。这些实验使他逐渐体会到，物理才是最适合他的事业，后来他果然成了一名卓有成就的物理学家。

因此要想成功，就要使工作具有重要的意义，就必须要做正确的事。

4
天下事须做精、做细

【原典】

图难于其易，为大于其细。天下难事，必作于易；天下大事，必作于细。

——《道德经·第六十三章》

【译释】

遇到天下间最困难的事，先从较容易下手之处着手。对于天下大事，则先从小地方开始着手。

老子"天下难事，必作于易；天下大事，必作于细"的智慧应用于当今，成功的实例很多。先不说个人的成功，就企业管理来说，丰田的精细化管理、海尔的"责任到人"原则，都是做精、做细的成功典范。因此老子的这一智慧是很值得现代人学习和研究的。

解 读

对每一个细微之处都要留心

"成也萧何，败也萧何"，做事的成败，同样决定于我们能否真正把握和了解事物的某些细微之处：一旦我们体会到这些细微之处，那就能成；倘若始终无法体会到这些细微之处，那就只有败了！

在很多时候，我们只要对事情的每一个细微之处稍加留心，便能感受到它的妙处。就拿现在最热门的话题——求职、应聘来说，关注细节同样能够带来成功。

美国福特汽车公司的创始人福特，他大学毕业后去过一家汽车公司应聘。和他一同应聘的几个人都比他学历高，当他前面几个人面试之后，连他自己都觉得自己没有什么希望了。

但既来之，则安之，他壮着胆子进入了董事长的办公室。他一进办公室，便发现门口的地上有一张纸，弯腰捡了起来，发现是一张被弄皱了的纸，便顺手将它扔进了废纸篓里。

他走到董事长的办公桌前，自我介绍说："我是来应聘的福特。"没有经过任何测试，董事长便对他说："很好，很好！福特先生，你已被我们录用了。"福特惊讶地说："董事长，我觉得前几位的条件都比我好，你怎么把我录用了？"董事长说："福特先生，前面三位的确学历比你高，且仪表堂堂，但是他们眼睛只能'看见'大事，而看不见小事。你的眼睛能看见小事，我认为能看见小事的人，将来自然能做大事，一个只能'看见'大事的人，会忽略很多小事，他是不会成功的。所以，我才录用你。"福特就这样进了这个公司，后来公司因其而扬名天下。

在这里，一个不经意的细微之处就决定了面试的成败。"一屋不扫，何以扫天下"，如果人的脑袋里总是装着如何如何做大事，对于身边的小事不屑一顾，那样是做不成大事的！

人们对微不足道的细节过于疏忽，往往会酿成令我们后悔一时或者一世的悲剧——

2003 年 2 月 1 日美国"哥伦比亚"号航天飞机返回地面途中，着陆前意外发生爆炸，飞机上的七名宇航员全部遇难，世界为之震惊。美国宇航局负责航天飞机计划的官员罗恩·迪特莫尔被迫辞职。此前，他在美国宇航局工作了 26 年，并已担任了 4 年的航天飞机计划主管。

事后的调查结果表明，造成这一灾难的元凶竟是一块脱落的隔热瓦。

"哥伦比亚"号表面覆盖着 2 万余块隔热瓦，能抵御 3000 摄氏度的高温，以免航天飞机返回大气层时外壳被高温所熔化。1 月 16 日"哥伦比亚"号升空 80 秒钟后，一块从燃料箱上脱落的碎片击中了飞机左翼前部的隔热系统。宇航局的高速照相机记录了这一过程。

应该说，航天飞机的整体性能等很多技术标准都是一流的，但就因为一小块脱落的隔热瓦就毁灭了价值连城的航天飞机，还有无法用价值衡量的七条宝贵的生命。可见，细小的失误会导致巨大的损失！

成就大事不能忽视细枝末节，可以说，成功是一项系统工程，任何一个环节都至关重要，对全局都有很大的影响。

保持对细节的关注，是成功者最后胜利的重要原因。如果对细节不察不问，隐患便会越攒越多，一旦爆发，事情的性质便会发生根本性的变化。

英国国王理查三世逊位的真实故事说明了这个道理——

1485 年理查三世在波斯沃斯战役中被击败，莎士比亚的名句："马，马，一马失社稷！"使这一战役永载史册。

战斗进行的当天早上，理查三世派了一个马夫备好自己最喜欢的战马。

"快点给它钉掌，"马夫对铁匠说，"国王希望骑着它打头阵。"

"你得等等，"铁匠回答，"我前几天给国王全军的马都钉了掌，现在我得找点儿铁片来。"

"我等不及了，"马夫不耐烦地叫道，"敌人正在推进，我们必须在战场上迎击敌兵，有什么你就用什么吧。"

铁匠埋头干活，从一根铁条上弄下四个马掌，把它们砸平、整形，固定在马蹄上，然后开始钉钉子。钉了三个掌后，他发现没有钉子来钉第四个掌了。

"我需要一两个钉子，"他说，"得需要点儿时间砸出两个。"

"我告诉过你我等不及了，"马夫急切地说，"我听见军号了，你能不能凑合凑合？"

"我能把马掌钉上，但是不能像其他几个那么牢实。"

"能不能挂住？"马夫问。

"应该能，"铁匠回答，"但我没把握。"

"好吧，就这样，"马夫叫道，"快点，要不然国王会怪罪到咱俩头上的。"

两军交上了锋，理查国王就在军队的阵中，他冲锋陷阵，鞭策士兵迎战敌人。"冲啊，冲啊！"他喊着，率领部队冲向敌阵。

远远的，他看见战场另一头几个自己的士兵退却了。如果其他士兵看见他们这样，也会后退的，后果将不堪设想，所以理查策马扬鞭冲向那个缺口，激励士兵重新加入战斗，以防更坏的情况发生。

他还没走到一半，一只马掌掉了，战马跌翻在地，理查也被掀在地上。

国王还没有抓住缰绳，惊恐的马儿就跳起来逃走了。理查环顾四周，他的士兵们纷纷转身撤退，亨利的军队包围了上来。

他在空中挥舞宝剑，"马！"他喊道，"一匹马，我的国家倾覆就因为这一匹马！"

他没有马骑了，他的军队已经分崩离析，士兵们自顾不暇。不一会儿，亨利的士兵俘获了理查，战斗结束了。这场战役所有的损失，都是因为少了一个马掌钉。

人们的失败，许多时候并不是因为大事，而是败在对细节重视不够。对自己的要求不严，对他人的观察不细，都可造成严重的后果和误判，使事情的大方向渐渐走偏。

人与事都是由许多细节构成的，小构成大，大源于小，它们是完整的统一体，辩证地看它们才不会失之片面。在细微处把握住宏旨，人们做事就不会有大的闪失了。

5

踮着脚是站不稳的

【原典】

企者不立，跨者不行。

——《道德经·第二十四章》

【译释】

将脚跟离地用脚尖站立的人（刻意想要出人头地、高人一等）是站不稳的；跨大步总是心急火燎地赶路是走不远的。

老子认为，将脚跟离地用脚尖站立的人是站不稳的。这一论断给了我们一个发人深省的忠告——人可以拥有梦想，但这个梦想应该建立在对自身正确的定位之上，千万不能好高骛远，以免贻害终生。

解读

好高骛远终是梦

在生活中，有人劝你脚踏实地一步一步来；有人劝你不要白日做梦，要现实一点。你对此或许根本不屑一顾，发出"燕雀安知鸿鹄之志"的感慨。你或许以为自己是鸿鹄、是大鹏，一展翅便能冲上云霄；你或许以为自己是盖世奇才，业绩一定远胜比尔·盖茨、洛克菲勒、李嘉诚……然而，如果不能联系实际情况为自己定位的话，那么这心比天高的理想，更多的会是好高骛远，故而早已注定了一事无成的结局。

在水生动物中，螃蟹是横着走路的，河虾倒退着走路。它们怪异的行走方式引来了不少嘲笑和讥讽。一天，敏捷矫健的银鱼嘲笑说："螃蟹你真笨！横着走路！如果旁边有障碍物你怎么走啊？"聪明的章鱼也插嘴讥讽道："河虾更傻，向前走多顺啊，可你偏偏倒着走，何时才能到头啊？"螃蟹和河虾听见了，只是淡淡一笑。它们心里知道，选择什么样的行走方式，是根据自己的身体情况决定的。只要自己把握好方向和目标，给自己定好位，横着走或者倒着走，都是一种前进的姿态。

不能准确地给自己定位，是人们常犯的大忌，由此导致的后患十分严重。特别是弱者，如果盲目自恃，势必会做出许多不切实际的事来，正如杯子是杯子，打火机是打火机一样。打火机的功能就是打出火来，杯子的功能就是装水、茶等，它们的自身条件不同，使用功能也不同。倘若杯子想做打火机，或者打火机想做杯子，那将是它们噩梦的开始。

隋朝建国之初，功臣梁士彦被隋文帝杨坚冷落，没有受到封赏。梁士彦牢骚满腹，他对家人说："我追随皇上多年，屡建奇功，如今皇上这样待我，太让人寒心了，我要和皇上理论一番。"

梁士彦的家人怕他惹祸，忙道："你的功劳太大了，皇上不封赏你，分明是防范你啊！这个时候，你岂能去找皇上说理？"

梁士彦不听，向杨坚哭诉了一番，杨坚表面上安慰他，事后却解除了他的实职，只让他在京赋闲。梁士彦又感委屈，整天喝酒消愁，他的一位好友规劝他，说："所谓功高盖主，说的就是你这样的人！我们做臣子的，在君主面前始终是弱者，如果你认不清这一点，非要和君主争个高下，岂不糊涂之至？你还是安心认命吧。"

梁士彦行伍出身，做事鲁莽，他认为自己无错，便四处大吐苦水。对地位比他高的人，他不仅不敬，反而多有讥笑，朝中上下对他顿生嫌恶。他的家人担心地对他说："此一时彼一时，你不要再活在从前了。现在皇上疏远你，你又无官无权，做事说话不该收敛些吗？你现在只求无祸，便是最紧要的事。"梁士彦因为家人的奉劝而痛骂家人，并谢绝了所有人的劝告。他和不得志的宇文忻、刘昉等人勾结在一起，竟想杀掉杨坚，率众造反。

梁士彦的阴谋被他的外甥裴通察觉，裴通为他感到痛心。一次，裴通侧面规劝他说："一个人如果不知道自己有多大能耐，那么他就会干出无法无天的事来，这岂不是很可怕吗？所以说凡事要量力而行，否则就是可笑可悲了。"梁士彦听不出裴通的弦外之音，仍自我吹嘘说："我当年统率千军万马，什么事情我做不到呢？可惜皇上不重用我，这便是皇上的大错了！"裴通试探几次，见劝他无望，于是向朝廷告发了梁士彦的谋反阴谋。

杨坚始终派人监视着梁士彦的一举一动，为了不背上滥杀功臣的罪名，他决定先稳住梁士彦，待他原形毕露时再行诛杀。

不久，梁士彦突然被任命为晋州刺史，杨坚还让他重掌兵权。梁士彦不知这是杨坚的计谋，于是更加紧了谋反的步伐。他对同党刘昉说："皇上不敢不安抚我啊，只可惜皇上醒悟得太晚了。似我这等大才之人，又岂能长久甘居人下呢？"梁士彦野心疯长，于是上书杨坚，请求批准同党薛摩儿做自己的长史。他在奏章中说："薛摩儿才气过人，有他相助，我可以给陛下建更大的功劳。从前我没有辜负陛下的厚爱，今后我更要给陛下一个惊喜。"杨坚看罢梁士彦的奏章，轻蔑一笑说："无知狂徒，你这是自寻死路啊！"

杨坚批准了梁士彦的请求，梁士彦更加自信。他暗中命薛摩儿四处联络，只等时机成熟便公开起事。

梁士彦的二儿子梁刚劝父亲不要谋反，他哭着说："皇上对父亲纵有千般不对，父亲也不该不忠。何况父亲人单势孤，又怎会成功呢？父亲不为自己着想，也应为家人着想啊！"梁士彦的三儿子梁叔楷和梁士彦一样热衷权势，他对父亲说："父亲能征惯战，无人能敌，何必委身斯人？做猛虎必须称王，难到皇上都是天生的贵人吗？"

梁士彦反迹日显，杨坚这才决定收网。一次，趁百官朝见之机，杨坚命人将梁士彦、宇文忻、刘昉等人一举抓获。至此，梁士彦方知自己被杨坚玩弄于股掌，但已是追悔莫及。梁士彦和他的同党美梦不成，却葬送了性命。

有理想固然值得褒扬，但理想必须建立在现实的基础上。一个蚂蚁的理想，是把自己变成最优秀的蚂蚁；一个狮子的理想，是把自己变成最优秀的狮子。蚂蚁想变成狮子，那便是好高骛远、痴心妄想了。

6

不要被主观感觉所束缚

【原典】

开其兑，济其事，终身不救。

——《道德经·第五十二章》

【译释】

遇事只凭自己的感觉、记忆、印象及价值观来决定行为，而不能就事论事采取客观的态度去行为，则必然终生受挫，也无法真正解决问题。

许多已经成形的思想或理念，在行动中常常支配着我们的行动，让我们的头脑机械僵化，不愿意跳出这个固定思维模式。事实上，只有用一种灵活的观念去思考、去行事，才能解决问题。

老子指出，凭借自身的感觉、记忆为行动指导，不能客观对待事情，便很难解决问题。唯有"跳出三界外，不在五行中"，挣脱思想枷锁的束缚，才能就事论事使问题得到解决。

解 读

学会变通，挣脱思想枷锁

"穷则变，变则通"。遇到困难时，不要因为难解决而泄气。注意不要被自己的想法、主观意识与既有的知识所拘束，重新坦诚地审视事态，往往会产生意想不到的新方法。

阻碍人生成功的最大"瓶颈"就是机械、呆板，总是束缚在习惯的框架里的思想和行为方式。试想，在面对人生诸多问题的时候，如果缺乏灵活思维，而常常死钻牛角尖，将会怎样？只有善于变通，才能避免自撞南墙，从而打开豁然开朗的通道。灵活变通已成为人生战场上立足的必备技能。

美国辛辛那提大学乔治·古纳教授在讲授秘书学时提供了这样一个案例：

有一天，一家公司的经理突然收到一封非常无礼的信，信是一位与公司交往很深的代理商写来的。

经理怒气冲冲地把秘书叫到自己的办公室，向秘书口述了这样一封信："我没有想到你会这样给我写信，你的做法深深伤害了我的感情。尽管我们之间存在一些交易，但是按照惯例，我还是要把这件事情公布出来。"

经理叫秘书立即将信打印出来并马上寄出。

对于经理的命令，这位秘书可以采用以下四种方法：

第一种是"照办法"。也就是秘书按照老板的指示，遵命执行，马上回到自己的办公室把信打印出来并寄出去。

第二种是"建议法"。如果秘书认为把信寄走对公司和经理本人都非常不利，那么秘书应该想到自己是经理的助手，有责任提醒经理，为了公司的利益，哪怕是得罪了经理也值得。于是秘书可以这样对经理说："经理，这封信别理它，撕了算了。何必生这样的气呢？"

第三种是"批评法"。秘书不仅没有按照经理的意见办理，反而向经理提出批评说："经理，请您冷静一点，回一封这样的信，后果会怎样呢？在这件事情上，难道我们不应该反省反省？"

第四种是"缓冲法"。就在事情发生的当天下班时，秘书把打印出来的信递给已经心平气和的经理，说："经理，您看是不是可以把信寄走了？"

乔治·古纳教授在教学中选择了第四种"缓冲法"。

他的理由是：第一种"照办法"，对于经理的命令忠实地执行，作为秘书确实需要这种品质，但是"忠实照办"，仍然可能是失职。第二种"建议法"，是从整个公司利益出发的；对于秘书来说，这种富于自我牺牲的精神是难能可贵的，可是这种行为超越了秘书应有的权限。第三种"批评法"，这种方法的结果是秘书干预经理的最后决定，是一种越权行为。而第四种"缓冲法"则是一种最折中的、于三方都有利的方法，这是善于变通在工作中的体现，反映了一个下属机敏灵活的处事头脑和审时度势的工作能力。

灵活变通还表现在细分工作上，懂得如何选择工作，统筹兼顾。

有人认为，既然计划的实现要靠勤奋地工作，就义无反顾地投入到工作中去。结果工作一件接一件，也来不及分辨，整天埋头于工作中，出不了头。记住，工作是手段、是工具而不是最终目的。不被工作役使的人才真正具有成长的潜力。

美国一个出版商有一批滞销书久久不能脱手。他灵机一动，给总统送去一本。忙于政务的总统不愿与他多纠缠，便回了一句："这本书不错。"出版商便大做广告："现在有总统喜欢的书出售。"于是，这些书被人一抢而空。不久，这个出版商又有书卖不出去，就又送一本给总统，总统上过一次当，就说："这本书糟透了。"出版商又做广告："现在有总统讨厌的书出售。"不少人出于好奇争先抢购。当出版商第三次送书给总统时，总统接受了前两次的教训，便不做任何答复。出版商却大做广告："现在有令总统难以下结论的书，欲购从速。"所有书居然又被一抢而空。

从这个故事中我们可以领悟到，如果能做到灵活变通，你眼前就是一条财源滚滚的黄金路。

7

谨慎地开始，坚持到结束

【原典】

慎终如始，则无败事。

——《道德经·第六十四章》

【译释】

做事一直到结束都像开始时那样谨慎，那么就不会有失败的事情了。

任何一件事都会有开始和结局，那为什么有的事情尽管开始不完美，却能得到完满的结局；而有的事情尽管开始很完美，结局却不理想呢？这就验证了老子的一个人生智慧："慎终如始，则无败事"——一旦作出了选择，就应该做到善始善终，那样就不会出现失败的结果了。

解读

善始善终必有所成

长路漫漫，困难重重，若想能得到日后的成功喜悦，我们首先就要拥有那种善始善终的坚持。

伟大历史学家司马迁从青年时代就立志写一部纪传体的通史，为了写好这部通史，他游历名山大川，寻访先人踪迹，搜集风土民情、历史传说，做了大量的资料采集。然而因为"李陵事件"，司马迁遭受了人生奇耻大辱——被施以宫刑。面对这奇耻大辱，他曾想到了死，然而当他想到要写的史书还没有完成时，他毅然忍受住生活的折磨，忍辱负重地继续进行未竟的事业。正是由于他忍辱负重、善始善终的毅力所至，我们后人才有幸得以一睹被称为"无韵之离骚"的这一史家千古绝唱。

能够做到善始善终的人是可敬的，只能善始不能善终的人是可悲的。

《说唐》中，程咬金家住山东历城斑鸠镇，年轻时，他身长力大，性情莽撞，喜欢闯祸，动辄与人厮打，当地人个个怕他，都唤他"程老虎"。后他因寻衅打死了一个捕快，问成大罪，缓决在狱。三年后逢隋炀帝大赦天下，得以出狱。但其家贫如洗，生活无着，被尤俊达收留合伙打劫。尤俊达送给他一把64斤重的宣花斧，还教他斧法，但程咬金总是记不住，学了后面忘了前面。最后，他怕下工夫，索性不学了，总共就学会了三招。即使如此，因程咬金身强力壮，勇力过人，有了这把神斧，也如虎添翼一般勇猛。

不过，程咬金如果遇上了能躲过他前三斧的人，就得赶快逃命，不然很可能就要吃亏了。

有一次，秦王李世民杀了窦建德后，窦手下的元帅刘黑闼兴兵犯关，要给窦建德报仇。他聘请了四位王子共破唐兵，其中三王手下的将帅武艺平平，屡败于唐兵。但南阳王朱登却谋略过人，武艺超群，唐兵很难制服他。一天，朱登到关下挑战，程咬金也不知朱登底细，自告奋勇去迎敌。两人互报姓名后，程咬金嚷道："呀！你叫朱登，乃是野贼种，不要走，看爷爷的斧吧！"说罢，他当头就是一斧劈下，朱登把枪一架；程咬金又一斧砍来，朱登大叫一声："啊呀，好一员勇将！"话未了，程咬金猛地又是一斧，把朱登劈得汗流浃背，朱登见程咬金如此厉害，心中发慌，正待要逃。程咬金又一斧，朱登发现第四斧没有力量，第五斧、第六斧更是无力。朱登大笑道："原来是个虎头蛇尾的丑鬼！"朱登挺枪来战，那程咬金便只有招架之功而无回手之力了。朱登趁势拦开程咬金劈来的斧头，扯出鞭来，打中了程咬金右臂，程咬金大叫一声"哎哟，小贼种，打得你爷老子好厉害！"狼狈地逃进了关，惹得众人大笑。

程咬金不能善始善终，也就不可能学到更大的本事，只学会了三板斧。因而，关键时刻就显得力不从心，本事不够用了。

善始善终的经验和教训还有很多。

一个年轻人大学毕业后，和几位同窗一同应聘到一家电子公司。试用期间，年轻人和他的同窗兢兢业业，勤勤恳恳，生怕一失足而成"就业"恨。

转眼月底就要到了，年轻人也开始为自己的去留问题忐忑不安起来。果然，三个月期满的前一天临近下班，业务主管就通知他们几个说："对你们的考察结束了，明天下班前你们就可以到财务处结账去了！"

"为什么？"

"不为什么，考察的结果就是这样！"业务主管两手一摊，一副爱莫能助的样子。

年轻人及他的几个同窗当时就傻了——让他们去财务处结账，这不明摆着要他们明天一下班就走人吗？

走就走吧，年轻人心想："也许我们还不是人家公司的最佳人选。"

这样一想，年轻人心里释然。然后和往常一样处理着手边的工作，有的时段别人忙不过来，他仍跟以前一样上前热情地帮一把。而其他几位同窗则绝望地坐在那里。

第二天一上班，情况就更糟了，除了年轻人正常上班之外，其他几位同窗都去得比较晚，而且他们一上班便开始收拾自己的东西，一副随时准备离开的样子。

临近下班，业务主管通知他们去财务处领取工资。走出接待室的时候，业务主管对年轻人说："你不带好你的东西吗？"

"不，因为还没到下班时间。"年轻人回答。

领完工资后，年轻人的几位同窗叫嚷着对他说："晚上一起去一醉解千愁。"然后就转身离开了那家公司。

年轻人则回到了工作室，没过多久就到了下班时间。作为临行前的道别，年轻人很有礼貌地冲着业务主管打了个招呼，便走到座位前开始收拾自己的东西。

这时，业务主管走过来按住年轻人正在收拾的东西说："你要干吗？"

"你不是让我们结账走人吗？"年轻人一脸茫然道。

"你对待工作的精神让我佩服，所以明天你还要接着上班！"业务主管诚恳地说。"这么说，你让我留下了？他们几个也可以留下吗？"年轻人有些不敢相信自己的耳朵，兴奋地问道。

"他们几个不是已经下班了吗？假如结账也算考验的话，则能考出你们每一个人的真实素养。"

的确，这次考验考出了个人的真实素养，年轻人善始善终的工作态度得到了认可。

刘心武曾经写过一篇名为《起点之美》的文章，他呼吁人们不要太注重结果，更要关注起点一刹那所迸发出的美丽，注重奋斗路上的那种善始善终的坚持。是的，不论是起点还是终点，它们都是美丽的。然而更美丽的是"奋斗路上的那种坚持不懈"。即使起点再怎么美丽，没有奋斗路上善始善终的坚持，终点的美丽终究是想象中的美丽罢了，起点之美也会因此变得暗淡。

8

空杯子才能用来盛水

【原典】

埏埴以为器，当其无，有器之用。凿户牖以为室，当其无，有室之用。

——《道德经·第十一章》

【译释】

搓揉陶土来制造器皿，中间要保留空间，才有盛物的功能。开凿门窗建造居室，中间保留空间，才有房间的功能。

正如老子所说，物品只有保留一定的空间，才能发挥它们的作用。人又何尝不是这样呢？一个人若想发展，同样需要留出足够的心理空间。

解 读

留足空间利发展

在这个高速发展的社会，随时需要知识、信息，不断吸取养分，所以心一定要空，也就是所谓的虚怀若谷，这样就能吸收无尽的知识资源，容纳各种有益的意见，从而使自己丰富起来。

一位大学教授特地向日本明治时代著名禅师南隐问禅，南隐只是以茶相待，却不说禅。

他将茶水注入这位来客的杯子，直到杯满，还是继续往里倒水。这位教授眼睁睁地望着茶水不停地溢出杯外，再也不能沉默下去了，终于说道：

"已经漫出来了，不要再倒了！"

"你就像这只杯子一样。"南隐答道，"里面装满了你自己的看法和想法。你不先把你自己的杯子空掉，叫我如何对你说禅呢？"

心太满，什么东西都进不去；心不满，才能有足够的吸纳空间。

弓如果时刻保持张开的状态，那么等到使用它的时候就不会将箭射得很远，人的内心一旦被装得过满，就不会在人生之路上再有大的作为了。给自己的内心留出足够大的空间，我们才能有更大的发展潜力。

李博生是中国工艺美术大师，他的许多作品都被作为国宝级礼品，由国家领导人赠送给尊贵的外宾。他的玛瑙雕刻作品《无量寿佛》曾获百花奖的金杯奖，是顶级作品。入行45年了，他说自己的工作是完善玉石，去除玉石的瑕疵。

李博生告诉记者："人要活得有激情，就要为自己找一个值得追求的目标。"

1958年，李博生到玉雕厂工作。第一次进厂，他看到的是好几位玉雕师光着膀子汗流浃背地打磨原石的场面。他于是知道了，做玉雕不光是雕刻那么简单，他心里暗暗发誓，一定要让自己做到最好。琢玉三年，他出师了，好几位高级工围着他的考级作品进行评判。看见评委们频频点头，他充满自信。可是分数打出来了，评委们只给了他99分。他很不服气，问评委"为什么要扣掉1分，明明可以打100分的"。评委们没有跟他争执，只是微笑着不停地点头。最后，一位高级技师对他说：你别自以为是了，他们扣掉你一分，是为了你的明天；还差一分，你还有前进的余地；要是给你100分，你就走到头了，你还有发展吗？你的明天因此也就完了！

李博生恍然大悟。从此，他不再满足于自己。虽然前辈大师们作品的影子已在他心里生了根，但他并不限于那些框框，而是执着地走更加艰辛的探索与创作之路。30岁的时候，他进入了顶级玉雕大师的行列。

永远都不要给自己的人生打上满分，顶多打到99分就可以了，否则就会失去前进的动力。只能达到99分的人生，就如同一个永远都装不满的箩筐，因为装不满，我们才能往里面装进去更多的东西，人生才能学到更多的东西。

9
处乱不惊，变弱为强

【原典】

弱者，道之用。

——《道德经·第四十章》

【译释】

柔弱是道的力量所在。

在老子看来，强弱是相对而言的，不能因为自己表面上的差距就战战兢兢，一有风吹草动就慌了手脚，如果能善于运用"道"的智慧，那么就能遇事不乱，处乱不惊，从而找到制敌良策，变弱为强。

沉着和冷静是办大事者必备的素质，也是老子这一智慧的现代诠释。所谓沉着，就是镇静、不慌不忙；冷静，就是遇见事情不头脑发热，感情用事，而是能够认真地思考，缜密地分析，最终作出对自己最有利的决定。

解 读

处事不惊，谨慎应对

一群年轻人，经过层层筛选脱颖而出，现在他们正面临最后的考验——一场计时 15 分钟的考试。谁通过了这次考试，谁就有机会进入这家著名的跨国公司。

试卷上共有 40 道题，题量大，涉及的知识面很广，这完全出乎大家的意料——这么多题，一刻钟的时间实在是太仓促了。许多人一拿到试卷，连半秒钟也不想浪费，立刻做起题来，全然不顾监考官"请大家先将试卷浏览一遍，看清要求再答题"的忠告。

虽然许多考生因为没有答完而显得非常不甘心，但试卷在一刻钟之后还是被全部收完。总经理来到考场，当场亲自批阅试卷。他很快地翻遍所有试卷，然后从中挑出了 5 份。这 5 份试卷的卷面有一个共同特点，即第 1～37 题全都没做，仅回答了最后 3 个问题。而其他试卷上的答题情况看上去则好得多，做了前面的不少题目，最多的一个人做到了第 29 题。

总经理当场宣布，公司将录用那 5 个只答了最后 3 道题的年轻人。在众人的一片惊讶、责问声中，监考官道出了秘密——原来秘密就藏在第 37 题中，它的内容是：前面各题都可以不回答，只要答好最后 3 道题即可。

这次测试是很成功的。那 5 个人后来的表现都非常优秀。特别是在风云变幻如战场的商场上，他们遇事从来不慌张，总是能举重若轻，冷静地分析问题，提出正确的应对措施。由于具备这种素质，他们不久都做到了中层管理人员。3 年后，有一位还被破格提拔为副总经理。

做事固然需要迅速，然而却不能一味求快，遇到重大的事情和问题，明智的做法就是在冷静的审视之后再作出决断。不经思量，武断从事，只能导致不良后果。无论做什么，保持一分慎重，才能以自己的聪明才智稳扎稳打获得成功，否则难免吃苦头。

王某经营着一家餐馆，生意很红火。一天，朋友来吃饭，看看王某的菜谱说："你的菜太普通了，没什么特色，应该多加点有特色的东西。"

王某觉得有道理，问朋友："你认为该搞些什么特色？"

朋友说："米粉，很多人都喜欢吃。"

王某没经过市场调查，便购买了大量的米粉，这期间又有人建议王某做魔芋，他又买来了很多魔芋，还特地请来两个专门做魔芋的师傅。

然而，王某把重点转移到了米粉和魔芋的经营之后，顾客反而少了。很快，餐馆的营业额下降，储存的食品过期的过期，发霉的发霉，而员工工资也有减无增，餐馆濒临倒闭。

王某遇到事情就有些不谨慎了，不做缜密的市场调查，仅凭朋友一言就匆匆投入新的项目，使他的生意一落千丈。

人的一生中经常要遇到许多不曾预料到的情况，面对一些非常情况，我们时常无法冷静下来认真分析事情的始末、利弊，就匆匆忙忙作出结论，采取行动。结果，由于忽略了某些重要的方向，只能默默承受失败的结局。处事不乱、冷静分析问题，才是处理事情的最佳方法，也是不可或缺的人生智慧。

10 不因艰险失去斗志

【原典】

强行者有志。

——《道德经·第三十三章》

【译释】

行事遇困境而能不畏艰险的人，是有志气的人。

老子并非是一个不积极的人，他认为"强行者有志"——在遇到艰难困苦时，一定要不畏艰苦，做到这一点才是有志气的人。

事实上，在很多生活小事上，我们都在实践着老子的这一智慧：你不会因为打开报纸发现每天都有车祸就不敢出门；你不会因为禽畜身上存在着各种病患而成为素食主义者；你同样不会因为离婚率居高不下而拒绝恋爱、结婚……

解 读

迎难而上，不畏风雨

想要成就大事，就必须具备老子"迎难而上，不畏风雨"的智慧。

1796 年，年仅 27 岁的拿破仑率领六万人的军队进入意大利阻击对手，但法国和意大利之间是那正处于冬季覆盖着皑皑白雪的阿尔卑斯山。六万人在几乎没有路的情况下排成了一条 20 英里的长蛇阵，一旦来到看似无路可走的峭壁时，拿破仑就命人吹起冲锋号，每个人都筋疲力尽，但队伍却在不停地前进，很快翻过阿尔卑斯山，击溃了对手！从此这个世界的历史上就多了一句"我的字典里没有'不可能'这三个字"的名言，多了一位身高 1.65 米却敢说自己比阿尔卑斯山还高的皇帝。

一个人遇到困难的事情，或者退让，或者挺进，这两种不同的选择自然导致了不同的结果。有些人有一股韧劲，对待自己认准的事，大胆而果敢地去做下去，这叫气魄。敢于大胆去做的人常说："我总有机会！"失败者的借口是："我没有机会！"失败者常常说，他们之所以失败是因为缺少机会，是因为没有成功者垂青，好位置就只好让别人捷足先登，等不到他去竞争。

可是有眼力的人绝不会找这样的借口，他们不等待机会，也不向亲友们哀求，而是靠自己的努力去创造机会。他们深知，唯有自己才能给自己创造机会。

亚历山大在某一次战斗胜利后，有人问他，是否等待机会来临再去进攻另一个城市，亚历山大听了这话，竟大发雷霆，他说："机会？机会是要靠我

们自己创造出来的。"创造机会，便是亚历山大伟大的原因。因此，唯有去创造机会的人，才能建立轰轰烈烈的丰功伟绩。

如果一个人做一件事情总要等待机会，那是极危险的。一切努力和热望，都可能因等待机会而付诸东流，而那机会最终也不可得。

有人认为，机会是打开成功大门的钥匙，一旦有了机会，便能稳操胜券，走向成功，然而机会并不是等来的，也不是从众多事情中"挑拣"来的，而是在克服困难、迎难而上中收获的。

爱迪生发明灯泡之前他失败了很多次，当他用了一千多种材料做灯丝的时候，助手对他说："你已经失败了一千多次了，成功已经变得渺茫，还是放弃吧！"但爱迪生却说："到现在我的收获还不错，起码我发现有一千多种材料不能做灯丝。"最后，他经过了六千多次的实验终于成功了。

我们可以试想一下，如果爱迪生因为这上千次的失败而放弃了后面的试验，电灯不能说发明不出来，至少要推迟一些时候，人们也将在"黑暗"中多挣扎一段时间。

如果将爱迪生的每次试验失败都算成一次挫折，那么，爱迪生发明电灯也就是遇上了六千多次的挫折，这个数目无疑是惊人的。由此可见，爱迪生的毅力更惊人！爱迪生的这种毅力，与老子"强行者有志"这一智慧异曲同工。

人生就像一条曲折而多石子的道路。因为它是曲折的，所以常使人感到无奈；因为它多石，所以常令人跌倒。若想走好这条路，就必须拥有一个迎难而上、不怕困难的信念，让它支撑着我们披荆斩棘，迎接人生一个又一个的成功。

11

勤而行之，可为"上士"

【原典】

上士闻道，勤而行之。

——《道德经·第四十一章》

【译释】

上等士人闻听了道，就会勤勤恳恳地去实践它。

在这里，老子把闻道悟道的人分成了三个层次，其中，最让人欣赏并奉为上等的便是那些勤字为先、兢兢业业的人。

一直以来，勤劳都是我们中华民族最令人称道的传统美德。我们的祖先在那个蛮荒年代用勤劳和汗水创造了辉煌灿烂的中华文明，从而使中国跻身于世界四大文明古国之一。直到今天，与"中国人"这三个字联系最紧密的仍然是"勤劳"。

具体到一个人，勤劳更是其安身立命最重要的品德之一。自古以来，没听说过哪个懒汉有过什么作为受到人们称赞，讽刺懒汉的故事倒是不少。

解 读

一勤天下无难事

从前，某地有一个懒惰到极点的人。因为这个人实在懒得什么事也不肯干，所以，最后拿到 3 个饭团，被赶出了家门。

"上哪儿去呢？"

懒汉不知去哪儿才好，没办法，就把装有饭团的包裹吊在脖子上，毫无目标地漫不经心地走着，走着走着，肚子饿起来了。

"啊！肚子饿了，真想吃饭团儿啊，可是要取出来太麻烦了！"

真是一个少见的懒汉，他为此忍着饥饿。

"怎么没人来呀，要是有人来的话，就请他帮忙解开包裹。"

他边走边想着。这时，从对面走来一个头戴斗笠、大张着嘴巴的男人。

"嘿嘿，莫非他饿慌了，才把嘴张得这么大？"

他这么想着，等他走过来。

"喂，能不能替我解下吊在脖子上的包裹啊？里面还有 3 个团子呢，让一个给你怎么样？"

结果，那男人回答说："你说什么呀，我的老弟，我正愁斗笠的绳子松了，而系起来又是那样的麻烦，所以才张大嘴，好让下巴去绷紧那绳带啊！"

或许故事过于夸张，生活中并不存在如此懒惰的人，但是懒惰带来的恶果却是确实存在的。

懒惰的习惯让人一事无成，让人总是等待机遇而不是主动追求，有了行动也主动放弃；懒惰的习惯令人厌倦几乎所有的事，对任何事情都不感兴趣，也没有任何动力；懒惰使人浑浑噩噩，不知道自己要干什么，庸庸碌碌度过自己的一生。

贫穷不是罪，但因懒惰而导致贫穷则是一种罪。懒惰让我们失去目标，失去热情，失去机会，即使是天赐良机摆在我们身边，我们也对它视而不见。

这样的人，你说他对得起上苍给我们安排的美丽人生吗？

达·芬奇曾经说过："勤劳一日，可得一夜安眠；勤劳一生，可得幸福长眠。"如果一个人懒惰一天，那便是浪费了一天的光阴，可能浪费了一个绝佳的成功机会；如果一个人懒惰一生，那就是毁了自己的人生，让自己带着失败的烙印走向死亡。

每个人都有允许自己偷懒的时候，而成功者与失败者的区别就在于对待偷懒行为的不同方式。成功者在心里有一个目标，也有一条准则，准则督促着自己不要懒惰，要向目标不断迈进。而失败者则放纵自己懒惰，并任由懒惰成为一种习惯，他们仿佛在享受一种闲适，其实是在虚度自己的人生。克雷洛夫告诉我们：恶劳好逸，人之常情。正因这是人之常情，人才需要不断鞭策自己。

或许有的人会说，自己天赋不错，比起其他人来说有懒惰的资本。别人忙活一周的工作我只需要一天就通通搞定。但是如果你仅仅将标准放在那些天赋不如你的人身上，总有一天，他们也将超过你。

懒惰可以毁人，而相对的，勤劳也可以成全一个人。

巴尔扎克小时候很爱好文学，父亲却硬要他学习法律。他就是不服从父亲的意愿，父子之间常为此事发生冲突。

一天，父亲再也按捺不住气愤，质问巴尔扎克："我让你学习法律，你为什么要学习文学？"

"爸爸，您知道，我对法律是毫无兴趣的。"巴尔扎克非常认真地对父亲说。

"毫无兴趣！"父亲暴怒得快要跳起来，"你有兴趣的是什么？是文学！搞文学谈何容易，我看你根本不是搞文学的料！"

"那不一定！"巴尔扎克摇摇头，非常自信地说，"我相信文学会是我终生的事业，一个人的成功，往往取决于他的信心和行动。"

"信心和行动？那好，从今天起，给你两年的期限，搞不成，就得学习法律，你敢答应吗？"

"敢！"巴尔扎克斩钉截铁地回答。

从此，巴尔扎克待在冬冷夏热的出租房里，整天埋头写作。这期间，他写了一个历史剧，由于自己的阅历有限，对剧本的特点了解不够，没有成功。

但巴尔扎克并没有丧失信心，他坚信，只要有决心、肯努力，一定能在文学上取得成绩。

一段时间的写作实践，使巴尔扎克感到自己的知识和经验都很浅薄。于是，他拼命阅读世界文学名著，广泛地接触社会和了解人生。他天天出入于图书馆和书店，而且总是来得最早，离开最晚。有一次，他在图书馆里翻阅资料，边看边记，忘记了时间的早晚。图书馆的工作人员下班了，也忘记招呼巴尔扎克一声。第二天早晨，图书馆的工作人员来上班，发现巴尔扎克还在学习。为了读书和写作，巴尔扎克真到了废寝忘食的地步。他坚信自己一定可以成为作家，这是他自己设定的目标。

巴尔扎克的生活就是一篇连续不断地工作的故事，他自己说过"我从来没有一口气只工作二三小时的"。他每天写作 12 小时以上。巴尔扎克需要不受人打扰的大块时间，因此他的工作是从晚上 1 点开始。他使用一张朴素的长方形小桌，桌上只有大叠的白纸和一束削好的鹅毛笔，右手边摆着一本摊开的记事册，用来记下后面的章节可能用到的构想和情节，巴尔扎克写作时不需要任何资料，它们已经融汇在他脑子里了。

巴尔扎克工作起来就没有头，直到写得手指痉挛才稍事休息，然后又写下去。他自己说："我已经把生命投入这个坩埚里，像炼金术士冶炼他的金子。"在工作五六小时后，巴尔扎克就像干最粗重的体力活的工人一样筋疲力尽了。然而这还不是结束，他要借助于又浓又黑的咖啡，把生命机器重新发动起来。他年复一年地把咖啡煮得愈来愈浓，好使他的神经能够应付那种有增无减的紧张劳动。

他曾经这样描述自己辛勤、紧张的生活：

"下午 6 点钟睡觉，半夜起床，然后一连 16 小时我都在埋头写作。只有一小时有空，就是五点到六点吃饭的时间。我发誓要取得自由，不欠一页文债，不欠一文小钱，哪怕把我累死，我也要一鼓作气干到底。"

巴尔扎克曾经说过：持续不断地劳动是人生的铁律，也是艺术的铁律。他说到了，并且做到了。

我国古代著名的大文学家韩愈曾说过这样一句话：业精于勤，荒于嬉；行成于思，毁于随。后来有一个人把这句让多少人受益终生的经典论述发挥到了极致，他就是齐白石。

齐白石小的时候，家里生活艰难，读了半年书，他只得辍学打柴放牛。他从小爱好绘画，但由于家境贫苦，买不起纸墨，便用废账簿和习字纸练习绘画，常常到深夜。12岁后，因体弱无力耕田，他改学雕花木工，为了寻求雕花新样，与绘画结下了不解之缘。有一年，他偶然得到一部残缺的乾隆年间翻刻的《芥子园画谱》，喜不自禁，反复临摹起来，逐步摸到了绘画的门径。

齐白石27岁那年正式从师。从此，他数十年如一日，几乎没有一天不画画。据记载，他一生只有三次间断过：第一次是他63岁那年，他生了一场大病，七天七夜昏迷不醒；第二次是他64岁那年，他的母亲辞世，由于过分悲恸，几天不能画画；最后一次是他95岁时，也因生病而辍笔。

三次加起来也仅仅有一个多月的时间。他一生作画四万余幅，吟诗千首；他自称"三百石印富翁"，被著名文学家林琴南誉为"北方第一名手"，与他的画齐名。

齐白石直到60岁前画虾还主要是靠摹古。62岁时，齐白石认为自己对虾的领会还不够深入，需要长期细心观察和写生练习。于是就在画案上放一水碗，长年养着几只虾。他反复观察虾的形状、动态。然而，这个时期他画虾的功夫依然侧重追求外形，画出的虾外形逼真，但精神不足，还不能表现出虾的透明质感。65岁以后，齐白石画虾的技艺产生了一个飞跃，虾的头、身躯都有了质感。这以后，他画虾开始专攻虾的某些部位，不仅追求形似，更追求神似。这样，齐白石70岁时，他画的虾达到了形神兼备的程度，到了80岁，齐白石老人笔下的虾已经活灵活现，但他仍然非常勤奋。

85岁那年，他一天下午连续画了四张条幅，直到吃饭时，仍然要坚持再画一张。画完后题道："昨日大雨，心绪不宁，不曾作画。今朝制此补充之，不教一日闲过也。"

白石老人真是勤勉不倦。他早年曾刻"天道酬勤"印章以自勉，临终前又留下"精于勤"的手迹以勉人，他还有一块"痴思长绳系日"的印章，足见他一生是何等勤奋。

1953年，白石老人已是93岁高龄，一年中仍画了600多幅画。

正因为他一日也不"闲过"，才在绘画、篆刻方面作出了卓越的贡献，成为世界文化名人。他 90 岁寿辰时，国务院文化部授予他"中国人民杰出的艺术家"的光荣称号。

爱因斯坦说："在天才和勤奋之间，我毫不迟疑地选择勤奋，它是世界上一切成就的催生婆。"没错，一勤天下无难事，所有有作为的人都会告诉你，是勤奋成就了他们伟大的一生。所以千万别让懒惰毁了你，一时的偷懒能让人轻松，但要成了一种习惯，那你就永远成不了老子所说的"上士"。

12
正确地思考，小心地谋划

【原典】

豫为若冬涉川，犹兮若畏四邻。

——《道德经·第十五章》

【译释】

行事稳妥慎思，就像严冬赤脚过河。小心谋划，就像提防四方邻国来攻。

老子不主张蛮干的同时，提醒世人一定要慎思慎行，边走边想。毕竟有什么样的思想就有什么样的行动，学会积极正确地思考是成功的关键。

解 读

让思考与行动同行

人生的旅途就是一个又一个选择的过程。有时一次正确的选择可以把人引向光辉灿烂的坦途，而一个错误的抉择却会把人引向死胡同，甚至导致毁灭。那么，如何才能作出一个聪明的抉择呢？这就要学会正确地思考。

人在考虑问题的时候，是才思敏捷还是迟钝愚笨，其差别多半并不取决于大脑本身的素质，而取决于我们如何使用大脑。正确地动用智力技能，一个资质平庸者也往往能表现得像天才一样。

达尔文说："我耐心地回想或思考任何悬而未决问题，甚至花费数年亦在所不惜。"

牛顿说："思索，继续不断地思索，以待天曙，渐渐地见得光明，如果说我对世界有些贡献的话，那不是由于别的，而只是由于我的辛勤耐久的思索所致。"他还说，"我的成功就当归功于精心的思索。"

著名昆虫学家柳比歇夫说，没有时间思索的科学家（不是短时间，而是一年、二年、三年），那是一个毫无指望的科学家；他如果不能改变自己的日常生活制度，挤出足够的时间去思考，那他最好放弃科学。"

这些著名人物的至理名言都道出了一个深刻的道理：思考是一个人成功的最重要、最基本的因素。有时候，我们对问题苦苦思索而不得其解，想不到别人却发现了答案所在，而且它竟是如此"明显"，似乎根本用不着绞尽脑汁似的。这种情形真的让我们很沮丧。我们到底错在哪里？如何才能有所改善？这就需要改变思考的习惯模式。

有这样一则故事，它已经成为心理学家常用的经典案例：

一辆卡车陷在了路旁的沟里，旁观者提出了各种各样的解救办法，都集中在卡车或地沟上，但却未能解决问题。后来，一个小孩提了一个建议，把轮胎里的气放出一些！结果，问题解决了。

无论是科学发明还是社会生活，都存在着许许多多这样解决问题的例子，往往答案一经说出，就变得显而易见。

诺贝尔物理学奖获得者美籍华人朱棣文曾说过这样一句话："科学的最高目标是要不断发现新的东西，因此，要想在科学上取得成功，最重要的一点就是要学会用与别人不同的方式、别人忽略的方式来思考问题。"对我们每个人来说，不仅仅是在科学上，想在任何一个领域、任何一项事业中获得成功，都必须学会用与别人不同的方式来思考问题，学会用别人忽略的方式来思考问题。

爱迪生是美国杰出的科学家和发明家。据说，爱迪生幼年时身体很弱，但喜爱劳动和制作各种玩具。他爱观察，爱思考，充满着好奇心和强烈的求知欲，对什么事物都爱问个究竟。他上学不久，有一次上算术课，老师教同学们说："二加二等于四。"

爱迪生站起来问："老师，二加二为什么等于四呢？"

老师目瞪口呆，他不仅不认为爱思考是打开未知世界之门的一把钥匙，反而认为爱迪生是在捣蛋。

上学才三个月，爱迪生就因"成绩不佳"被勒令退学。幸亏他的母亲教过书，懂得怎样教育孩子，从此，爱迪生在母亲的指导下走上了自学的道路。

不满11岁的时候，爱迪生就读完了吉本的《罗马帝国兴亡史》和休谟的《英国史》，还读了一些科学发明家的传记故事。母亲还给他买了一本帕克尔的《科学读本》。这是专讲物理、化学实验的书，其中有许多实验例题。他一边读，一边琢磨，对书中讲的一些原理，他都要亲自试验后方才相信。他在自家的地窖里设了一个实验室，有试验用的瓶子二百多个，家里给他的零用钱，他都用来买试验用品。这位未来的发明家，就这样在科学乳汁的哺育下逐渐成长起来了。

18岁以后，爱迪生建起了自己真正的实验室，正式走上了发明之路。勤于思考的爱迪生，在他的实验室里贴着一条雷诺爵士的语录："人总是要千方百计地逃避真正艰苦的思考"，在这条语录之后，他加上了自己的一句话："不下决心培养思考习惯的人，便失去了生活中的最大乐趣。"

有一次，他在试验制作电话的时候，发现传话器里的膜板随着说话的声音在振动，他觉得很奇怪，便想进一步探讨振幅有多大。可是他的耳朵曾因受伤听觉失灵，他就用触觉来代替。他找了根短针，一头竖在膜板上，一头用手指轻轻按着，对准膜板一讲话，手指头便觉得短针在颤动。讲话的声音高，颤动就快，声音低，颤动就慢，他接连试了好几回，结果都是如此。这引起了他的深思，猛然间他想到，既然说话的声音能使短针颤动，那么，倒个个儿，这种颤动也一定能发出原来的说话声音。想到这里，只觉得心头一亮，一项新的发明开始孕育了：为什么不可以设计一种机器，把有保存价值的声音存储起来，什么时候想听，再把它放出来不就行了吗？经过许多次试验，爱迪生终于制成了世界上第一架留声机。

世界上一切发明创造都是深思熟虑、严格实验的结果。培养良好的思考习惯，你不但能享受生活中的乐趣，还能够品尝到成功的滋味。

让道家的智慧与人生同行，让思考与行动同行。

13
做事的"大道"取法于自然

【原典】

地法天，天法道，道法自然。

——《道德经·第二十五章》

【译释】

地取法于天，天取法于道，道取法于自然。

我们尽可以利用大自然的馈赠，可以用人类的聪明才智去创造一些东西，但却不能违背大自然的规律，不能逆"道"而驰，否则就会自取灭亡。

什么是自然？老子所讲的自然就是"自然而然"，也就是没有"外力"影响的这个世界的本来面目。现在来理解，它既应包含所有"自然"的存在，也应包括"自然运行的规律"。可是，自然既然是至大无外的，又有什么能成为"外力"而使之"不自然"呢？

我们常说的自然不自然的概念其实是针对人类自身来说的，是从人类角度出发的。人，自有文明以来，也就一直处于这样的矛盾之中：既认为自己是自然的一部分，又时常将自己置身于自然之外，以至于将自己看成一个能够影响"自然"的外力。这岂不是本末倒置吗？

解 读

顺其自然，万事不难

我们以前会说"人定胜天"，认为只要努力就没有办不到的事，可是事实证明，这是人类的一厢情愿。

比如说我们可以将果树嫁接，但是我们不能让一头牛的角上长出苹果来；我们可以人工降雨，可是我们不能控制一场海啸的发生。

有的人认为，人类无须敬畏自然，更不必顺天。

于是我们看到，树木被滥砍滥伐，野生动物被屠杀，地球的生态环境越来越恶劣。人类似乎已经完全忘记了自己本来就是自然的一部分。

的确，许多天灾实为人祸，是因为人类的活动给自然环境和资源带来无可逆转的伤害。

我们提倡敬畏自然，是要顺"道"而行，因为"道"是万物之所由。我们说敬畏，重点在敬，而不是畏，是要以深厚的现代环境科学作为支撑趋利避害，明了自己该做什么不该做什么。我们应该善待我们生存的环境，同时摒弃自以为能够对自然为所欲为的科技迷信，以及对人自身的盲目崇拜，只有这样才会"得之者生，顺之者成"。

庖丁为梁惠王宰牛。手到的时候，肩倚的时候，脚踩的时候，膝顶的时候，那声音十分和谐，就跟美妙的音乐一样，合于尧时的《经首》旋律；那动作也很有节奏，就像优美的《桑林》舞蹈。

梁惠王看得出了神，称赞说："哈，好啊！你的技术是怎么达到这样高超的地步的呢？"

庖丁放下刀对梁惠王说："我喜欢探求，因此比一般的技术又进了一步。我开始解牛的时候，看到的无非是一头整牛，不知道牛身体的内部结构，不知道从什么地方下手。三年以后，我眼前出现的是牛的骨缝空隙，而不再是一头整牛。到了今天，我宰牛就全凭感觉了，不需要再用眼睛看来看去，就能知道刀应该怎么运作。技术高明的厨师，一年换一把刀，因为他是用刀割。一般的厨师，一个月就更换一把刀，因为他是用刀砍。而我宰牛的这把刀已经用了十九年，所宰的牛已经有几千头，然而刀口锋利得仍然像刚在磨石上磨过的一样。这是为什么呢？就因为牛的肌体组织结构之间有空隙，而刀口与这些空隙比起来，薄得好像一点厚度也没有。用没有厚度的刀在有空隙的肌体组织间运行，当然绰绰有余！所以十九年过去了，我的刀还跟新的一样。虽然我的技术已达到了这种程度，但我在解牛的时候，还是丝毫不敢马虎，总是小心翼翼，心神专注，进刀时不匆忙，用力时不过猛，牛体迎刃而解，牛肉就像一摊泥土一样从骨架上滑落下来。这时，我才松下一口气，提刀站立，顾视一下四周，心满意足地把刀擦拭干净，收藏起来。"

由庖丁娴熟的解牛手法可以得知，世间一切事物都有它自身存在和发展的规律，只有掌握了事物的规律，并"顺之而行"，办事才能得心应手。

正如《易经》所云："在天成事，在地成形，变化足矣。"自然世界，人类社会，天地间没有不变的事情，万事万物时刻在变，变是"天道"的法则，是事物发展的规律。一个人要想有所成就，个人的努力固然非常重要，但顺守天道，顺其自然，以变应变更是关键。

大道无术，若自以为是、不知天高地厚地一味偏激和固执，明知其不可为而强为，只能为自己增添无尽的烦恼和痛苦，带来无穷的失败和灾难。即使是神机妙算、被国人誉为智慧之神的诸葛亮在遇到挫折时也不能不仰天慨叹："谋事在人，成事在天。"

无论历史上还是现实中，我们都不难见到有些人或愚昧无知、意气用事，或逞匹夫之勇、不自量力，或骄妄轻狂、倒行逆施。结果往往事与愿违，功不成名不就，落得身败名裂，有的更给自然带来破坏，给社会带来损失，给他人带来灾难。

第七章

为上之道：管理其实很简单

《道德经》中最精彩的地方就是老子给为上的当权者们提出的治国安民的忠告和良策。老子认为，只有对百姓一视同仁，淳朴虚静，遵循"无为"之治，才可以治理好天下。这些治国安邦的方略同样适用于现代管理实践。如何用人，如何留人，如何管人，如何最大限度地提高工作效率，这些让管理者们为之头疼的问题，在《道德经》中都可以找到答案。

1

为上者要有不争无为之德

【原典】

上德不德，是以有德；下德不失德，是以无德。上德无为而无以为；下德为之而有以为。上仁为之而无以为；上义为之而有以为。上礼为之而莫之应，则攘臂而扔之。

——《道德经·第三十八章》

【译释】

上德之人不刻意显摆自己的德行，所以真正有德。下德之人总是不忘彰显所谓的"德"，所以无德。上德之人面对功劳和诱惑总是显得无动于衷，下德之人就不同了，他们没有什么作为，却认为自己大有作为。具有大仁爱的人把仁爱发挥到极致，却不当作自己的功劳，具有大义之人行了义举，把自身义举视为最大的功劳。讲究大礼义的人如果得不到回应，就会撸起袖子挥舞手臂（表示愤怒）。

以老子的观点来看，具备上德上仁的领导者才是真正的好领导。他们时刻把下属放在心上，与下属分享每一次成功的喜悦和失败的痛苦。

每个人都希望被他人肯定，即使工作未必成功，但终究是出了力，也想让别人知道自己的苦衷，如果他的工作得不到肯定，是在打击他的自信心，作为领导，切勿忽视员工参与各项事务的价值。

做领导，要懂得"施惠"，将恩惠布施给下属。如果你只顾自己享受，下属会认为自己为公司付出了那么多却没有受到激励，对组织的向心力自然变得薄弱，对你这个领导也会口服心不服。

解 读

领导者要懂得与下属分享成功，同甘共苦

对于下属的成功，领导者正确的做法是，与下属分享成功，分享他们成功的幸福和喜悦。假如主管领导是个喜欢抢占功劳的人，相信他的下属也不会怎样为他卖力。反之，如果领导能乐于和下属分享成功的荣耀，下属做事也分外卖力，希望下一次取得更大的成功。

你可以让别人推你攀升，也可以让别人拉你攀升，方法虽然不同，但结果却是一样的。因此，把功劳让给下属，他获得成就感的同时，也必然会助你成功。因为你的下一步成功也就意味着他下一步的成功。何乐而不为呢？

《三国志》中记载：一次，曹操发布命令说："吾起义兵诛暴乱，于今十九年，所征必克，岂吾功哉？乃贤士大夫之力也。天下虽未悉定，吾当要与贤士大夫共定之。"并说，如果坐享胜利果实，我怎么能心安！于是大封功臣。他在另一次发布的命令中说：自古以来有作为的君王，何尝不是与贤人君子共同治天下的！唯才是举，我得到人才就要使用。在天下大乱、诸侯并起纷纷逐鹿中原的东汉末年，曹操的人马由小到大、由弱到强，最终扫平各路豪强，统一北方，功业可谓大矣，在我国历史上也是辉煌的一页。可曹操在胜利面前并未自我陶醉，也未居功自傲、贪天之功为己有，而是公开宣布这些胜利"乃贤士大夫之力也"。这里，对曹操的此番举动，且不论是其使用人才的韬略还是调动其下属积极性的办法，但有一点有目共睹：曹操有着宽阔的胸怀。

无论是时势造英雄还是英雄造时势，主要领导者的作用不容否定。

但是也必须看到，个人的成功实际上是群体的成功。要把成绩留给下属，因为成绩对于下属来讲是一种最好的奖励。你需要的是更大的成绩，而你的下属的成绩越大，你的威望和在上层领导面前的成绩也就越大。成绩不一定都要表现出来，不管在什么时候，都不要同下属争功，这点是非常重要的。

做一个让下属感动的主管，你的前途将永远光明。

例如，在某个公司的年终总结会上，总经理着重表扬了两组销售成绩较佳的员工，并邀请他们的主管上台。

第一位主管好像早有准备，一上台便滔滔不绝地畅谈他的经营方法和管理哲学，好像所有的成绩都是自己一个人的，令台下的同事们心里觉得很别扭。第二位主管一上台便感谢自己的下属，并庆幸自己有一班如此拼搏的下属，最后一一邀请他们上台接受大家的掌声，展示一下各自的风采。

以上两种类型的领导，在员工心目中的印象迥异，第一位主管是那种抢占功劳的人，不但令下属不满，同事也不喜欢那种夸夸其谈的口吻；第二位主管能与下属分享成果，令下属感到受尊重，自然更加卖力工作。

其实，作出成绩，是谁的功劳，人人心里都有一杆秤，根本不需要刻意突出谁。像以上两位主管，应该怎么做，一比较自可见高下。

一个高明的领导，不但会与下属一起分享功劳，有时还会故意把本属于自己的那份功劳让给下属。但是，在这样做时，切勿要求属下报恩，或者摆出高高在上的姿态，因为下属可能会因此而感到自尊心受损，进而采取反抗行动，如此一来，反而得不偿失。

把功劳让给下属，不过是小恩小惠，但这样的滴水之恩，却可以令下属以涌泉相报。

2

善用人者，为之下

【原典】

善胜敌者不与。善用人者为之下。是谓不争之德，是谓用人之力，是谓配天古之极。

——《道德经·第六十八章》

【译释】

善于战胜敌人的人不和敌人对阵。善于用人的人对下属谦卑、和蔼、尊重。这叫作不争的德行，这叫作善于使用人的力量，这叫作配合自然之道，是自古以来最高的法则。

古语说：君之视臣如手足，则臣视君如腹心；君之视臣如犬马，则臣视君如国人；君之视臣如草芥，则臣视君如寇仇。君臣之间尚且如此，遑论经营管理者与员工。经营管理者不能善待员工，那就无怪乎员工不求有功、但求无过，敷衍塞责了。

人有满足生理、安全、归属感需要的需求，也有被尊重、被重视的需要，有在工作中实现自身价值的企盼。良好的薪酬福利、工作条件可以消除员工的不满，但若得不到薪酬之外的价值，不足以使人尽力投入工作。而能否想到这些，能否在企业里建立良好的选用育留机制，还要看主事者对员工的基本看法：视为工作机器，还是看作有血有肉、有才华有抱负和有尊严的人。

解读

用人者要给予人才相应的尊重

会用人的领导者总是大力提拔有才能的人，并给予他们相应的尊重。这一用人策略无疑十分正确。

我们看看历史上汉高祖刘邦在这一点上是怎样改变观念的。

韩信是汉王刘邦夺取天下的所依靠的三位"人杰"之一，在楚汉战争中起到了举足轻重的地位。

据《史记·淮阴侯列传》及《汉书·韩信传》记载：韩信是淮阴人，出身于平民家庭，品行不怎么好，未能被推选到官府去充当官吏，又不肯务农或经商，因而经常投靠他人吃闲饭。他的母亲病故没有钱安葬，他便找一块四周广阔的高地为坟，坟的周围可以安置万家。韩信的这一举动，表明他青年时期便胸怀大志，自信将来能显贵，受封王侯，因而预先为死去的母亲选择了这样一处四周可供万家居住的坟地。

韩信这种吃他人闲饭的日子并不好过，很多人都讨厌他。他寄食时间较长的是淮阴下乡的南昌亭长家。南昌亭长见韩信尽管没有个正当职业谋生，但举止又不与一般青年人相同，整日少言寡语，若有所思，也就听任韩信寄食。几个月过后，亭长的妻子开始讨厌韩信，便清晨提前吃饭，待韩信按往常开饭时间到达时人家已吃完，不再为韩信准备饭食。韩信明白了女主人的用意，一怒之下，他再也不到这位亭长家去寄食了。

待到项梁在吴中起兵反秦，大军渡过淮河，韩信认为施展抱负的时机已经到来，便手持宝剑投奔于项梁麾下，没有显露出什么名声。项梁战死，韩信隶属于项羽，项羽让他做"郎中"，负责警卫工作。由于职务上的方便，韩信多次就军务大事向项羽献策，高傲自大的项羽根本没瞧得起这位小小的郎中，又怎能听得进他的计策？

韩信随同项羽的大军到达关中，在项羽分封诸侯、各诸侯王分别就国时，韩信因不得项羽重用，便在汉王入汉中时偷偷离开楚军大营，投奔了汉王刘邦的部将夏侯婴部下。夏侯婴做过滕县县令，因而人称他为滕公。在滕公部下，韩信一时也没能显露名声，只是担任"连敖"职务，不过是个负责接待官吏的小官而已。一次，因触犯军法而被判处斩刑，同案的十三人均已行刑问斩。依次轮到韩信，韩信抬头仰视，正好看见滕公，便大声说道："汉王不想成就夺取天下的大业吗？为什么斩杀壮士！"

滕公闻听韩信出言不凡，又见他相貌威武，便释放了韩信，免他一死。滕公与韩信交谈，十分高兴，并把这一情况向汉王汇报，汉王任命韩信为治粟都尉，负责管理全军的粮饷，但并没有重用他。

韩信任治粟都尉后，有机会多次同萧何促膝长谈，被萧何认为是位难得的军事奇才，多次向汉王推荐，但始终未得到汉王的重用和赏识。而治粟都尉一职不是韩信施展军事才能的岗位，想来想去，他便在一天夜晚不辞而别，寻找他可以施展抱负的地方去了。

萧何得知韩信离去，感到事情重大而紧急，来不及向汉王汇报，立即乘马去追赶韩信，这才有了萧何月下追韩信这一千古美谈。

萧何追到韩信，安置好，第三天一大早便去汉王府拜见汉王。

汉王听丞相说追赶的是韩信，大惑不解，以为丞相在骗他。经过萧何一番语重心长的开导，汉王这才想起丞相曾多次谈到韩信的才能，自己总是没有当回事。这次见丞相不待禀报连夜把韩信追赶回来，感到韩信如不是真的有些本事，丞相怎会如此器重他。

于是，汉王便要派人召见韩信，拜他为大将。这时，萧何赶忙阻拦说："大王向来对部下傲慢无礼，今日任命大将像召唤小孩子一般，韩信是不会接受的。大王如果决心任命韩信为大将，就要选个良辰吉日，事先斋戒，设立拜将的高坛和广场，拜将的礼仪要隆重而完备，如此方才可以。"

汉王答应了萧何的要求，向全军宣布了举行任命大将典礼的日期。

此项命令宣布后，全军一片欢腾。那些士卒们想要知道谁会被拜为大将，观看从未见过的拜将典礼究竟是个怎样的场面，开开眼界；而那些跟随汉王转战南北、屡建战功的将领们，更是抑制不住内心的喜悦。有不少将领都认为自己的战功最高，盼望着届时被任命为大将。

直到举行拜将典礼的前夕，究竟谁会被任命为大将，这对全军将士们来说还是个谜。

六月的一天上午，南郑城中的练兵场上，四周的无数面赤色军旗迎风招展，手持长矛的卫士笔直地站在校场的四周。校场的北面是新建筑的拜将高坛，坛下有侍前卫士把守。清晨，参加典礼的兵卒列队入场；不久，众将领也都陆续来到坛场，依次立于高坛之下，面坛而立。

时辰一到，鼓乐齐鸣。此刻，汉王已在高坛的正席之上面南而坐；丞相萧何在西侧面东而坐。鼓乐过后，传令官在坛上高声宣读汉王命令。

汉王有令："拜韩信为全军统兵大将。"

"召韩信登坛受拜为大将。"

校场上的众将领听说拜韩信为大将，无不感到惊讶。他们都怀疑自己是不是听错了，有的将领甚至不知道或没有见过这位毫无军功、未曾统兵作战的都尉。

就是这样一位未曾统兵的都尉，南征北战，攻城拔寨，为汉王室立下了赫赫战功，其军事才能得到了淋漓尽致的发挥，"明修栈道，暗度陈仓"成为军事史上一个典型的、名垂千古的战例，多为后人所效仿。

试想，没有刘邦登坛拜将的尊崇，韩信就是有天大的本事，又怎能指挥得动那一帮如狼似虎的将领呢？

管理实践证明：每一个人都渴望得到他人的尊重。心理专家说：希望得到别人的尊重是我们人类的基本需求之一。员工也希望在工作场所里能获得别人的尊重，他们希望能有人欣赏他们，对他们微笑。一个人不论有多大的才能，若无法满足其被尊重的欲望，他的工作积极性和创造激情便会被削弱。因此，管理者一定要像尊重专家那样尊重每一个员工，用尊重感染员工、激励员工。

尊重员工，管理者可以解除与员工之间的感情障碍，得到员工的拥戴；员工的被尊重的需求一旦得到满足，精神就会受到激励，从内心产生优越感和强大的自驱力，从而高效率地完成任务。如果你自以为是，任意行事，他们则变得唯唯诺诺，这样一来，他们的创造力就无从谈起，结果也就可想而知了。

满足被尊重的欲望，人的积极性便会被调动起来。因此对管理者而言，要想成功地激励员工，一定要像尊重专家那样尊重每一个员工。令人惋惜的是，许多管理者不是不明白这个道理，就是不愿去正视。在他们的观念中，"只有我才是企业的主人，我给你一份工作，你就要好好给我干活"。要他们"放下架子""取悦"员工，是非常困难的事。无论何时何地，他们总是以高姿态来面对自己的员工。为了提高工作效率，对员工呼来喝去，效率若提不上去便极尽挖苦嘲笑之能事。这些行为严重伤害了员工的自尊，打击了员工的士气和创造力，降低了企业的凝聚力，产生沟通障碍等，进而影响公司业务的发展。

要想充分发挥尊重的激励作用，管理者不能只做表面文章，或仅凭一时所需而为。如在企业遭遇危机时，便摆出一副尊重员工的样子，激励员工更好地工作；一旦雨过天晴，便故态复萌，仍旧高高在上。被列为美国企业界十大名人之一的 IBM 创始人沃森常说：作为一个企业家，毫无疑问要考虑利润，但不能将利润看得太重。企业必须自始至终把人放在第一位，尊重公司雇员并帮助他们树立自尊的信念和勇气，这便是成功的一半。

管理者应该清醒地认识到：管理者和员工之间没有贵贱之分，有的只是岗位级别和工作职责之分。在这层认识的基础上，管理者应尽力做到不摆架子，这是尊重员工起码要做到的。

比如员工在处理业务时出了问题，不知如何解决，这时管理者所要做的不是嘲笑或轻视他们的能力，而是把他们召集起来，对他们说："来，让我们一起研究一下这个问题。""我们"、"一起研究"这些词语常会极大地激励员工——他们会感觉无比兴奋，浑身有用不完的力气。

总之，所谓好的管理者乃是尊重人的管理者，对下级从不以支配者自居，员工得到上司的尊重，心中就会有满足感，更会竭尽全力做事。

3

要听得进忠告

【原典】

以其终不自为大，故能成其大。

——《道德经·第三十四章》

【译释】

圣人之所以是圣人就在于他从不认为自己永远正确，永不自高自大，所以才能成其大。

对老子的话我们可以这样理解，圣人永远是个完美的领导者，他们谦虚好礼，善于学习和倾听，广泛接纳他人的意见，所以最后总能"成其大"。现实中优秀的领导者应该多学习圣人的管理之道。

员工寄希望于领导的，不只是对个人生活的关心，还希望领导能广开言路，倾听和接纳自己的意见与建议。

如果一个单位职工反映，"领导从不让我们讲话"，"我们只有干活的义务，没有说话的权利"，那就糟了。所以应当注意，在制订计划、布置工作时，不要只是领导单方面发号施令，而应当让大家充分讨论，发表意见。在平时，要创造一些条件，开辟一些渠道，让大家把要说的话说出来。如果不给员工发表意见的机会，久而久之，他们就会感到不被重视，郁郁寡欢，工作也感到索然无味，丧失主观能动性。

当然，当你决定选择下属提出意见中的某一种时，必须注意切不要伤害其他意见提出者的自尊心。首先，必须肯定他们的意见是有价值的；其次，用最委婉的方式说明公司不采纳该意见的原因。不要让持不同意见的下属有胜利者或失败者的感觉，不要让他们之间产生隔阂和敌意。若能妥善处理好这些问题，反对之声不仅不是领导者的祸水，或许还是领导者的福音。

解读

善用与自己有不同意见的能人

一个领导者即使本人长于谋划，精于决断，见识高人一等，对有不同意见的下属也要能正确对待。因为这些有与自己意见不一的人正是有独到见解的人，这样的人才更应该重用。

这里就面临一个问题，有不同意见、有见识的人如果最后不能把自己的见解统一在用人者的看法之下，会不会给用人者造成危害呢？

答案是不会，如果他能像秦始皇一样处理此类问题的话。

我们来看看尉缭辅助秦王的故事。尉缭，魏国大梁（今河南开封）人，姓失传，名缭，战国著名军事家。他是秦王政十年（公元前237年）来到秦国的，此时秦王政已亲掌纲，国内形势稳定，秦王正准备全力以赴开展对东方六国的最后一击。

当时的情况是，以秦国之力，消灭六国中的任何一个都是不成问题的，但是六国要是联合起来共同对秦，情况就难料了。所以摆在秦王面前的棘手问题是，如何能使六国不再"合纵"，让秦军以千钧之势，迅速制服六国，统一天下，避免过多的纠缠，消耗国力。离间东方国家，虽然是秦国的传统做法，而且李斯等人正在从事着这项工作，但是采用什么方法更为有利，仍是一个很棘手的问题。消灭六国，统一中国，是历史上从未有人干过的事情，年轻的秦王嬴政深知这一点，他不想打无准备之仗。

此外，当时秦国还面临着一个非常严峻的问题，就是战将如云，猛将成群，而真正谙熟军事理论的军事家却没有。靠谁去指挥这些只善拼杀的战将呢？如何在战略上把握全局，制订出整体的进攻计划呢？这是秦王非常关心的问题。他自己出身于王室，虽工于心计，讲求政治谋略，但没有打过仗，缺乏带兵的经验。李斯等文臣也只是主意多，真要上战场，真刀真枪地搏杀，就都没用了。

尉缭一到秦国，就向秦王献上一计，他说："以秦国的强大，诸侯好比是郡县之君，我所担心的就是诸侯'合纵'，他们联合起来出其不意，这就是智伯（春秋晋国的权臣，后被韩、赵、魏等几家大夫攻灭）、夫差（春秋末吴王，后为越王勾践所杀）、湣王（战国齐王，后因燕、赵、魏、秦等联合破齐而亡）之所以灭亡的原因。希望大王不要爱惜财物，用它们去贿赂各国的权臣，以扰乱他们的谋略，这样不过损失三十万金，而诸侯则可以尽数消灭了。"一番话正好说到秦王最担心的问题上，秦王觉得此人不一般，正是自己千方百计寻求的人，于是对他言听计从。不仅如此，为了显示恩宠，秦王还让尉缭享受同自己一样的衣服饮食，每次见到他，总是表现得很谦卑。

尉缭不愧为军事家，不仅能够把握战局，制定出奇制胜的战略方针，而且还能透彻地认识人、分析人。经过与秦王嬴政不长时间的接触，他便得出了秦王"缺少恩德，心似虎狼；在困境中可以谦卑待人，得志于天下以后就会轻易吞食人"，"假使秦王得志于天下，那么天下之人都会变成他的奴婢，绝不可与他相处过久"的结论。

这是嬴政自出生以来，第一次被人公开道出他的性格本质，第一次有人这样评论他，而且切中要害，句句是真。从后来统一天下之后嬴政的所作所为来看，与尉缭所言毫无二致。

尉缭认清了秦王嬴政的本质，便萌生了离去之心，不愿再辅助秦王，并且说走就走，真的跑了。幸好秦王发现得早，立即将其追回。国家正在用人之际，像尉缭这样的军事家如何能让他走？于是，秦王嬴政发挥他爱才、识才和善于用才的特长，想方设法将尉缭留住，并一下子把他提升到国尉的高位之上，掌管全国的军队，主持全面军事，所以他被称为"尉缭"。

现在，心存余悸的尉缭不好意思再生去意了，只好死心塌地地为秦王出谋划策，为秦统一天下做贡献。

在具体的战术上，尉缭还实践了当时最先进的方法，如在列阵方面，他提出：士卒"有内向，有外向；有立阵，有坐阵"。这样的阵法，错落有致，便于指挥。这一点在今人能见到的秦始皇陵兵马俑坑中可以得到证明。

当然，作为与嬴政不同的人，尉缭对战争的具体行为有他自己的看法，他认为：军队不应进攻无过之城，不能杀戮无罪之人。凡是杀害他人父兄、抢夺他人财物、将他人子女掠为奴仆的，都是大盗的行径。他希望战争对社会造成的危害越小越好，甚至提出：军队所过之处，农民不离其田业，商贾不离其店铺，官吏不离其府衙。另外他还希望靠道义、靠民气来取得战争的胜利。

这些主张与秦王嬴政的思想显然是矛盾的。所以，秦王与尉缭不止一次地发生冲突。在统一六国的战役中，秦王不让尉缭参与，而是亲令受其思想影响严重的秦军将领们依照秦国一贯的残暴手段打击六国。所以秦军将领们在统一过程中个个都留下了"美名"，如王翦、王贲、李信、蒙武、杨端和、内史腾、辛胜等，而身为国尉、执掌全国军队的尉缭却在此时出现空白。

但是，中国历史上像嬴政这样对能人尤其是对像尉缭这样心存异心的能人们能用得其所，是极为少见的。

4

用最合适的人做最合适的事

【原典】

居善地，心善渊，与善仁，言善信，正善治，事善能，动善时。

——《道德经·第八章》

【译释】

上等善人善于选择地位居住，心胸保持沉静而深不可测，待人真诚、友爱而无私，政令善于治国，做事善于利用才能，动作善于抓住时机。最善的人的所作所为正因为有不争的美德，所以没有过失，也就没有怨咎。

知人善任，这话说起来容易做起来难。它包含两个方面的内容：首先是知人，即领导者了解员工，知道员工是否具备某项工作的能力。只有混乱的管理，绝没有无用的人才。在清楚了这一点之后，还必须认识到每个人都不是全才，这就要求领导者把合适的人放在合适的位置上。举个例子来说，如果要求一个搞技术的人去抓管理，那么显然是不合适的。这个人十之八九未必能做好管理，最恰当的是还让他去做他擅长做的技术。让合适的人去做合适的事，你才不会做出让豹子抓老鼠的荒唐事来，你才能有效发挥人才的价值，做到人尽其才。

科学技术日新月异，时时在变，但唯一不变的就是人的作用。可以毫不夸张地说，现代企业的竞争归根结底是人才的竞争。拥有了优秀人才，企业也就拥有了克敌制胜的法宝。选用一流的人才为企业服务，企业就能在众多竞争对手中脱颖而出。

解 读

既不能大材小用，也不可小材大用

选用人才能力固然是首要考虑，但考察一个人的能力必须与相应的职位相结合。这里提出的适用原则，道出了正确使用能人的真谛。能人之能只能体现在某一方面，比如以文才敏捷见长者，做皇帝顾问当为不二人选，但如让他封疆任事，则不仅误事，也会误身。

唐太宗李世民便特别注意能力与职位的关系问题。他明确提出，要根据实际能力降职使用或提拔、根据能力加以任免，既不允许能力低下者长期混岗，也不容许大材小用、浪费人才的现象存在。

贞观八年（634 年），中牟县丞皇甫德参上书直谏，阻止李世民修建洛阳宫，李世民认为他忠直可嘉，加以优赐，特地拜他为监察御使。这可以说是从实践中发现下属的才德，根据才德将其提拔的一个实例。

贞观十四年（640 年）十月，李世民要到同州去狩猎，县丞刘仁轨上书奏说："今秋大稔，民收者十才一、二，使之供承猎事，治道葺桥，动费一二万，实妨农事。愿留銮舆旬，俟其毕务，则公私俱济。"李世民闻言甚以为是，于是"赐玺书嘉纳之"，并提拔他当新安县令。

贞观二十年（646 年）二月，刑部侍郎缺人担任，李世民要执政大臣"妙择其人"，执政大臣们提了几个都不能使其满意，于是他想起李道裕是一个敢于坚持实事求是的人——在处死张亮的问题上，李道裕力排众议，仗义执言，说："亮反形未具，罪不当死。"这种不惧嫌疑的作为，证明了李道裕为人的原则性，于是李世民委任李道裕为刑部侍郎。

贞观二十年六月，李世民欲赴灵州招抚敕越诸部，要太子随行，少詹事张行成上疏说："皇太子从幸灵州，不若使之监国，接对百僚，明习庶政，为京师重镇，且示四方盛德，宜割私爱，俯从公道。"李世民甚觉妥帖，"以其忠"，提拔张行成担任了较高的职务。

此类事例，不胜枚举。这里还有一个更具说服力的例子——

贞观十一年（637年），治书侍御史刘洎认为，尚书省左右丞两位人选应该特别注意精心选择，于是上书李世民，发表意见说：

尚书省是个日理万机的机构，它们是处理国家事务的关键部门，因此，寻求尚书省众官员的人选，授予官职，确实是件有难度的事情。作为文昌宫众星（文昌乃星官名。这里把尚书省比作天上的文昌宫，把左右仆射、六部长官比作文昌宫的众星）的左右仆射、六部长官，作为"管辖"的左、右二丞，乃至各营郎（指尚书省的昕职官），都与天上的列宿相对应，仅从这一点就可以看出尚书省的官员任用得合适与否，关系重大，这些职位如果被不称职的人占据了，出了问题就会牵一发而动全身。

这位名叫刘洎的治书侍御史说，近来尚书省的诏敕总是拖延滞留，不能及时得到处理，公文也已经堆满在案桌上了。作为一个才资平庸的人，下臣还是请求陛下允许我叙述其根源。

刘洎指出：贞观初年，国家还没有设尚书令、左右仆射等官职时，尚书省的事务非常繁杂，比现在多出一倍以上。当时任左右丞的戴胄、魏征二人都很通晓官吏事务，他们本身胸怀坦荡，品性刚直，大凡遇到应该弹劾检举之事，无所回避，陛下又施予他们恩赐。百官懂得自我约束，朝中弥漫着一种庄重严肃的气氛，这都是因为用人得当的缘故。到杜正伦任右丞的时候，也比较能勉励下属。

说到这里，刘洎将话锋一转，切入时弊，指出：而到了近来，国家的一些重要法纪已不能正常执行了，这是因为什么呢？是因为功臣和国戚占据着要位，才不符职，而且彼此又倚仗着功劳或权势相互倾轧。在职的官员，大都不遵循国家的法律准则，虽然有的也想奋发努力，但是一遇到逐毁讥谤就害怕得不行。

刘洎这里概括地揭露了贞观中期朝廷中的官场现象，同时指出：正是由于这种现象的存在，事情多由郎中（尚书省尚书、侍郎、丞之下的高级官员，分管各曹事务）定夺，只有遇到重要事件时才请求上级；而尚书又优柔寡断，不敢作出决定。有的弹劾一经上奏，故意给予拖延，案件的事理本来已经一目了然，但仍然向下级盘问，调查案件没有时限，即使迟延了也不受上级责备。公文一经出手，一般就得历经一年半载。有的办案官员把案子办完了，就不再去追究结论的是非。官员之间相互宽容，出了什么事相互庇护，如此等等。

刘洎认为，选拔众多的优秀人才并授予官职，必须非才莫举，君王代天行事，怎可妄委庸才以重任。

刘洎总结说：长期堵塞贤路，实在是不应该的。为消除积弊，就应该精心选任尚书省的左右丞及左右郎中，如果这些重要职务的官员选任真正做到了才职相称，国家的法纪就会得以完善地实施。同时，还应当矫正小人争权夺利的风气。

对此，李世民闻过则喜，奏章上奏不久，他就任命刘洎为尚书省左丞，全力支持他，让他在那里放手工作，清理积弊。

让合适的人到合适的位置上，才能有效地发挥其作用。

5
做领导的必须以身作则

【原典】

故以身观身，以家观家，以乡观乡，以国观国，以天下观天下。

——《道德经·第五十四章》

【译释】

从一个人的德行可以了解一个人，从一个家庭的德行可以了解一个家庭，从一个乡的德行可以了解一个乡，从一个国家的德行可以了解一个国家，从天下的德行可以了解天下。

管理之道也是如此，由于领导者在一个团队中的地位和作用，他常常不自觉地被同事或员工作为学习的榜样。

一旦领导者的行为成为榜样之后，下属一般会不自觉地重复领导者的行为。领导者的一部分任务就是为下属练习"自我领导"提供机会，并鼓励他们通过示范来学习。

必须注意的是，领导者的示范行为必须是生动、详细、易于理解的。此外，即使示范行为被准确地记住，并能有效地重复，如果没有适当的动力，仍然不会带来好的成效。这时可以用三种形式加以刺激：一是面向企业的各种奖励，二是观察到别人由于有好的表现而受到奖励，三是自我实施的奖励。

解 读

领导者的表率就是下属工作的动力

第二次世界大战前，有的政治家或军队将领为了打胜仗，不断地要求人民万众一心、吃苦耐劳，但他们自己却过着夜夜笙歌的奢靡日子。一般人看了这种现象，对这些政治家或军队将领产生了不信任感，他们因此失去了民众的支持。

人类的本性在危急时刻他们所采取的行动中表露无遗。平常说话大声、表现豪爽的人，一旦面临生死存亡的危急时刻，说不定狼狈不堪，平常刻意掩饰的缺点在这个时候完全表露出来。部下若是看见自己的上司在紧要关头却不知所措，一定会非常失望，以致不理会他所说的话。

员工期待的上司，是在非常时期能够表现得与众不同，且能够断然地作出决定，迅速敏捷地采取行动。只有这样的上司才能支配部下。

作为一个管理者，重任在肩，职位越高，就越应重视给他人留下好的印象。因为管理者总是处于众目睽睽之下，他们既是组织领导者，又是示范引导者，其所作所为很容易引起下属的模仿。因此，管理者必须成为组织中的榜样和标杆，这是塑造"贤者"形象的需要，也是规范和激励下属的需要。

管理者的榜样作用具有强大的感染力和影响力，是一种无声的命令，一支行为标杆，组织里的一面旗帜。管理者如果骁勇善战，下属就会不计安危冲锋陷阵；管理者如果处处吃苦在前、享受在后，下属就会不计私利、甘于奉献。相反地，假如管理者常常迟到，吃完午饭后迟迟不回到办公室，打起私人电话来没完没了，不时因喝咖啡而中断工作，一天到晚眼睛直盯着墙上的挂钟，那么，他的部下大概也会成为这样的人。

对这个问题古人早已有清醒认识。《礼记·哀公问》中有这么一段对话："公曰：'敢问何谓为政？'孔子对曰：'政者，正也。君为正，则百姓从政矣。君所为，百姓之所从也，君所不为，百姓何从？'"孔子在回答鲁哀公什么是为政问题时强调："为政就是正。君主端正自己，那么百姓就服从于政令了。君主怎么做，百姓就跟着怎么做，君主不做的，叫百姓怎么跟着做？"唐太宗也认识到："若安天下，必须先正其身。未有身正而影曲，上治而下乱者。"（《贞观政要·卷一》）《周书·苏绰传》也对统御者本身做了形象比喻："凡人君之身者，乃百姓之表，一国之的也。表不正，不可求直影；的不明，不可责射中，今君身不能自治，而望治百姓，是犹曲表而直影也；君行不能自修，而欲百姓修行者，是犹无的而责射中也。"大意是说：君主本身，就是黎民百姓的"表"，就是一个国家的"的"。"表"树立得不正，不能要求有笔直的影子；"的"不明显，不能要求射中目标。如果君主不能自我约束，而希望治理百姓，这就如同"表"歪却要求影子直。如果君主不能自我修养，而要百姓有修养，这就如同没有"的"却要求射中目标。孟子也曾一针见血地指出：君主喜欢什么，手下人对此就更加喜欢。

可见，管理者在工作中的示范效应自古就受到重视。管理者的德行好比风，下属的德行好比草，风向哪边吹，草就向哪边倒。所以，希望下属做到的，自己得首先做出个样子来，持之以恒的实际行动更胜于多余的说教。如果管理者能够率先垂范，以身作则，那么这种形象和精神就会影响下属，让大家形成一种积极向上的态度。

我们看一下某动物园所进行的一项测验。在测验中，该园饲养部人员利用狮子皮装成狮子进攻黑猩猩群。开始黑猩猩群觉得很害怕而哀号，不久猩猩的首领就拾起身边的树枝，做出一副勇敢地向狮子挑战的样子，结果其他猩猩也逐渐停止哀号而对狮子怒目以对。虽然这个测验是以动物为对象的，但却说明了管理者成为榜样后在一个群体组织中的作用。

管理者就是下属的表率，下属则是管理者自己的一面镜子。下属的一些行为，其实大多数是管理者自己做过的。甚至从一定意义上来说，组织的文化就是管理者的文化。有什么样的管理者，就有什么样的组织文化。比如，微软公司由于其创始人比尔·盖茨本人进取心很强，富有竞争与冒险精神，因而勇于进取创新，敢于冒险成为微软公司企业文化的鲜明特点；而 IBM 公司的情况恰恰相反，其创始人托马斯·沃森几乎为每一件事都制定了严格的规则，因而 IBM 公司的企业文化特征表现为稳健与保守。

可见，管理者的所作所为几乎全部都在部属的效法之中，并且还会对组织的文化有深刻的影响。所以，请你仔细检点自己的言行，不要表现出你不希望在下属身上看到的那些言行。管人先管己，如果自己都做不到，又用什么规矩去约束和管理别人呢？

6 上有"为"，则民难治

【原典】

民之饥，以其上食税之多，是以饥。民之难治，以其上之有为，是以难治。

——《道德经·第七十五章》

【译释】

人民之所以会遭受饥荒，很大程度上是因为统治者收取的赋税过多造成的。老百姓之所以难以治理，是因为统治者的苛政太多。

只知道不择手段地敛财，榨取民脂民膏，对老百姓的苦难视而不见，这样下去朝纲政权迟早要凋败。

　　人之爱财似乎是天性，如果是老百姓，耍点小聪明，贪点小财，也无可厚非。但若站在领导者的位置上，想成就一番事业，就不能太看重钱财。钱财有其两面性，有了它固然可以荣华富贵，但也可以令你祸害缠身。在面对这些问题时，保持清醒的头脑还是必要的。

解 读

贪图私利则失去信任

　　五代时，后唐的皇帝李存勖以救国救民号召百姓，招募将士，先后灭掉了后梁等国，势力达到了顶点。

　　天下略为安定后，李存勖开始贪图享乐，他对大臣们说："我军征战多年，今日有成，应该休息罢兵，享受太平生活。"

　　李存勖从此不理朝政，天天忙着看戏玩乐，一些忠直的大臣也被他疏远了。

　　皇后刘玉娘特别爱财，她把国库窃为己有，积攒了堆积如山的财宝。她任用自己的亲信，四处暴敛，到处横征，百姓怨声载道。

　　忠诚的大臣把刘玉娘的行为报告给了李存勖，他说："当天下人的君主，应该关心天下人的生死，这样人们才能爱戴他，国家也会安定。现在皇后只顾自己捞钱，全不管百姓如何生活，这样下去要出大事的，皇上一定要好好管教她。"

　　李存勖这时也失去了往日的爱民之心，他为皇后辩护说："筹钱粮，救民于水火，百姓一定会感激皇后的仁德，誓死保卫国家。"

　　刘玉娘把国库的东西视为自己的财产，她拒不交出财物赈灾，还生气地说："你是宰相，救济百姓是你的事，与我有什么关系？"

　　她只拿出两个银盆，让宰相卖了当军饷。宰相长叹一声，掉头就走，他对自己家人说："皇上、皇后只为自己享乐积财，这样怎能治理好国家呢？他们太自私了，国家一定会灭亡，我们也另做打算吧。"宰相也不管事了，朝廷陷于瘫痪。

时间不长，大将李嗣源就率兵反叛。李存勖领兵平乱，愤怒的士兵纷纷投向叛军，不愿再为李存勖卖命。

李存勖见事不好，急忙用重赏安稳军心，他对士兵们说："我带领你们打天下，绝不是为了我自己，是为了你们啊！这次如果平定了叛乱，你们每个人都有重赏，我说到做到，绝不食言！"

士兵们早不相信他了，这时见他还在说谎，不禁更加愤怒。他们发动了兵变，乱箭射死了李存勖。刘玉娘逃进了尼姑庵，也被士兵搜出绞死。

李存勖、刘玉娘平时不知关爱将士百姓，只是自己享受，结果导致了国家灭亡，他们死不足惜。

一心为一己之私只顾敛财的人是干不成大事的，他可以利用人于一时，一旦被人识破真面目，所有人都会离开他，反对他。为多数人谋取福利，首先要放弃个人的私利，这样才能处事公平，赢得世人的信任。

正所谓无欲则刚强，无私才博大。有的人把个人的利益、名声、地位、权势看得高于一切，地位略有动摇，利益稍有损失，权势稍有削弱，就看成是大祸临头，结果活得非常痛苦。只有解脱名利的羁绊和生死的束缚，只有完全从自我占有、自我为中心的心态中超脱出来，才能使心灵世界如浩瀚的天空，任鸟儿自由飞翔。

7

最简单的管理之道

【原典】

甘其食，美其服，安其居，乐其俗。

——《道德经·第八十章》

【译释】

最值得提倡也是最简单的治国安邦之道是，让人民有甘美的饮食，华丽的衣服，安适的住所，快乐的生活。

老子的治国安邦之道非常适用于管人、用人。要想留住人才，让他们"甘其食，美其服，安其居，乐其俗"是必需的。

虽然人们都明白"凡事有舍才有得"的道理，可许多人一到现实中就犯糊涂，在用人时斤斤计较，生怕自己损失点什么。要想有大成，就一定要彻底杜绝犹豫不决、患得患失的毛病，不要总盯着鼻子跟前的蝇头小利。

解　读

多一点奖赏，少一些惩罚

我们强调赏罚分明，是因为奖赏和惩罚自身并非目的。受奖赏者，励其用命之忠，使之感恩戴德，更加效力于己；受惩罚者，责其背义之行，用以警示部下深思。

奖赏是正面的激励手段，即对某种行为给予肯定，使之得到巩固和保持。而惩罚则属于反面激励，即对某种行为给予否定，使之逐渐减退。这一正一反都是管人不可或缺的重要手段。

管理者在运用奖赏与惩罚手段时，必须掌握两者不同的特点。一般说来，正面强化立足于正向引导，使人自觉地去行动，优越性更多些，应该多用。而反面强化，由于是通过威胁恐吓方式进行的，容易造成对立情绪，故要慎用，将其作为一种补充手段。

因为，员工受到处罚时，他们首先想到的不是对其表现的反省，而是对自身利益受损的恐惧和戒备。企业靠组织目标与个体目标的一致性来吸引员工，更多情况下，需要一个积极的氛围来促使人们协作，实现目标。在这个过程中，以正面激励（奖励、表扬等）回应理想的绩效表现的效果，远胜于以负面激励（批评、处罚）来回应不理想的绩效表现。

心理学测试结果表明，任何人只要头脑正常，都不想看到自己的工作一团糟。但为什么许多员工在刚进入公司时都表现得非常积极，工作十分卖力，一段时间过后就会消极、散漫、拖拖拉拉呢？最主要的原因是我们在管理过程中对"人性"的把握还不到位。做管理就是研究人，即对"人性"的分析、了解、引导等，最终达到有效管理的目的。

每一位员工，他们的成长环境、年龄、文化程度、宗教信仰、气质及性格类型都不同，导致想法及做事方法都会具有一定差异。所以作为管理者，不能对工作不积极的员工一罚了事，而要不断地观察、了解自己的员工，对症下药，只有知道员工心里所想，才能知道用什么样的方式来激励他们努力工作。

人所有行动力的根源都可以归结为一点，即追求快乐与逃离痛苦。员工不努力工作，往往是因为你还没有让他们更直接感受到努力工作会有什么快乐，他们不知道为何而努力工作。而且也许你目前给他们造成的印象恰恰是努力工作没什么快乐，至少快乐不够多。因此在管理过程中，应坚持"多一点奖赏，少一些惩罚"的原则，从而让员工在工作过程中产生一定的"快乐"，提升员工的积极性。

因此，管理者在管理员工的实践中，对于正面和反面的驭人要有主有辅，有重有轻，不可同等对待，平分秋色。一般来说，正面激励的次数宜多，反面激励的次数宜少；正面激励的气氛宜浓，反面激励的气氛宜淡；正面激励的场合宜大，反面激励的场合宜小；正面激励宜公开进行，反面激励宜个别

进行；在制定奖励和惩罚条例时，要考虑到人们的期望值和承受力。

以正面激励为主、以反面激励为辅的激励策略，可以延续组织目标与个体目标的方向一致性，为企业绩效管理工程的推行，为实现组织的发展目标提供强大的支持。

当然，这并不是说，在管人时只正面激励不反面激励。根据强化原理，对需要改进工作的下属进行适当的"鞭策"还是非常有必要的。但鞭策应注意适度（只要认为他仍有通过改进达到要求的可能），适度的轻责可以减低或避免因重罚而带来的负面影响。

8

有权不可无威

【原典】

民不畏威，则大威至。

——《道德经·第七十二章》

【译释】

老百姓不惧怕统治者的权威，那么统治者的处境就会很危险。

自古以来，权威一直是领导者手上一个重要的管理法宝。权力就意味着权威，领导者自身必须有足够的权威以便让权力更好地发挥效应，下属也得在这个权威笼罩下的空间中支配自己的行动。这就形成了一个矛盾，其焦点在领导与下属间移动，而支配权在领导一方。所以，为了更有效地运用权力，对于权威的理解和树立是很关键的。

谈到权力，有人对它求之若渴，有人对它深恶痛绝，也许这是世人对"权力"的一种误读。因为社会之所以井井有条地运行着，就是因为许多像权力一样的理念在人们的心中，让人们遵守社会准则。权力与权威的存在是非常合理的现象。

解读

树立权威需要令出必行

权威固然是好东西，但是有两点需要注意。第一，权威要与权术相结合才有效果；第二，一切权威皆有限制，只有正确认识权威的限度，才能合理运用。

员工最喜欢什么样的管理者？从人性的角度而言，当然是那些整天笑呵呵、心慈手软的上司，或者是对员工有求必应、掏腰包时绝不皱一下眉头的领导。

员工工作时候的自由度很高，到领钱的时候又收获颇丰，这样的头儿谁不喜欢？但客观地说，管理者不能仅仅去讨员工的欢心，更重要的是要为企业创效益，这才是管理者最大的职责。如果你一味地求慈寻义，只会宠出员工们的怠慢之心，致使整个企业人浮于事，企业的生存与发展又从何谈起？有句老话"慈不掌兵，义不守财"，说的就是这个道理。

《孙子兵法》有言："厚而不能使，爱而不能令，乱而不能治，譬若骄子，不可用也。"可见，掌兵不是不能有仁爱之心，而是不宜仁慈过度。如果当严不严、心慈手软，姑息迁就、失之于宽，乃至"不能使"、"不能令"，当然就不能掌兵。

《左传》记载：孙武去见吴王阖闾，与他谈论带兵打仗之事，说得头头是道。吴王心想："纸上谈兵管什么用，让我来考考他。"便出了个难题，让孙武替他训练姬妃宫女。孙武挑选了一百个宫女，让吴王的两个宠姬担任队长。

孙武将列队练兵的要领讲得清清楚楚，但正式喊口令时，这些女人笑作一堆，乱作一团，谁也不听他的。孙武再次讲解了要领，并要两个队长以身作则。但他一喊口令，宫女们还是满不在乎，两个当队长的宠姬更是笑弯了腰。孙武严厉地说道："这里是演武场，不是王宫；你们现在是军人，不是宫女；我的口令就是军令，不是玩笑。你们不按口令训练，两个队长带头不听指挥，这就是公然违反军法，理当斩首！"说完，便叫武士将两个宠姬杀了。

场上顿时肃静，宫女们吓得谁也不敢出声，当孙武再喊口令时，他们步调整齐，动作规范，俨然训练有素的军人。

在工作中，散漫儿戏的情况也屡见不鲜。管理者也应该像孙武一样，当严则严，有令必行，用一些有力的手段来压住自由散漫的风气，让员工对你的权威不敢小视，这样才能管好员工，管好企业。

9

治大国若烹小鲜

【原典】

治大国若烹小鲜。

——《道德经·第六十章》

【译释】

治理一个大的国家和烹（煎）小鱼一样。

把复杂的管理简单化，这是一门艺术。管理者必须开动脑筋，努力寻找更简单的方法。只有这样才能快刀斩乱麻，而不至于淹没于"剪不断，理还乱"的复杂表象之中。

治理大的国家如同烹煎小鱼一样，越是频繁地翻动越容易破碎。作为一名管理者，在具体工作中，面对繁冗艰巨的工作任务，你必须学会分清工作的主次：首先把那些无关紧要的放到一边，接着再排除那些对当前没有意义的工作，将全部精力集中于重大事务之上。

解 读

管理越简单越好

管理大师杰克·韦尔奇对管理的理解是"越少越好"。他对"管理者"重新进行了定义：过去的管理者是"经理"，表现为控制者、干预者、约束者和阻挡者。现在的管理者应该是"领导"，表现为解放者、协助者、激励者和教导者。韦尔奇的"不去管理"，并非认为管理者可以自由放任，而是强调不要陷入过度的管理之中。

简单管理是能简单的时候就不要复杂，复杂不能证明你能力的高深，反而会衬托你的平庸和无能。本来一句话能表达清楚的问题，何必说十句呢？况且另外九句话只能让人感到疲倦和厌恶。

有些管理者偏偏喜欢长篇大论。而又有谁会有时间去阅读一大堆记不住的、乏味的计划书呢？如果有可能的话，计划应压缩成只有一页纸长短的、有力的、实用的文字说明。如果能够把计划中的要素清晰地定义出来，那么，即使最复杂的战略也可以用一页纸的篇幅完整地表达出来。

总之，企业管理不必太复杂化，使事情保持简单是企业发展的要旨之一。把复杂的问题变成简单的问题加以解决，是管理者的明智之举。

韦尔奇强调管理不需要太复杂，因为经营活动实际上相当简单，他希望他的业务主管们要使一切保持简单状态。

宝洁公司的制度就具有人员精简、结构简单的特点，并且该制度与其雷厉风行的管理风格相吻合。

管理者制定了"深刻明了的人事规则"，它得到顺利的推行并获得了良好的评价。而最能体现这种简洁明了的效率就集中体现在该公司"一页备忘录"原则上。所谓"一页备忘录"，是指尽量精简公司所有的报告文件，以尽可能简练的语言来描述公司的现状和未来的发展趋势。其内容会随着具体情况的变动而增加或减少。这一风格可以追溯到该公司的前任管理者理查德·德普雷。

　　理查德·德普雷非常厌恶任何将简单问题复杂化的做法，所以，他十分反感助理给他的那些超过一页的备忘录。如果遇到一份冗长而又烦琐的备忘录，他通常都要退回去，并且还要在上面加上一句话"把它简化成我所需要的东西"。如果备忘录过于复杂，也会使他更加生气，他会在上面加上这样的话："我不理解复杂的问题，我只理解简单明了的东西！"他认为，管理者要做的工作很多，但是其中很重要的一条就是：要把烦琐变为明了，把复杂变为简单。只有这样，管理者的思维才能清晰，效率才能提高。提高了自己的工作效率才能更好地指导下属的工作。

　　随着管理信息系统的运用及普及，预测模型和普通的非技术性员工之间的较量开始增加，而且有明显影响，导致解决问题过程中增添了许多不必要的麻烦，进一步地增加了不稳定性以及不和谐因素。而作为企业领导，像上文提出的那样，用一页备忘录，可以解决很多问题。当然，这只是一个例子。首先，它的好处显而易见，简单明了的核心问题，使领导者更能分清主次，那么审核并且解决的效率将大大提高。其次，建议条目按序展开，简洁、易懂。总之，管理的简单操作使企业的管理远离了模糊和凌乱，简洁明了的作风为公司带来了令人欣慰的高效率。

　　有首歌这样唱：不是我不明白，只是这个世界变化快。很多企业家在面对庞杂的企业事务时，不禁也要发出这样的感慨：究竟是我自己能力不够了，还是我的事情太多了？其实是我们常常被自己的习惯性思维所禁锢，从而把简单的事情弄复杂了。这正是每个管理者和领导者亟待思考和解决的问题。理性的企业家在面对这样的困惑时，就要考虑改变自己的思维方式，找出复杂和简单之间的两点，然后直接画一条直线，理清了思路，才能轻装上阵。杰克·韦尔奇说："作为领导者必须具有表达清楚准确的自信，确信组织中的每一个人都能理解事业的目标。然而做到组织简化绝非易事，人们往往害怕简化，他们往往会担心，一旦他们处事简化，会被认为是头脑简单。事实恰恰相反，唯有头脑清醒、意志坚定的人才是做事最简化的。"

　　当领导者和管理者真正找到简单的方法时，就再也不会为自己企业的发展壮大而感到迷茫，不会因为机构组织越来越庞大、人员结构越来越臃肿而发愁，不会因为每天要处理成千上万的事务而身心疲惫，不会因为管理方式越来越复杂，效率却越来越低下而困惑了。

简单管理说起来很简单，其实要达到真正切实可行的地步，是需要一定的方法的。简单管理在形式上追求简单，但在内涵上则要求深刻、丰富。简单不是盲目地减少，而是要求对事物的本质有着深刻的感知，同时也要掌握企业运作行进的规律。当然，它也不是要舍弃什么过程和步骤，它需要领导者和管理者有着良好的理解能力和把握能力。如此，简单才会出效率，管理才能简约、高效。

10

民众不需要太多烦琐的法令

【原典】

民莫之令而自均。

——《道德经·第三十二章》

【译释】

不用给老百姓强加太多烦琐的法令，他们自会勤勉劳作。法令和各种规章制度太多反而会影响他们的生产效率。

老子所说的情况就是封建社会备受诟病的官僚主义。

一些机构在管理上存在严重的官僚主义，机构内等级制度森严，一级管一级的审批制度让人目不暇接，在处理问题上不但烦琐复杂，还会在同一个问题上浪费许多不必要的时间。

解读

及时"瘦身"，杜绝官僚主义

层级审批制度曾经一度被奉为组织信条，是行之有效的方法，而在现代经济社会中已经开始阻碍企业的发展，企业被官僚主义吹毛求疵的正式审核制度弄得喘不过气来，不但延误决策，还打击了生产积极性。

有一些企业，少数大股东在法律上成为最高决策机构的股东大会的主角，只有他们在实际决定和执行经营方针的董事会中享有支配性的发言权。可以说，企业行动基本上是在投资者的实际支配下进行的。

在这种情况下，以讲究功效、工具理性为中心的管理组织浮出水面，并逐渐体系化、官僚化，官僚制的管理目标在于使整个组织系统维持协调运行。而那些审查预算及大部分经营决策的"精英官僚"，正是一些企业策略的规划者。他们为审查提案而举行的会议，无论是研究企业产品的新定价方法还是审查创新设计的产品，都必须遵照规定的程序和步骤。一旦提案的创意通过这种层层考验，通常它的最佳商业机会已经错过了。

官僚主义的管理体制本身就包含着一些非理性成分。在这个意义上讲，"官僚制"与"官僚主义"的界限难以划分，正是官僚制滋养了官僚主义。

一旦企业产生了广泛的、过度的官僚体制，便会使企业成员丧失创造激情。可以说，官僚主义日益威胁着企业的前途和命运。

杰克·韦尔奇说："我们要让公司各个阶层对官僚主义充满仇恨。官僚主义必须受到清除，必须排斥……我们的每时每刻都要对官僚作风作斗争，我们要粉碎官僚机构，使我们的机构保持纯洁、清新和自由。即使官僚作风在组织内已经基本上被清除了，我们也应该保持警惕——有时候甚至是一种猜忌，请原谅我用这个词——因为官僚倾向是人性的一部分，是容易滋生蔓延的，它就像人的天性一样，瞬间就可能占满你的思想。官僚主义使人感到压抑，使人不分主次，限制人们的梦想，使整个企业停滞不前。"

美国企业之所以在20世纪70年代和80年代之交受到了挑战，不完全是因为其他国家开发出某些更伟大的技术，更重要的是因为它们向美国的管理技能提出挑战。在这种新的竞争形势中，公司成败的决定因素主要在于管理能力。而官僚主义却在时时刻刻侵蚀着这种管理能力。

在杰克·韦尔奇接手通用电气公司之前，处于瘫痪边缘的通用电气普遍存在这样的问题：通用电气公司所跨行业广泛，几乎每个人都可以算是经理。在通用电气公司的40万名雇员中，有2.5万名具有"经理"这个头衔。这些经理中有500名是高级经理，130名是副总裁或处于更高的地位。在"管理"方面，这些管理人员除了审查下级的活动之外，几乎什么也不做。理论上讲，为了保证企业沿着正确的道路前进，这种审查是必不可少的。但在实际上，经理人要耗费过多的时间填写日常表格，将自己的计划汇报给上级经理，而不是自己动手实施。

通用电气的管理结构一度被形容为像一个雕刻精细、层层相叠的结婚蛋糕。比如事业部主管必须要向资深副总裁汇报工作，资深副总裁按规定向执行副总裁汇报工作，然后向总裁汇报，最后才到集团总裁的办公室。

韦尔奇认为，像通用这样的大公司，要在竞争越来越激烈的全球市场中生存，就必须改变大公司的行动和思考模式，破除企业内部的官僚主义。它应该学会轻巧、灵活，并开始从小公司的角度来思考。

上台伊始，韦尔奇精简了组织层次。例如，通用电气公司重型燃汽轮机制造基地，全厂有两千多名职工，年销售收入达 20 多亿美元。全厂由一位总经理负责，他下面只有几位生产线经理，如叶片生产线、装配线、调试线等，每个生产线经理直接面对一百多工人。没有班组长，也没有工长、领班，更没有任何副职。又如飞机发动机公司，1990 年开始，把厂长以下的各级组织全部取消，把协调人员、技术人员、市场销售、质量控制和供应人员与生产工人混在一起，自愿组成若干业务小组，每组 20～50 人，选举产生组长，自我管理整个生产工序，实行自我控制。

他还简化了企业内部的审批制度，在企业领导的设置上，从公司到产业集团直至基层，都采用上层的副职担任下一层次的正职的办法，每个人只向一个上级报告工作，因而层层有职、有责、有权，避免了多头领导，做到决策迅速，办事效率提高。每一个产业集团的主要负责人都是公司的高级副总裁，而产业集团的副职都是产业集团某一主要部门的负责人，分管一个主要部门的工作。这样的干部设置既保证了产业集团一级负责人参与公司一级事务的讨论、决策，了解公司的工作目标和战略思想，以便更好地贯彻公司的总体战略，也使公司可以更好地了解下面的情况和意见，便于正确决策。这样的机构设置人人职责明确，避免了下级向上级的多头汇报和越级汇报，以及上级越级干预下面工作而产生的混乱。

在这种思想的指导下，通用电气由一个"肥型"组织机构的大企业转变为"瘦型"组织机构的大企业，业务流程顺畅了。

"瘦型"组织机构的大企业较之"肥型"组织机构的大企业有很多优势：

首先，"瘦型"组织机构的大企业有更好的沟通。没有官僚体制的啰啰唆唆，人们听的同时也在说；更因为管理层人比较少，他们通常也更能认识和了解彼此。

其次，"瘦型"组织机构的大企业行动较快。它们清楚在市场上犹豫不决的代价。

再次，"瘦型"组织机构的大企业里有较少的层级和粉饰，领导人的表现会清楚地显露出来。他们的表现和影响大家都很清楚。

最后，"瘦型"组织机构的大企业的内部耗损比较少。它们花较少的时间在审查、认可、打通关节及文件上。人较少，因此只做重要的事。

对于一些规模比较大或内部官僚主义严重的企业，不妨试着破除内部的官僚主义，精简企业内部层次，打造一个全新的轻巧型企业，让企业轻装上阵。

官僚主义者的特性表现为：喜欢夸夸其谈，不负责任，喜欢推诿扯皮等，他们不喜欢躬亲力行、不喜欢做最基础调研考察，喜欢高谈阔论。官僚主义存在的地方，享受主义横行，信息不通，决策拖延，工作没有激情，机体没有活力。"官僚主义"就像病毒，侵蚀了企业的每一寸肌肤，如果不及时医治改正，那也许将是不治的顽疾！在官僚主义盛行的企业组织中，因过多的阶层阻拦和横向条块的分割，使得组织内部的信息交接和沟通出现障碍。命令的贯彻和任务的执行不断弱化，最终的误差使执行远远偏离了预计轨道，这就造成了企业高层与基层严重脱离，以至于矛盾丛生。

在全球性经济竞争时代，这种官僚主义的危害更为严重。全球企业竞争的不仅是科学技术，还有管理能力。每个企业都想要快速发展并保持健康而稳定，那就不应该给自己任何理由去无视问题的存在，必须坚决杜绝官僚主义作风，因为官僚主义是损害并毁灭企业的"隐形杀手"。

11
施政不可过于苛刻

【原典】

其政闷闷，其民淳淳，其政察察，其民缺缺。

——《道德经·第五十八章》

【译释】

统治者若施以宽厚的政策，民众的生活自然安详淳朴；倘若施政苛察，则民众就会失去很多生存和创造的空间，反而更加难以治理。

　　老子的这一治国思想非常值得现代管理者们借鉴。

　　很多人与上司相处时，总会紧张不安。他们总想让上司高兴，却不知道应当怎样去做。而当上司离开时，他们反倒能全身心地投入到工作之中；没有管理者在场，他们反而能更好地作出决定。

　　作为管理者，你可以离开员工一段时间，尽量给他们留出一些自我发展的空间。这样当你回来时，你会吃惊地发现员工在你不在的时候取得了多么令人满意的成绩。让员工自由发挥是管理者走向成功的一种有效的方式。如果你已经能够培养员工按照你所构想的方式去做，如果你让他们真正承担起自己的责任，如果你能让他们自行其是，那么，当你离开的时候，所有工作都可以圆满地完成。

解 读

给下属一些自由的空间

　　让员工拥有自己的头脑，其前提是你必须充分相信和认可他们。你给予他们的自由空间越大，他们所做的事情就越容易成功。

　　我们倡导管理者要善于授权，给下属一个尽情发展的空间，让下属人尽其才，人才才能价值最大化地被运用。因此，用才是否得当成为事业成败的关键。想成大事必须懂得分层负责，不要事必躬亲。在委任与控制的艺术上，松下幸之助认为：看重下属的长处，大胆地把工作交给部属，才是造就人才的康庄大道，也才能获得卓越成效。管理者必须具有这种气度，再配合以适当的技巧，让被委任者既能发挥主观能动性，又不至于完全脱离控制，调动部属的积极性和创造性。

　　有一段时间，盛田昭夫几乎每个晚上都和年轻的中下级主管一起吃晚饭，有说有笑，一直聊到很晚。

　　在聊天的过程中，盛田昭夫注意到一个小伙子心神不定，闷闷不乐，就走上前去耐心询问，叫他把心里话讲出来听一听。

小伙子看了看盛田昭夫，喝了几杯酒后，终于开口了："在我加入索尼公司以前，我一直以为这是一家了不起的公司，也是我唯一想进入的公司。但是由于我职位低下，我只觉得是为上司卖命，而不是为索尼公司工作，这样，我的上司也就成了公司，他也就代表了公司本身了。这本来也没什么，但偏偏这人是个大草包，我所做的每一件事或者每一个建议都要由他来决定，我因此对自己在索尼公司的前途感到失望。"

这番话深深触动了盛田昭夫，表面看来，公司内部人际关系已相当融洽，实际上可能也是这样，但往内部深入肯定还会存在类似的问题，必须及时了解这些藏在内心深处的问题，才能减轻他们心里的烦恼。

于是，盛田昭夫下令发行一份公司内部周刊，并在上面刊登每个单位或部门现有的空缺职位。这样一来，员工们都能够悄悄试探公司内部其他有可能的工作机会。公司也有意让员工有机会每两年调动一次岗位，到其他相关的岗位或新的岗位去一展身手，公司希望借此给那些有闯劲、期望一试的员工提供及时的内部调动机会，使他们重新找到适合自己的工作。

这样一来，员工们通常都有机会找到自己更满意的工作，而人事部门也可以根据员工们的调动情况，摸测出具体部门管理上的潜在问题。凡是管理不当的主管，公司就将他调到另外的下属少的岗位，减少上下级的冲突。

通过内部职位流动，公司也能发现一些更低职位（如门卫）的员工对广告方案或其他类似性质的工作十分称职。过去，公司在征求打字员、司机或门卫时，不少人因急于找工作，没考虑仔细就前来应征。人事部门或其他主管也难以彻底了解其潜在能力，也就难以每次都量才使用。

盛田昭夫觉得有了这些机会后，员工自己也要主动寻找适合自己的工作。他对一位埋怨上司的员工说："如果你对工作不满意，你就有权利去找一个感觉更愉快的工作，为什么不去呢？"

盛田昭夫想，如果人能选择到自己喜欢做的事，就会精神振奋，更加投入，这起码在索尼公司已是客观存在的事实。索尼公司有很多工作岗位，同样有很多员工，没有理由不替他们安排更适合的工作。

盛田昭夫说："不幸的是，大部分日本公司都不这样做。很早以前，我就坚持索尼公司必须有一项与众不同的制度，在这个制度下，变化和改进的门永远大开，任何违背这套制度的做法，在我看来都是错误的。这也就是我为什么只看表现不迷信文凭的根据。为此，我曾经专门写过一本书，销出 25 万册，在日本引起很大反响，这体现了一般人对于日本大部分公司管理现状的不满。这本书出版后好一阵子，索尼公司都招不到名牌大学的毕业生，他们以为索尼公司对他们有偏见，我们尽量解释不是那么一回事，我们只是任人唯才，而不仅仅以学校或文凭为标准。现在，我们的新员工都来自名牌大学。"

盛田昭夫也提到，公司早期，因为大家都是管理新手，只能硬着头皮凭着自己的感觉来经营。但当时养成了自由讨论的习惯，遇到什么问题，全公司聚在一块，每个人发表自己的不同看法，然后进行比较，得出一致意见。盛田昭夫说，公司发展到今天这个规模，自由讨论的气氛不可丢，希望这种良好的风气一直持续下去。

作为管理者，你必须让员工自己安排计划，不要任何事情都过问，让员工拥有自己的头脑，重要的是弄清员工获得什么结果与如何去获取结果的区别。更重要的是，同时应给予员工足够的自由发挥的空间，让他们自己决定怎样能最好地实现你所要求他们达到的结果。作为管理者，你不要过多干涉员工去做自己的工作，放手让他们自己去做。只有在一个目标明确，又有充分自由的空间，员工才有可能最大限度地发挥自己的才智。

因此，管理者要给下属一定的自由空间，使其具有独立做主的自由，能自己作出决定，能够激发他们工作的使命感。作为上司，必须对自己的职位职责有一个明确，按照责任大小把工作分类排队，自己只做最重要的工作就行了，其他的都可以给下属们，让他们自由支配时间。给下属一个自由的空间，他们会取得更好的成绩。

12 天道坦然而善谋

【原典】

天之道，不争而善胜，不言而善应，不召而自来，繟然而善谋。

——《道德经·第七十三章》

【译释】

天道的法则，就是不用大动干戈就能获胜，不用说很多话就能得到想要的结果，不用召唤而自动到来，一切谋略决断都显得坦然而从容。

在老子眼里，治人管理一直都是很简单的事，只要能少一些烦琐的、无谓的动作，一切都会"坦然而从容"。

管理意味着帮助而不是控制，是变复杂为简单。管理者不能再终日忙于计划、组织、指挥和控制。管理者必须通过培养积极的工作关系以加强员工的自尊；必须运用适当的人际关系技巧来激励员工；必须建立起一种关系，使集体的效率远大于简单的个体相加。管理者还要对员工进行必要的培训，让每位员工都能发挥自己的才能，以促使员工提高工作业绩。同时，管理者还必须创造良好的工作环境，为员工提供发展平台。另外，管理者还要对有贡献的员工给予必要的奖励。

解 读

最高明的管理是让员工自我管理

长期以来，传统的观念认为，在企业中，管理者的职责是监视、监控，管理者只要监督下属的工作就行了。整个公司管理层只是到处举办高层会议，以确保企业和其他基层的工作运行正常，不出问题。结果，高级经理们沉溺于文件、报告、会议中，不给基层管理者做决策、展示才能的机会，渐渐失去了与下级沟通的机会。这就是那些管理者所做的一切，而且他们还认为这就是他们的工作。事实上，一个聪明的高层管理者是不用对员工进行管理的，宝洁公司的事例就是最好的证明。

在宝洁公司，当时他们提倡的是"办公室景观"的新观念，所有的办公室都是开放的，只是用盆景、可移动的壁板、书架、柜子之类的东西隔开。一家商业杂志社想对这个新观念加以报道，于是派人采访了总经理史旺生。

公司总经理带着杂志社的编辑参观过新的办公室，这位编辑看到了美丽的办公空间和漂亮的员工休息间后问道："你们对员工喝咖啡的时间和休息的时间有何规定？"

"我们唯一的规定就是，不能在工作地点吃东西或喝饮料，因为我们不敢冒险弄脏这些地毯，也怕会搞坏其他装潢。至于我们的员工，他们随时都可以到休息室舒展筋骨，也没有人为地规定喝咖啡时间。"总经理微笑着回答。

"完全没有规定？"编辑惊讶地问，"那你们如何防止滥用权利？员工岂不是想偷懒就偷懒？"

"我们不用防止权利滥用，也不怕员工偷懒，这些问题员工自我约束。"总经理说，"舆论和与生俱来的自尊就足以使每位员工都努力维护自己良好的形象。"看到记者迷惑的眼神，他接着道："当我们准备进行办公室美化时，一位心理学顾问建议我们实行这种政策，结果真的有效。你已经看到了，休息室像其他办公室一样，包括主管人员的办公室，全都是开放的空间，所有经过的人可以清清楚楚看到里面的一切。当每个员工都知道：自己离开工作的地方别人都看得很清楚，而且每个经过休息室的人都能看见他们在抽烟、聊天、吃东西时，他们当然就不会再滥用权利了。"

最后，这位总经理开了句玩笑道："让公众注意一个人的行动是最好的管理方法，而公司不必为此付薪水。"

这位总经理的话实际就是杜拉克的观点：管理者不要去管理监督员工，每个人都会在各种各样的原因下自己管理自己。好多管理者过于迷信制度的作用，经常把制度提升到管理的核心位置。可是，管理者依然困惑：为什么制度很难执行？明明是大家应该做的，而这样对他们只有好处没有坏处，他们为什么不愿接受？

人的本性证明：不论什么事情，凡是"强加"的就会遇到本能的抵抗。管理者不必把公司里所谓的精英者的地位放得高高的，在以前的管理中的"精英者与员工的工作关系是管理与被管理"的观念必须改变。要记住，人是不喜欢被他人管理的。

在1976年，雷夫寇提出了"关掉噪声"的实验报告。实验中，一些被研究的人员在进行解谜和校稿工作，研究者在他们周围不时制造出非常嘈杂的噪声。被研究的人员分成两组，第一组仅被要求要尽力完成工作，第二组则增设了一个可以关掉噪声的按钮。结果有按钮的第二组表现较佳，解谜效率是第一组的五倍，校稿的错误率也相对较低。但令人感到意外的是，第二组并没有使用可关掉噪音的按钮。由此可见，只要让人们知道能自行调控，就可产生极大的差异。这一观念的产生便来源于"自我管理小组"。

自我管理小组没有安排任何直属主管，成员先接受培训，以便承担工作挑战。只要赋予小组所需的资讯与任务，让他们自行安排每日的工作内容，自行设定目标，对质量管理、采购出勤和成员行为负责，并且让每一名成员都了解该小组职责范围内所有的工作内容，自我管理小组就能实现"放弃对员工的控制以便控制他们"的观念。如果实行得当的话，这种小组往往可产生很高的生产力。

宝洁公司实行"自我管理小组"已有 40 年的历史。20 世纪 60 年代初，宝洁公司的管理者们开始接触自我管理小组的概念，当时，他们就认定这是主要的竞争优势，并把这一方法视为商业秘密！

人可以在不得已的情况下被强制，但是却永远不愿接受强制管理，甚至是作为他人意志的体现而强加于自己。这是人的本性，你不可以违背人的本性，否则，便会带来不必要的麻烦。人只能服从自己的意愿，只能自我管理。当企业的员工自己管理自己时，他们会去做企业希望他们做的事，而不是由任何管理者强迫他们去做。

管理者不可以像使用物质资源一样使用员工，管理员工，控制员工。如果管理者有这样的观念，就肯定会受到来自员工的各种形式的抵触，尤其是当员工是公司里最有"价值"的知识员工时，这种情况尤为严重。因为知识员工的自主性最强，他们绝对不会被动地接受强制管理。

现代管理也不是要削减公司的管理层次和管理规模，更不是要减少"管理者"，而是"管理"观念从根本上的变革，使"管理者"变成以人为本，引导员工实现自我控制、自我管理的新型"管理者"，在公司形成一个宽松工作环境，提高工作效率。这种观念上的变革，其意义远远大于简单的精简管理层次。

　　管理者不是被雇用来做员工的主人的，每一个人都是自己的主人，管理者的职责应该是引导员工成为自己的主人。每个人都会有某种强烈的需求，并希望能够控制自己的未来，哪怕仅仅一部分，这一点就是人的自主性。员工只要相对能控制自己的生活，就会觉得心情舒畅，也就会更具有生产力。

第八章

避祸之道：清醒、淡泊方可保全自身

自古至今，趋利避害一直都是人们所关注的大学问。谁都想一辈子平平安安、无忧无患，可是真正善始善终的有几人？正所谓"前车倒了千千万，后车到此还复然"。为什么悲剧会一再重演呢？老子的谆谆教诲告诉我们，只有时刻保持清醒的头脑，看清潜藏在繁华背后的危险的种子，用淡泊的心看待一切功名利禄之诱惑，方可保一生平安。

1

生于忧患，死于安乐

【原典】

重为轻根，静为躁君。是以圣人终日行不离辎重。

——《道德经·第二十六章》

【译释】

慎重是大意的控制者，淡定是浮躁的制服者。所以圣人行事处处有备，从不敢养尊处优。

老子认为，许多人惹祸的原因是麻痹大意，没有忧患意识。此后的孟子也提出了"生于忧患，死于安乐"的观点（《孟子·告子下》）。可见，一个人要想成就大事，就不能让自己的生活太过于安逸。

人们都知道，在温室里长成的花是经不起风吹日晒的。人也是如此，在安逸的生活环境中，很难培养克服困难、摆脱逆境的能力，会在困难面前束手无策，遇挫折、逆境则消沉绝望，往往导致失败，这也是"富家多败儿"的原因之一。"宝剑锋从磨砺出，梅花香自苦寒来"，只有经历过忧患和磨难，才能逐渐迈向成功。在年轻的时候，多把自己放在逆境中，不仅会磨炼敲打出许多美好的品性，也能增强生活的能力，扩展视野，掌握很多技能。

解 读

时刻保持紧迫感和危机感

为了避免"死于安乐"，人们在平时就应该养成一种生活紧迫感，只有这样才能产生不断进取的力量。

人们都知道勾践卧薪尝胆成为霸主的故事，然而很少有人知道勾践为什么之前被夫差打败并为奴三年。其实夫差之所以能打败勾践，正是得益于他当时生于忧患之中——

夫差是吴王阖闾的儿子，春秋末吴国国君（公元前495—公元前473年在位）。

公元前496年越王允常死，其子勾践继位，吴国起兵攻越。吴越两军战于檇李（今浙江嘉兴南）。吴国的军队阵列整齐严肃，越王勾践派敢死队冲锋失败，就改用罪人在阵前集体自杀，吸引吴军的注意力，然后偷袭吴军，越将灵姑浮挥戈刺伤吴王阖闾，吴军败退，阖闾死于途中，其子夫差继位。

夫差为报父仇，派专人侍立宫门，每逢夫差出入，便发问："夫差，越王杀害你父亲的仇恨你忘掉了吗？"夫差则回答："不敢忘！"终于在公元前494年，吴在夫椒（今江苏吴县西南太湖中）大败越军，迫使越国臣服，并让越王勾践到吴为奴三年。

公元前482年，夫差在黄池（今河南封丘西南）会盟诸侯，击败晋而成为霸主。

"死于安乐"的例子更是举不胜举，从下面一则寓言中不难发现"死于安

261

乐"的原因。

在一个奇冷的冬夜，富有的赵员外和有学问的陈老夫子正在家中赏乐，忽有一乞丐来行乞，而且自称不怕冷，只是饿了。赵员外给他吃饱之后，想看看乞丐到底怕不怕冷，于是与乞丐打了个赌——乞丐只要在员外院里的歪脖树下待上一夜而不被冻死，就可赢得五百亩良田、一套豪宅和一家当铺。当晚，乞丐不停地打太极、练武术，最终挨到了东方现出一缕红色的曙光，他赌赢了。乞丐因此发了财，娶了娇妻，也成了一位员外。

三年后，又是一个寒冷的冬夜，"乞丐员外"夫妇来赵员外家做客，陈老夫子作陪。赵员外说："你现在也是员外了，不过还不如我富，你敢不敢再赌一次，赌注还是和原来一样。你若是再赢了，就比我富了，而且是全城首富。想不想再赌一回？""乞丐员外"本来不想再赌，但"乞丐员外"的娇妻禁不住"全城首富"的诱惑，对他撒娇不止，终于双方签下生死文书再赌一回。

"乞丐员外"还想再像三年前那样打太极练武术，但发现自己步伐已乱，四肢不灵，全没了"天人合一"的能力，最后终于被冻死了。陈老夫子对赵员外总结说："他以前能赢你，是因为他原本就饥寒交迫，所以抗冻能力强；现在他和你一样了，吃好的、穿好的，活动少，锻炼少，每天生活在安逸之中，抗冻能力自然就降低了，所以在同样的条件下却被冻死了！"

顺利的境遇，优越的地位，富足的资财、舒适的生活，似乎应该是个人、家庭乃至民族发展的有利条件。然而事实并非如此——清朝的八旗子弟就是最好的例子，这个马背上的民族曾是骁勇剽悍的，但成了统治阶层后，不过几代，八旗子弟就沉醉于安乐享受之中，清朝的灭亡也随之来临。

遵循"生于忧患，死于安乐"的智慧，我们便不难找到一种生活之道、成功之道！

2 功成而不可居

【原典】

万物作为而不辞，生而不有，为而不恃，功成而弗居。夫唯弗居，是以不去。

——《道德经·第二章》

【译释】

让万物自己发展而不先为之创造，圣人辅助万物生长而不据为己有，对万物有所施为而不自恃有恩，事情成功而不自据有功。正由于圣人这样不居功骄傲，所以他的功绩永远不会失去。

老子认为，一个人有了功劳越是不居功，越能够让人永记于心；越是居功自傲的人，越容易成为别人攻击的对象，从而惹来祸端。

解读

有了功劳要保持低调

"功劳"被别人传播出来是金子，被自己卖弄出来就成了黄土。因此我们应该学会老子这一智慧——有了功劳要善于隐藏，不张扬不卖弄。唯有不居功才能给别人留下一个很好的印象，才更能突出自己的功劳、受到重用。相反，如果稍有功劳就自吹自擂，一方面显得自己素质低下，另一方面也容易引起别人的反感而成为"众矢之的"。

在某种意义上说，老子更是在教导我们做人应该低调一些。

《左传》记载，鲁国与齐国作战，鲁军大败，作为统帅之一的孟之反留在后面掩护大军撤退。当大家都安全撤回而迎接他最后到达时，他却故意鞭打着马说："不是我敢于殿后，而是我的马跑不快呀！"其实，孟之反不自夸，谦逊只是原因之一。原因之二还在于他不愿居功，以免引起其他将领和同僚的妒忌。

谦逊也好，不居功以免被人妒忌也好，都是立身处世的艺术。尤其是在人际关系复杂的环境下，不锋芒毕露、不居功自傲的确是非常高深的修养。对于一般人来说，能够做到不争功就不错了，哪里还能把自己本来就有的功劳推到一边去呢？正因为孟之反将军有这样高深的智慧，所以才能在乱世中自保。

东汉开国大将军冯异跟随汉光武帝刘秀南征北战，立下汗马功劳，却不以功自居。

冯异原来是王莽的新朝官员，以郡掾的身份监理五个县，与父城苗萌一同守城，与起义军作战。刘秀那时候是绿林军拥立的更始皇帝的部下，攻打父城，驻军在巾车乡。一次，冯异到所管辖的县里去，被刘秀的士兵抓住。

冯异的堂兄正跟随着刘秀，于是把冯异推荐给刘秀。冯异说，我一个人作用有限，不如让我回去拿五座城池来立功报答您。刘秀说，好的。于是冯异回去劝说苗萌一同归降刘秀。

刘秀向南回到宛城后，更始帝的其他将领，前后共有十几个人带兵来攻打父城，冯异就是坚守不投降。后来更始帝派刘秀到洛阳担任司隶校尉，经过父城，冯异立即开门迎接。刘秀让冯异担任主簿的职务，跟着他到洛阳去。

刘秀的哥哥被更始帝杀了，刘秀表面上不敢显示出悲痛，一个人单独居住的时候则不吃肉、不喝酒，暗暗流泪，冯异经常劝解他。后来更始帝派刘秀到河北开拓地盘，冯异劝刘秀趁机派人巡视郡县，平反冤狱，收揽民心，刘秀这样做了。

刘秀到河北的初期，因为王郎割据势力的猖獗，处境一度比较艰难。在饶阳无蒌亭，天气寒冷，人又疲劳，冯异献上豆粥，刘秀喝了饥寒俱解。渡过滹沱河，在南宫遇到大雨，刘秀在道路旁的农舍里避雨烤火，冯异又送上麦饭。后来刘秀消灭了王郎，封冯异为应侯。

可是冯异却从来不居功、不骄傲。每到宿营地许多将领坐在一起谈论自己的功劳，冯异却常常一个人站在大树底下不声不响，所以军中称他为"大树将军"。

在刘秀麾下的将军之中，冯异治军有方，爱护士卒，深得部属拥戴，因此，士兵都愿意做他的部下。

后来冯异为刘秀建立了更大的功勋，打败赤眉军，平定关中地区，成为独当一面的大员。有人上奏章说，冯异专制关中，威权太重，百姓归心，称他"咸阳王"。刘秀把奏章给冯异看，冯异感到恐惧，上书请罪。刘秀说："将军之于国家，义为君臣，恩犹父子，何嫌何疑，而有惧意？"可见刘秀对他十分信任。

后来冯异到洛阳朝见，刘秀对其他大臣介绍他说，这是我起兵时候的主簿，为我披荆斩棘平定了关中。又下诏书说，"仓卒无蒌亭豆粥，滹沱河麦饭，厚意久不报"。说明刘秀一直记着他的情义。

而冯异则一如既往，不骄其功，他学着管仲对齐桓公说的话说道：臣希望国家（指刘秀）不要忘掉河北时的艰难，小臣我不敢忘记在巾车乡受的恩惠。后来平定西北时冯异病死在军中。

冯异从不以功自居，坚守旧有的正道，也是终保荣华平安的一个原因。

所以，在下者对在上者，切忌以功自居，保持低调才能有所大成，这就是人生的辩证法。

3 功成身退也是不错的选择

【原典】

功遂身退，天之道。

——《道德经·第九章》

【译释】

做事达成目的后，要懂得急流勇退，才符合"天道"。

"功成身退"，这是天的道，人要符合天的道，功业已经到达巅峰，就引身后退，这是一种自然规律。

"功成而不居"是一种智慧，上一节我们说了，当我们有功时千万不要居功自傲，在一些人面前摆老资格；更不要动不动就是"当初怎么样"，这是为了日后有更大的成就。如果前方已经没有太多的发展空间，那就要考虑"功成身退"了。

解 读

功成身退保全自身

功成身退可以保全自身，是老子教给我们的又一个大智慧。如果与这一智慧背道而驰，那么不但不能显示自己的功劳，反而会招来不必要的麻烦甚至是危险。

历史上大部分兵戈上位的皇帝，在开国之后为了巩固自己的政权总会削除大部分开国功臣的兵权，当然这个削除兵权有两种：一种就是和平解决，另一种就是随便加个罪名，"名正言顺"地铲除。

历史上和平削除兵权的例子不多，唐太宗李世民算一个，宋太祖赵匡胤也算一个。而功成后谋杀功臣的皇帝则比比皆是：汉朝开国皇帝刘邦、明朝开国皇帝朱元璋等，他们的开国功臣中，只有极少数懂得"功成身退"道理的才幸免于难。

韩信就是因为不懂得"功成身退"而惨遭杀害的典型。

毫不避讳地说，刘邦的江山有一大半是韩信打下来的，可以说没有韩信就没有西汉王朝，刘邦也更不可能当皇帝。韩信功高盖主，在刘邦当皇帝之后他本应该想到这点，然而他还是傻乎乎地以功臣自居，完全没有了当初带兵打仗时的聪明智慧。刘邦可想到了这点，为了巩固他的皇帝地位，他上台后做的第一件事就是削弱韩信的势力，把当时还是"齐王"的韩信封为"楚王"，使其远离自己的发迹之地，然后又有人适时告发韩信"谋反"，刘邦又再将他贬为"淮阴侯"，不出几个月吕后又和刘邦唱了一出双簧：前脚刘邦带兵出征，后脚吕后就让萧何将韩信诱至长乐宫冠以谋反之罪杀掉。同韩信并称"汉初三杰"中的张良则聪明得多，刘邦即位后，大封功臣，张良再三推辞，最后只领留侯的头衔，坚决不受三万户食禄，忘掉了以前的丰功伟业，过着隐逸恬淡的生活。怪不得后人用诗来称赞张良的智慧过人："运筹帷幄见

真知，暗度明修尚未迟。业就功成身引退，免遭吕氏害贤时。"

在古代，"功成身退"是一种明哲保身的方法，只有智者可为。人生在世，竭尽所能报效社会是必要的，但当成功了，危险也就来了。可能在论功的时候就包含了分配不公，或自己骄傲让人嫉恨，更有功高震主等危险和矛盾潜伏着，要学会化解，更要学会韬光养晦，锋芒内敛。

《道德经》讲得好："夫为不居，是以不去"。学会功成适时身退，对于保存自己的名节、延长自己的寿命都很有益处。

美国汽车大王亨利·福特，"功成身退"也是他人生成功智慧上的一"环"。在 40 岁时，他成功地推行薄利多销的经营策略，创造了福特公司日产汽车七千辆的辉煌。但福特在中年以后就退隐了。他在故乡营造了一个住所，在那里和家人一起过着清闲的日子。他在这安静、惬意的农庄度过了 32 年安静、舒服的日子，一直活到 83 岁才去世。这位当时在美国数一数二的巨富，家庭生活却令人难以相信的俭朴，据说只用 5 个仆人和半个洗衣工人。但他曾以 700 万美元捐助一所医院，又降低货价，提高工人工资、红利；收容伤残，福特公司收留的残疾工人近万名。

福特这样的功成身退，更是一种人生的成功！

4
不要被表面的利益所迷惑

【原典】

难得之货令人行妨。

——《道德经·第十二章》

【译释】

贪图世间难得的奇异珍宝、功名利禄，就很容易使人作出错误危险的判断，从而给自己带来祸害。

作为凡夫俗子，利益当前很少有人能做到脸不改色心不跳，这好像是人的本能使然，似乎也无可厚非。但问题是有多少人能看透利益和诱惑背后的凶险？

解读

被利益蒙住眼睛就只能任人宰割

作为道家思想的继承人，庄子很会用寓言故事来讲述哲理，在《庄子·列御寇》里他讲了这样一段故事：有一个人去拜会宋王，宋王赐给他车马十乘，他回来后就在庄子面前炫耀。庄子说："河上有一个穷人家，依靠编织苇席为生。他家的儿子潜入深渊，得到一枚价值千金的宝珠，父亲对儿子说：'用石头把这宝珠砸了吧！价值千金的宝珠，必定出自深潭中黑龙的下巴下面，你能轻易地获得它，一定是正赶上黑龙睡着了。倘若黑龙醒过来，你还想活着回来吗？'如今宋国的险恶，远不止是深潭；而宋王的凶残，也远不止是黑龙那样。你能从宋王那里获得十乘车马，也一定是遇上宋王睡着了。倘若宋王醒过来，你也就必将粉身碎骨了。"

庄子这个讽刺是多么辛辣！你以为自己得到了很大的利益吗？其实那只不过是睡着了的黑龙给你的一点蝇头小利罢了，一旦它醒过来，你要遭受的就是粉身碎骨的灭顶之灾！

后来有人聘请庄子做官，庄子对于富贵看得就像浮云一样淡，他对使者说："你见过那准备用于祭祀的牛吗？用织有花纹的锦绣披着，给它吃草料和豆子，等到牵着进入太庙杀掉用于祭祀，就是想要做个没人看顾的小牛，难道还可能吗？"

他对官场上的是非看得多么清楚，他知道一旦去做官，也就是把自己送上了祭坛。表面上是有锦衣玉食，可是一旦有了贪念，想要获取更多，便免不了贪赃枉法。而一旦贪赃枉法，便免不了伤天害理。一旦伤天害理，就会泥足深陷，等到最后就是想脱身也不可能了。就算能当个清廉的官员，也有可能遭到贪官的忌恨，他们会想方设法陷害你。等到东窗事发被抓捕归案的时候，也就是人头落地之时。到时候什么锦衣玉食都没有了，就算想重新回到现在过穷日子也不可得。

所以，为什么要为了被杀掉之前的那短短一段时光的锦衣玉食就把自己送上祭坛呢？

庄子对此看得很清楚，所以他拒绝了从天而降的高官厚禄。

但是对于现代人来说，又有多少人能够拒绝从天而降的名利呢？人们往往只能看到小牛披着锦绣、吃着草料和豆子的风光，但是看不到它被宰杀作为祭品的悲惨。即使是看到了，大多数人也会认为如果自己是那头牛，是完全可以避免这种厄运的。这就是人们由于利益驱动而造成的短视，也是现在弥漫在各色人群中的只注重"短期利益"的行为。

因为只注重"短期利益"，所以最终是不是会遭受被宰杀的命运，对人们来说好像并不重要，有人说，这是今朝有酒今朝醉，哪管明朝是与非。好吧，不管明天是继续飞黄腾达，还是跌落泥潭，只要今天有名有利有吃有喝就无所谓。这种想法，会不会太可笑呢？

也许是因为科技的发展，现代人不再像古人那样相信灵魂与轮回，认为只有眼前的享受才是真实的，这样也就缺少了一些道德的束缚，以前常说的"百年大计"会让他们觉得太漫长，不可思议。过去人们常想着"前人栽树，后人乘凉"，而现代人想的是"儿孙自有儿孙福"，只要顾好自己就够了。

所以，盲目且短视的行为屡见不鲜，不仅体现在对名利的追求上，还体现在人们对待生存环境上。谁都知道资源是有限的，谁都知道地球的环境在恶化，谁都知道应该珍惜水源，可是乱扔垃圾、浪费资源、吃珍稀野生动物并用它们的毛皮做衣服……这种种行为仍然每天都在上演。为什么会这样？就是因为知道是一回事，可是那个知道的事太遥远了，是明天的事，明天要发生的事现在看不到，所以可以当作永远不会发生。只要自己今天可以拧开水龙头就有水可以用，哪里又会有多余的心思去考虑后代子孙是不是要生活在一个水比黄金更贵重的环境里呢？

正是由于这种只顾自己不管他人的自私、短视行为，想要人们像庄子一样清醒地意识到突如其来的名利背后隐藏着怎样的危险，并且果断地拒绝，那真是太难了。

见到利益就想得到，而且越多越好，这是人们常有的心理。

春秋末年，晋国有一个当权的贵族叫智伯。他是个名不副实的人，不仅没有智慧，而且蛮横无理、贪得无厌。智伯本来拥有很大一块土地，但还平白无故地向魏桓子索要土地。

魏桓子也是晋国的一个贵族，他很厌恶智伯的贪婪，不想给他土地。魏桓子的一个臣子叫任章，就对他说："您最好把土地给他。"

魏桓子不解地问："我凭什么要白白地送土地给他呢？"

任章说："他无理求地，一定会引起别人的恐惧，别人都会讨厌他。他一定会利欲熏心，不知满足，到处索要，这样便会引起整个天下的忧虑。您给了他土地，他就会更加骄横起来，以为别人都怕他，他也就更加轻视对手，而更肆无忌惮地骚扰别人。那么大家就会因为讨厌他而联合起来对付他，那时他的死期也就不远了。"

魏桓子听了若有所悟。任章又接着说："《周书》上说，'将要打败他，一定要暂且给他一点帮助；将要夺取他，一定要暂且给他一点甜头'。所以，我说您还不如给他一点土地，让他更骄横起来。再说，您现在不给他土地，他就会把您当做靶子，向您发动进攻。那您还不如让天下人都与他为敌，让他成为众矢之的呢。"

于是，魏桓子立刻改变主意，割让了一大块土地给智伯。

果然，就像任章所分析的那样，尝到甜头的智伯接下来便伸手向赵氏要土地。赵氏不答应，他就派兵围困晋阳。这时，韩、魏联合，趁机从外面打进去，赵氏在里面接应，在里应外合、内外夹攻之下，智伯很快就被消灭了。

在这个故事里，智伯是深为利益所迷惑的人，他贪得无厌，四处勒索，可是他却没有发现，当别人轻而易举就答应他的要求、给予他想要的利益时，距离自己灭亡的日子也就不远了。

这正是被利益蒙住了眼睛的短视行为，在这种短视和贪婪的情形下，悲惨的结局必将会注定发生。所以拒绝骄横、告别野蛮，人才能轻松地生活。

5
鱼再得势也不能离开水

【原典】

鱼不可脱于渊，国之利器不可以示人。

——《道德经·第三十六章》

【译释】

鱼必须谨守本分生活于水中，一旦得势之，亦不可忘形，离水而居。国之利器若轻易炫耀于人，则将无法抵抗躲在暗处的敌人。

这是老子对众人的一个"得意时不要忘形"的忠告，是说人们在得势之后一定要居安思危，常怀一颗忧患之心，才能让自己"得意"得更长久。

解读

得意时莫忘形

炎炎夏日，蚊虫肆虐，人们对此深恶痛绝。蚊虫虽不易灭绝，但却容易捕杀，原因很简单，它们时常得意忘形，把自己推上死路。

如果仔细观察就会发现，有些蚊子在吸食人畜的血液时，在没有受到惊

扰的情况下，它会一个劲地吸起来没完，直到飞不动或勉强飞往一处自认为安全的地方休息，安于享受成功。此时它们吃饱喝足的身体已变得迟钝，完全忽视了危险的存在，而这正是它们接近死亡的时刻，若现在想杀死它，已无须奋力拍打，只需轻轻一按，它们便一命呜呼。

蚊子的死是罪有应得，但它给我们的启示却是深刻的：一个人历经千辛万苦换来成功的甘果时，是手捧观之得意扬扬，还是保持冷静视之为过去，重新设定新的目标，并加倍努力实现之。选择前者，就选择了和蚊子一样的命运；选择后者，成功的甘甜将会始终伴随左右。

"得意时不忘形"在现实中更多地表现为懂得居安思危。其实，居安思危的道理人人晓得，但真正做起来，就没有几个人能贯彻始终了。人在安逸的环境中，总以为苦难远在天边；人在得意时，总认为快乐可以长久，其实，一时的得意并不能说明自己以后便高枕无忧。

前秦皇帝苻坚刚上台时，做事谨慎，善于听取不同的意见。苻坚统一北方后，他变得自命不凡起来，他对大臣们说："我东征西伐，没有谁是我的对手。现在我准备征服晋国，一统天下，相信定会马到成功。"

丞相王猛这时已死，他临终曾告诫苻坚不可伐晋。阳平公苻融于是以王猛的遗言为由，劝谏说："从前王猛丞相主张不能对晋国用兵，是因为我国内部还不稳定，而晋国也无败亡之相。现在这种情况并没有太大的改变，父皇还是不出兵的好。"

苻坚说:"我国正处盛时,这时候攻打晋国,不是最好的时机吗?现在国内大治,人心稳定,你说的一点也不对。"

对形势盲目乐观的苻坚决心开战,大臣道安急忙出来相劝。他说:"皇上统一北方不久,人心并没有真正归附,许多不甘心失败者还蠢蠢欲动。现在皇上虽有百万大军,可有不少还是刚刚归顺的,他们的战斗力并不强大。皇上应当看到这些不利情况,万不可为表面的强盛所迷惑啊!"

道安说的都是实情,但苻坚听了却感到分外刺耳。心有异志的鲜卑人慕容垂为了自己的打算,极力拥护,苻坚伐晋的主张就这样轻率确定了。

事后,慕容垂对他的心腹说:"苻坚狂妄自大,他是被先前的胜利冲昏头脑了。我怂恿他伐晋,一旦天下大乱,我们鲜卑人就能趁机复国了。"

苻坚出征之前,仍有忠贞的大臣苦苦相劝,说:"皇上现在回头,也不为晚啊。要知晋国君臣同心,百姓安定,皇上无故出兵,他们一定会拼死反抗。而我军人员复杂,来源不一,有小的失败都可能引起大的波动。一旦出师不利,国家就有瓦解的危险,皇上不该不计利害啊!"

苻坚坚持用兵,结果正像劝谏者所预料的那样,前秦大败。不久,苻坚被杀,他的国家也灭亡了。

苻坚是个很有能力的君主,否则他也不能统一北方。他的失败是因为他太相信自己的能力了,看不到自身的骄狂,结果做出了十分错误的决策。

有能力的人能干大事,同样,有能力的人也最容易骄傲。骄傲可以使人

过高地估量自己，进而在力不从心的事情上失败。

　　成功永远是相对的，在成功之时，危机并不是被永远消灭了，而是潜藏起来了。看不到这些隐患，高枕无忧地大肆行乐，隐患便会悄悄增长，直到有一天浮出水面。促使成功的奋斗精神和积极力量一旦消退，导致失败的各种要素就会强劲反弹，使成功化为乌有。

6
当糊涂时则糊涂

【原典】

　　俗人昭昭，我独昏昏。俗人察察，我独闷闷。澹兮其若海，飂兮若无止。众人皆有以，而我独顽似鄙。我独异于人，而贵食母。

——《道德经·第二十章》

【译释】

　　别人都明明白白处世，我却昏昏昧昧做人；别人都明察秋毫，唯我懵懵懂懂；大水荡荡如海，高风习习无止。别人都有所作为，我却顽劣鄙俗，我独期望与别人相异，主要是因为以道为精神食粮。

　　在这里，老子将众人和自己做了鲜明的对比：众人都有强烈的占有欲望，所以他们利用自己的聪明才智你争我夺，在混乱的世道里大有收获，直至绰绰有余，而我却好像丢失了什么东西一般。我在众人的眼里是多么愚笨的人啊！众人在收获到财富、地位、名利后必然会不甘寂寞，进行大肆炫耀，而我却采取昏昏沉沉、迷迷糊糊的生活态度。正因为我愚笨，所以我心灵空虚，了无牵挂，无为而自在，烦恼和忧愁自然会远离我而去。聪明人凡事都要争出个所以然来，以不知强为知，不聪明强装聪明。他们凡事都要斤斤计较，辩它个明明白白、一清二楚，而我却哑口无言、闷闷不语。众人都要有所作为，而我却清静寡为，在众人看来我是多么冥顽不化啊！

老子对众人的思想没有作出任何批判，他只是通过众人的思想来反衬自己的思想，有极其鲜明的对比效果。

可见，老子并不是赶时髦追求什么"另类"，他这样做实是一种避祸的大智慧。由"昏昏"、"闷闷"几个词，老子想说的是，当糊涂时则糊涂，"众人皆醒"之时，你不妨醉一回。

解读

"糊涂"是真正的智慧人生

智和愚对人一生命运的影响极大。"聪明一世，糊涂一时"，看起来聪明人有时也会办蠢事，"难得糊涂"，真正聪明的人表面上愚拙，这是一种智慧人生，真人不露相。

有的人外表看起来平凡普通，内心却世事通达，才高八斗；有的人外表道貌岸然，而内心却空虚惶恐底气不足。

人生是个万花筒，个人在那变幻之中要用足够的聪明智慧来权衡利弊，以防莫测变化。但是，人有时候不如以静观动，守拙若愚。这种处世的艺术其实比聪明还要胜出一筹。聪明是天赋的智慧，糊涂是聪明的表现，人贵在能集聪与愚于一身，需聪明时便聪明，该糊涂处且糊涂，随机应变。孔子论人，以知、仁为别，正所谓"知者乐水，仁者乐山"。知者动，仁者静。朱熹在《四书集注》中解释为：知者达于事理而周流无滞，有似于水，故乐水；仁者安于义理而厚重不迁，有似于山，故乐山。聪明之区别糊涂，大抵如此。

老子大概是把糊涂处世艺术上升至理论高度的第一人。他自称"俗人昭昭，我独昏昏。俗人察察，我独闷闷"。而作为老子哲学核心范畴的"道"，更是那种"视之不见，听之不闻，搏之不得"的似糊涂又非糊涂、似聪明又非聪明的境界。人依道而行，将会"大直若屈，大巧若拙，大辩若讷"，即大智若愚。中国人向来对"智"与"愚"持辩证的观点，《列子·汤问》里愚公与智叟的故事，就是我们理解智愚的范本。庄子说："知其愚者非大愚也，知其惑者非大惑也。"人只要知道自己愚和惑，就不算是真愚真惑。是愚是惑，各人心里明白就宽慰了。

孔子说："宁武子，邦有道则知，邦无道则愚。其知可及也。"宁武子即宁俞，是春秋时期卫国的大夫，他辅佐卫文公时天下太平、政治清明。但到了卫文公的儿子卫成公执政后，国家内乱，卫成公出奔陈国。宁俞则留在国内，一面仍是为国忠心耿耿，表面上却是一副糊里糊涂的样子，这是明哲保身的处世方法。因为身为国家重臣，不会保身怎能治国？后来周天子出面，请诸侯霸主晋文公率师入卫，诛杀佞臣，重立卫成公，宁俞依然身居大夫之位。这是孔子欣赏"愚"的典故，他很敬佩宁俞"邦无道则愚"的处世方法，认为一般人可以像宁俞那么聪明，但很难像宁俞那样糊涂。在古代上层社会的人事倾轧中，糊涂是官场权力杂耍的基本功。仅以三国时期为例，就有两场充满睿智精彩的表演，一是曹操、刘备煮酒论英雄时，刘佯装糊涂得以脱身；二是曹、司马争权时司马懿佯病巧装糊涂反杀曹爽。后人总结云："惺惺常不足，蒙蒙作公卿。"苏东坡聪明过人，却仕途坎坷，曾赋诗慨叹："人人都说聪明好，我被聪明误一生。但愿生儿愚且蠢，无灾无难到公卿。"为官可以愚，但为政须清明，不可混淆。

"难得糊涂"是"糊涂学"集大成者郑板桥先生的至理名言，他将此体系晋升为："聪明难，糊涂亦难，由聪明转入糊涂更难。放一着，退一步，当下心安，非图后来福报也。"做人过于聪明无非占点小便宜；遇事装糊涂，只不过吃点小亏。但吃亏是福不是祸，往往有意想不到的收获。"饶人不是痴，过后得便宜"，歪打正着，"吃小亏占大便宜"。有些人只想处处占便宜，不肯吃一点亏，总是"斤斤计较"，到后来是"机关算尽太聪明，反误了卿卿性命"。

郑板桥说过："试看世间会打算的，何曾打算得别人一点，真是算尽自家耳！"世上最可悲悯的人，他们往往自我感觉不错，正是所谓"贼是小人，智是君子"之人，是那些具有君子的智力却怀持小人之贼心的人，他们最大的敌人即是他们自身。为人处世与其聪明狡诈，倒不如糊里糊涂却敦厚。

郑板桥以个性"落拓不羁"闻于史，心地却十分善良。他曾给其堂弟写过一封信，信中说："愚兄平生谩骂无礼，然人有一才一技之长，一行一言为美，未尝不被啧啧称道。家中数千金，随手散尽，爱人故也。"以仁者爱人之心处世，必不肯事事与人过于认真，因而"难得糊涂"确实是郑板桥襟怀坦荡无私的真实写照，并非一般人所理解的那种毫无原则稀里糊涂之人。糊涂难，难在于人私心太重，心头一热，陡觉世界太小，眼前只有名利，不免去斤斤计较。《列子》中有齐人攫金的故事，齐人被抓住时官吏问他："市场上这么多人，你怎敢抢金子？"齐人坦言陈辞："拿金子时，看不见人，只看见金子。"可见，人性确有这种弱点，一旦迷恋私利，心中便别无他物在，唯利是胆，掉进钱眼里去了！

聪明与糊涂是人际关系范畴内必不可少的技巧和艺术，其本身并无优劣之分。只不过太聪明的人学点"糊涂学"，于己大有益处。

老子是个聪明人，是智者，这是毋庸置疑的事。老子的聪明之处就在于他看事物时辩证的眼光。糊涂与聪明本是相对的，有些看似聪明的人不明就里，一味追求聪明，结果反被聪明误。只有像老子那样的聪明人才知道糊涂的境界才是聪明的极致。人生难得几回醉，当醉则醉，当糊涂则糊涂吧！

7

富贵而骄，自遗其咎

【原典】

金玉满堂，莫之能守。富贵而骄，自遗其咎。

——《道德经·第九章》

【译释】

金玉满堂，没有人能够把守住。富贵而骄奢，便会自食其果。人在富贵之时，往往容易迷失本性，乐而忘我。他们会张扬自己，放纵自己，殊不知，富贵至极时，便是危险至极时，如果头脑不够冷静，表现失常，便很容易由巅峰跌到谷底。

《说苑·丛谈篇》中有一句话："富贵不与骄傲相约，但骄傲自然而然地随富贵出现了；骄傲和死亡并没有联系，但死亡也会随骄傲而来临。"

《劝忍百箴》中对于骄矜这个问题这样说："诸侯骄人则失其国，大夫骄人则失其家。魏侯受田子方之教，不敢以富贵而自多。盖恶终之衅，兆于骄夸；死亡之期，定于骄奢。先哲之言，如不听何！昔贾思伯倾身礼士，客怪其谦。答以四字，骄至便衰。斯言有味，噫，可不忍欤！"

这段话是说，国君对人傲慢会失去政权，大夫对人傲慢会失去领地。魏文侯接受了田子方的教诲，不敢以富贵自高自大。骄傲自夸，是出现恶果的先兆；而过于骄奢注定要灭亡。人们如果不听先哲的话，后果将会怎样呢？贾思伯平易近人，礼贤下士，客人不理解其谦虚的原因。思伯回答了四个字：骄至便衰。这句话让人回味无穷！

解 读

富而不骄，才能长久

确实是这样。千罪百恶都产生于骄傲自大。骄横自大的人，不肯屈就于人，不能忍让他人。做领导的过于骄横，则不可能很好地指挥下属，做下属的过于骄傲则会不服从领导。做儿子的过于骄矜，眼里就没有父母，自然不会孝顺。

骄矜的对立面是谦恭、礼让。要忍耐骄矜之态，必须是不居功自傲，能够自我约束，克制骄傲的产生，常常考虑到自己的问题和错误，虚心地向他人请教学习。

在克服骄傲自大、培养谦恭礼让的品质方面，古人为我们树立了不少榜样。

富贵者、当权者自身本来就容易有骄傲之气，看不起地位不如自己的人。但是作为统治者，如果不能礼贤下士，虚心求教，他就可能因为自己的骄矜之气而失去政权，富贵者则可能因此失去自己的财势。

如果一个人喜欢自大自夸，就算是有了一些美德，有了一些功劳和成绩，也会丧失掉。过分炫耀自己的能力，看不起他人的工作，就会失去自己的功劳。

有人打了一个比方。他是这样说的：如果一个人的仇恨在心中只占据一半，那么他就表现得很激烈；如果一个人的仇恨在他的心中占据了全部，那么他就表现得格外冷静。

由此可见，得意忘形或者失意忘形，都是由于"度数"不够，浅薄或者无知。

半桶水荡得很。得意忘形者败！

《易经》讲：君子终日乾乾，夕惕若厉。就是说人一天到晚都要保持本分，保持常态，永远这样；不但如此，到了晚上，还要警惕自己，不可放松，就像白天一样小心。就是说到了中年做事得意的时候，做人做事随时随地都要小心，乃至到了晚年都不能放松。

富贵是人所向往的，但富贵之后人们的发展趋势，就不一定是锦上添花了。无忧无虑的生活最能麻痹人们的神经，令他们蜕化变质，失去拥有的一切。

权势和地位给人罩上的光环，往往使人迷失本性；当光环消失之后，人们最需要做的是找回自我，而不是还生活在逝去的幻影中。重新开始不仅要有勇气，更要有当初的坚忍与谦和。

清朝雍正皇帝在没有继位之前，川陕总督年羹尧是他最得力的亲信。当时，诸皇子为了皇位互相攻击，年羹尧坚定地站在时为雍亲王的胤禛一边。

胤禛当上皇帝后，对有大功的年羹尧视为恩人，封他高官显爵，还动情地说："年羹尧忠勇无人能比，我不仅不能辜负他，而且我的子孙也要铭记他。如有人做不到这一点，他就不是我朝的臣民了。"

年羹尧受到皇帝这样推崇，趋炎附势的人于是加紧了对他的恭维和"孝敬"，许多人携带重金去贿赂他。

年羹尧来者不拒，提拔了很多不称职的人，有人便劝他说："皇上厚待你，是因为你从前为国建功。现在你的这些行为，对国家有害，皇上知道了一定不满，你应该保持清名，不让皇上对你的看法改变啊。"

年羹尧说："这是我权力范围内的事，皇上不会怪罪我的。皇上对我特殊优待，我还担心什么呢？"

年羹尧放松了对自己的要求，渐渐骄横跋扈起来。他外出的时候，连总督和巡抚都要跪道迎送，毕恭毕敬。

一次，年羹尧进宫看望身为雍正皇妃的妹妹，妹妹对他说："听说你在外面十分招摇，引起不少议论，这是不明智的。无论你有多么大的功劳，终是臣子，以后做事还要讲究分寸的好。"

年羹尧对谁的话都听不进去，他仍是恃功自傲，雍正皇帝开始猜疑和忌恨他了。

不久，雍正皇帝严词警告他，说："你是国家的功臣，更应该遵纪守法，做群臣的表率。现在许多人对你是敢怒而不敢言，难道你是有心让我为难吗？"

年羹尧的心腹看出了苗头不对，劝他说："皇上这样指责你，看来他是早有不满之心了。你要马上上书自责，也许这样还能挽回不利的局面。"

年羹尧不肯谢罪，他说："皇上把我看作恩人，哪能这么快就翻脸呢？我若认罪，其他人正好落井下石，我是不能自毁前程的。"

雍正皇帝见他死不悔改，于是解除了他的抚远大将军之职，降他为杭州将军。年羹尧的心腹这时又劝他说："皇上动怒，日后群臣必定会群起而弹劾你。现在不比从前，你必须马上谢罪，求得皇上的原谅，如果你还是抗拒到底，事情就会更糟。"

年羹尧自觉受了委屈，他不但不承认自己的错误，还口出怨言，说雍正皇帝对他不讲情义。他不厌其烦地对人讲述自己从前的功劳，暗指雍正皇帝忘了他这个大功臣了。

雍正皇帝听到这些消息，更加恼怒。他公布了年羹尧的 92 条大罪，令他自杀。

年羹尧得志猖狂，失势后不思悔过，他的心态没有丝毫调整，这使他一再犯错，最后走上了绝路。

人要有能上能下的心胸，在上位不要仗势欺人，处下位不能怨气冲天。人生在世一切都是可能的，什么也没有不惹祸事重要。

得意之时切忌忘形，因为成功永远是相对的。

8

不争则无祸害之忧

【原典】

夫唯不争，故无尤。

——《道德经·第八章》

【译释】

有不争的谦逊美德的人，才能最大限度地避免过失和祸端。

道家的智慧虽然站在哲学的高度上示人，但它毕竟出自生活，也必然能回归于生活。"夫唯不争，故无尤"，这句话在实际生活中太有其现实意义了。

生活中不乏一些头脑灵活、聪明伶俐的人，他们仰仗自己有点小才，总是一副"天下舍我其谁"的样子，很是狂妄。他们总不放过任何可能的机会和场合去表现自己，总想让别人知道自己的能力和优越感，他们不知道，这样做的结果只能适得其反，不但达不到目的，反而在别人面前扭曲了自己的形象，既伤害了别人的自尊，同时也会使自己遭受损失。

解 读

做人宜低调不可强出头

有个年轻人，邀一帮朋友到沙漠地区捕获响尾蛇。

一路上年轻人向朋友们吹嘘自己捕蛇的本领，表示任何蛇他都不怕，反而是蛇怕他，会乖乖地听他的话。

为了证明自己的本领，到了目的地，年轻人竟然把刚刚捉到的冷冰冰的毒蛇拿起来亲吻了一下。

旁边的朋友吓得目瞪口呆，并连连要求他"别再干蠢事了"。年轻人却笑眯眯地说："没事没事，我经常和响尾蛇接吻。"

随后他又把蛇拿起来亲了亲。就在大家惊讶不已的时候，这条毒蛇猛地蹿起来冲着年轻人脸上扑去，并狠狠地咬了他上唇一口。

就听"哎呀"一声惨叫，年轻人把蛇扔在了地上，手捂嘴巴倒了下去。一边的朋友先是七手八脚将他扶起来，接着赶紧用牛仔靴将毒蛇踩死。

就在大家等救护车到来的短短几分钟时间内，人们眼见年轻人的脸"像气吹的一样肿胀起来"。

希望得到他人的尊敬和认可，这是人之常情，但不能因此而妄自尊大、不计后果出风头，结果自然骑虎难下得不偿失。

一个人自恃才能过人，总是锋芒太露，就会给对手带来压力和不快，别人就会感觉到你气势太盛，不可一世，压得他喘不过气来，将你视作眼中钉肉中刺，尤其是当你的傲然之气表现出来的时候，他甚至会怒火中烧，不择手段地对你施以明枪暗箭。所以，做人必须学会自敛锋芒、韬光养晦。

作为一个人，尤其是一个自认为有才华有前程的人，要做到"心高不气傲"，既能有效地保护自己，又能充分发挥自己的才华，就要去除盲目自大、盛气凌人的心理和作风，凡事不要太张狂太咄咄逼人，并且还应当养成谦虚让人的美德。这不仅是有修养的表现，也是生存发展的策略。

巧妙的掩饰之所以是赢得赞扬的最佳途径，是因为人们对不了解的事物抱有好奇心。不要一下子展现你所有的本事，一步一步来，才能获得扎实的成功。倘若你处处刻意卖弄，志得意满时趾高气扬、不可一世，不被别人当靶子打才怪呢！

曾经当过苏军大本营总参谋长的华西列夫斯基，许多时候能使斯大林不知不觉采纳他的正确的作战计划，这与他的做人技巧有很大的关系。

斯大林在办公室与华西列夫斯基谈天说地地"闲聊"时，华西列夫斯基往往会"不经意"地"顺便"说一些军事问题，既不郑重其事，也不头头是道。果然如他所料，等他走了以后，斯大林往往能想起一个好计划。

整个"二战"期间，斯大林在军事上最倚重两个人：一个是军事天才朱可夫，另一个就是上述的华西列夫斯基。

甚至有人说，军事天才朱可夫之所以被斯大林倚重，从某种意义上来说，正好与斯大林倚重大智若愚的华西列夫斯基有关。因为倚重朱可夫，也是华西列夫斯基的主意。

所以无论你有如何出众的才智或高远的志向，都要时刻谨记：心高不可气傲。不要把自己看得太了不起，不要把自己看得太重要，必须审时度势，尽量收敛起锋芒。能做到这些，你就能真正领略道家"夫唯不争，故无尤"智慧的真谛了。

换一个角度来讲，"夫唯不争，故无尤"还有它更深一层的意思，在必要的时候不仅不要强出头，还要学会低头，就像民间俗语所说的"人在屋檐下，不得不低头"，说得明白一点就是要根据周遭的形势适当地调低自己的心态。

生活当中经常会遇到各种各样的屋檐，也就是别人的势力范围，只要你人在这势力范围之内，靠这势力生存，那么你就在别人的屋檐下了。这屋檐有的很高，任何人都可抬头站着，但这种屋檐不多，大部分屋檐都是非常矮的。也就是说，进入别人的势力范围时，你会受到很多有意无意的排斥和限制，以及不知从何而来的欺压，除非你强大到不用靠别人来过日子的程度。即使如此，你也不能保证一辈子都可以如此自由自在，不用在人屋檐下避风雨。所以，在人屋檐下的心态就有必要调整了。

这一点，在办公室里尤为突出。今天，那些聪明的部属总会想方设法掩饰自己的实力，以假装的愚笨来反衬领导的高明，力图以此获得领导的青睐。当领导阐述其观点后，他马上会装出大彻大悟的样子，并且第一个叫好；当他对某项工作有了好的可行的办法后，不是直接阐述意见，而是在暗地里或用暗示等方法及时告知领导，同时在公众面前故意抛出与之相反的甚至很"愚蠢"的意见。时间一长，尽管在大众中形象不佳，有点儿"弱智"，但领导却倍加欣赏，对其"情有独钟"。

善于处世的人，常常故意在明显的地方留一点儿瑕疵，让人一眼就看见他"连这么简单的东西都搞错了！"这样一来，尽管你出人头地，木秀于林，别人也不会对你敬而远之，别人一旦认为"原来你也有错"的时候，反而会缩短与你的距离。

适当地把自己放得低一点儿，也就等于把别人抬高了许多。试想，当被人抬举的时候，谁还有搁置不下的敌意呢？

低头并非没有出息，而是一种权宜之计。头昂得太高，容易撞伤；个性太强，总有一天要吃亏。

一般来说，低头起码有这样几个好处：你很主动地低下了头，不致成为明显的目标，也不会因为头抬得太高而把矮檐撞坏。

还有最重要的一点，社会上，那些善于低头、谦让而豁达的人们总能赢得更多的朋友。他们善于放下自己的架子，虔诚、恭敬地对待身边的每一个人。反之，那些妄自尊大、高看自己小看别人的人什么事都爱露一手，仿佛就自己行，对别人不屑一顾。总认为在这个世界上，唯我最大，舍我其谁，因此，只要是涉及利益重新分配或调整时，他都采取"当仁不让"的态度，什么都想沾，什么都想贪，这样的人到最后都受到了人们的鄙视。正如希腊一位叫希尔泰的学者所说的："傲慢始终与相当数量的愚蠢结伴而行。傲慢总是在即将破灭之时及时出现。傲慢一现，谋事必败。"

智者善屈尊，愚人强伸头。商人总是隐藏其宝物；君子品德高尚，而外貌却显得愚笨。必要时要藏其锋芒，收其锐气，不可不分场合将自己的才能展露无疑。你的长处短处被别人看透，就容易被别人操纵。相反，谦虚的人往往能得到别人的信赖。谦虚，别人才不会认为你会对他构成威胁，才会赢得别人的尊重，从而建立和睦的人际关系。

不要把自己看得太重，以"不争"的姿态面对每一件事、每一个人，这是做人的方略，也是道家智慧在生活中的闪光点。

9
用超然的心态看待眼前的荣华富贵

【原典】

虽有荣观，燕处超然。

——《道德经·第二十六章》

【译释】

虽然有荣华富贵摆在眼前，但圣人君子们仍能以超然清醒的心态看待。

世界上没有无缘无故的爱，只有对天上掉下来的好处客观地保持一份冷静，做好接受后果的分析，才可以在以后的行事中勇往直前、无怨无悔。否则，面对突如其来的失落，将会手足无措、丢失理想、消沉意志，进而付出沉重的代价。

老子说福祸总是拴在一起的，祸中藏着走向福的种子，福中也有祸的萌芽。因此得利不要忘害，对轻易得到的好处要多加提防，很多时候，天上掉馅饼未必就是福气。

解 读

荣华富贵的背后往往是祸害

庄子曾讲过一个故事：

列子穷困潦倒，脸上出现饥饿的颜色，但绝不接受郑国宰相子阳赠送的粮米。

因为，列子记得自己并没有和子阳打过交道，子阳为什么给自己送粮食？还不是听他手下的人说："列子是个贤人，他就在您治理的国家里，他现在连饭都没吃的。这样，您岂不成了不爱贤才的宰相吗？"

子阳是为了自己获得好名声而给列子送吃的东西的，并非真正爱惜贤才。

列子谢绝了子阳派来送粮米的人，列子的妻子深深叹息。她埋怨说：

"只听说有道德有才学的人的老婆子女都能过上快乐安逸的日子。可你，把我们一家子都养得皮包骨头了。当权的宰相既然已派人来慰问，又送粮米给我们，你为什么偏偏不接受呢？你自己不要紧，为何连家人的性命也不顾？"

列子笑着向妻子解释道："宰相并不是真正了解我，只不过听别人讲我，他才叫人给我送粮食。现在救济我是如此，如果一天有人在他面前说我的坏话，他必然依别人的只言片语加罪于我。这怎么能行呢？这就是我不接受粮食的理由。"

原来，子阳为官确实为所欲为，不久老百姓起来反抗，杀死了子阳。列子虽然穷困，却依旧平安，道德学问依旧芳名远扬。

由此可见，凭空而降的荣华富贵的背后往往隐藏着祸害，就看你用什么样的心态去看待了。

《史记·刺客列传》记录了五位刺客亡命行刺的事迹，其中有一段对荆轲的精彩描写："荆轲既至燕，爱燕之狗屠及善击筑者高渐离。荆轲嗜酒，日与狗屠及高渐离饮于燕市，酒酣以往，高渐离击筑，荆轲和而歌于市中，相乐也，已而相泣，旁若无人者。"这个内心情感世界极为寂寞空旷的荆轲，就是得到从天上掉下来大馅饼的人。他的身份属于当时的士林阶层，依靠贵族供养，却想有所作为，因此经常改换门庭，寻找一展鸿图的机遇。燕国太子丹曾在秦国为人质，对秦王嬴政夺去国土和吞并列国的野心恨之入骨，偷偷回国寻找可以行刺秦王的人，从老壮士田光那里认识了荆轲，看出了荆轲深藏着的"士为知己者死"的个性，就为他精心制造了一个个诱人的馅饼。当时的荆轲本是个潦倒之士，一下子得到燕太子丹的竭力善待："于是尊荆轲为上卿，舍上舍。太子日造门下，供太牢具，异物间进，车骑美女恣荆轲所欲，以顺适其意。"如此天降的好事，其目的何在，荆轲对此是一清二楚的。他能安然领受，无非是出于士的职业和个人的慷慨豪气。燕太子丹为达目的，还把"馅饼"制作得更加完美，荆轲拾瓦片投蛤蟆，太子看了，就捧了用金子做的弹丸供他使用；荆轲说千里马的肝好，就命人把马杀了，取出肝来给他下酒；有美女弹琴，荆轲说那女子的手好，就马上砍下来用玉盘盛了送给他。荆轲知道要以命酬谢了，所以在出发时，和着高渐离击筑而歌，唱出了"风萧萧兮易水寒，壮士一去兮不复还"的千古悲歌，然后"就车而去，终已不顾"。荆轲的"难得糊涂"，在于"士为知己者死"的士林风范，追求生命之外的人生价值，虽然为飞来的好处付出了最为昂贵的代价，却还是个明白人。

当今社会生活中，凭空而降荣华富贵的事更是不胜枚举，让人眼花缭乱。而大多享用"天上掉下馅饼"的人，却没有荆轲做个明白人的福气，是迷迷糊糊上了圈套的。比较常见的有购物陷阱，即在商品上巧妙地设置一种奖项，让你即刻得到一点甜头，并让你觉得有更加诱人的利益在前边，使你欲罢不能，一直不停地掏腰包，结果是"更加诱人的利益"成为泡影，你也会因此付出惨重代价。

世上没有免费的午餐，得到者必然要付出相应的代价，因此，在碰上这样的"好事"时，请你在权衡利害后再做决定。

10 事盛则衰，物极必反

【原典】

善有果而已，不敢以取强。果而勿矜，果而勿伐，果而勿骄，果而不得已，果而勿强。物壮则老，是谓不道，不道早已。

——《道德经·第三十章》

【译释】

有道的人成就功果就适可而止，不敢执取功果而强梁霸道。不把功果作为凭恃，不借功果而张扬夸耀，不恃功果而骄慢待人，只把功果作为必需，并不因此而强霸天下。要知道，事物强壮了就难免趋于老化，这是不合于道的，不合于道总是自速其亡。

以上这段话，老子告诉我们一个很重要的道理，就是凡事要适可而止。

有智慧的人，明了世事如浮云瞬息万变的道理，不过，世事的变化并非毫无规律，而是穷极则返，循环往复。《周易·复卦·象辞》中说："复，其见天地之心乎！""日盈则昃，月盈则食。"老子将这种周而复始的自然变化概括为"反者道之动"，也就是说，人生变故，犹如环流，事盛则衰，物极必反。

解读

过犹不及，点到为止

"物壮则老，是谓不道，不道早已"。这句话老子反复强调过，也就是说凡事要适可而止，留有余地，避免走向极端，特别是在权衡得失进退的时候，务必注意这一点，不能"恃果而骄，恃果而强"。

《菜根谭》里说"花看半开，酒饮微醺"，这是一种境界，古诗也有云"美酒饮教微醉后，好花看到半开时"。酒饮微醺，正得其醺醺然然的快感，若是狂饮烂醉，超过了微醺的度，那接下来不仅感受不到酒的好处，反而会头痛、呕吐，在生理上遭受痛苦。还有的人喝醉了之后会做出一些平日清醒时绝对不会做的事，说错话，这就不仅仅是个人生理上的痛苦了，还会给其他人带来麻烦。这样的情景，几乎在哪家饭店都能够看到。最危险的还是那些酒后开车的人，自己或许觉得借着微醺之意驾驶别有一番滋味，但是酒精麻醉了人的神经，使人的反应变得比平时要迟钝，一旦出了事故对人对己都是灾难。

而花看半开，是说花未开时领略不到它的美，而花若全开也就离凋谢之期将近，最美便是半开时，就像是妙龄少女，尚未尽褪孩童稚气，却又未曾沾染成人的风尘，半开之花正是最美之时。

做人要有一种自惕惕人的心情，得意时莫忘回头，着手处当留余地。宋朝李若拙因仕海沉浮，作《五知先生传》，谓安身立命当知时、知难、知命、知退、知足，时人以为智见。反其道而行，结果必适得其反。

但是君子好名，小人好利，人们往往为各色欲望所驱使，身不由己，只知进不知退，得意处张扬跋扈，全然不会未雨绸缪。

长孙无忌是唐太宗李世民的宠臣，他早年追随秦王李世民打仗，多有战功，屡有升迁。而且他的妹妹是李世民的结发妻子，贤良淑德，世人敬仰。有这两层关系，李世民对长孙无忌非常信任。

李世民登基后，长孙无忌受封齐国公，但他从不倚仗自己的身份而骄横行事，每言大事必反复思量，然后方徐徐陈进。有人说他太过谨慎，长孙无忌就说："身为重臣，当自知厉害，慎对宠恩。我若倚仗皇上垂爱，不知检点，乱进谏言，一来对皇上不敬，二来也会由此失去皇上的信任，怎敢大意呢？"

有一次，在朝会上商议讨伐突厥的事，有人借突厥发生内乱之机，主张发兵讨伐，以成大功。长孙无忌听后却久久不发一言，唐太宗就问他的意见："你足智多谋，相信此事自有明断。你不作声，可是另有打算吗？"

长孙无忌见皇上相询，这才上前应对说："此事臣以为不可。"

唐太宗很奇怪，说："你从前一向主战，今为何反对此呢？"

长孙无忌说："动止之间，全在变化，焉能不变呢？从前突厥与我为敌，不伐不行。如今突厥刚与我结盟，伐之失信，毁我天威。再说夷狄今已内乱，无力再侵我朝，这正是我朝求之不得的好事，何必多此一举呢？而一兴刀兵，徒增烦恼不说，恐怕祸患将生，与我大唐有弊无利，故不应出兵。"

唐太宗接受了他的谏言，说道："动止之祸，你已言透了。朕若贪恋全功，只怕终有抱憾。"唐朝不攻突厥，突厥感恩戴德，最后归顺了唐朝。

这里长孙无忌说明了两个道理，一个是事情是不断发展变化的，对同一件事情的处理方式要根据它的变化而有所不同，要因地因时制宜；另一个就是要适可而止，表面上看来唐朝正占了有利时机，可是如果因此而冒进讨伐突厥，后果却是自损大唐的威名，让其他附属国家认为唐朝不重结盟的诚信，也就会失去归顺的想法，从这一点来看，大唐的损失要比得到的更多。

后来长孙无忌的权力过大，以至于许多人都不断上书攻击他。唐太宗没有猜忌他，却把这些表文直接拿给他看。长孙无忌背生冷汗，坚持辞官，还泣泪说："陛下信任于臣，可是臣也不该让陛下为难。臣为国做事，本不在意身任何职，倘若为了那些身外之物而令天下猜忌，却非臣之所愿了。"

唐太宗一口回绝。长孙无忌忧心更甚，对自己的家人说："我虽然表面上受尊崇，可实际上已经处在风浪中了。这个时候，若不知退让，只是倚仗皇上撑腰，只怕他日有悔。"

他的家人反对说："皇上不准你辞官，别人又能把你怎么样呢？他们嫉恨你，难道就让他们得逞吗？你也太软弱了。"看，这就是世俗的看法，不明白物壮是不合于道的。

长孙无忌说："只进不止，只能授人以柄，时间一长，皇上也会疑心。何况既是皇上厚爱于我，我又何必为了那些虚名而自树强敌，招惹祸端呢？"在他的坚请辞官下，唐太宗只好解除了他的尚书右仆射之职，但仍让他主持门下省的事务。长孙无忌还是推让，唐太宗下诏说："黄帝因为得到了力牧，才能成为五帝中第一个帝。夏禹因为得到咎繇，才能成为三王中第一个王。齐桓公因为得到了管仲，才成为五霸中第一个霸主。我得到了你，才平定了天下，你不要再推让了。"

唐太宗还亲自作了一篇《威风赋》赐给他，以表彰他的功绩。长孙无忌深感其诚，这才勉强留在朝中。此事传出，人们对他的攻击也就戛然而止了。

由此可见，在身处繁盛时期尤其不能恃强而骄，因为事物是在不断转变的，今天的繁盛可能就是明天的衰败，谁也不能保证自己永胜不败，所以要适可而止。

附录：《道德经》全文

第一章

道可道，非常道。名可名，非常名。无名，天地之始；有名，万物之母。故常无欲，以观其妙；常有欲，以观其徼。此两者同出而异名，同谓之玄，玄之又玄，众妙之门。

第二章

天下皆知美之为美，斯恶已；皆知善之为善，斯不善已。故有无相生，难易相成，长短相较，高下相倾，音声相和，前后相随。是以圣人处无为之事，行不言之教；万物作为而不辞，生而不有，为而不恃，功成而弗居。夫唯弗居，是以不去。

第三章

不尚贤，使民不争；不贵难得之货，使民不为盗；不见可欲，使民心不乱。是以圣人之治，虚其心，实其腹，弱其志，强其骨。常使民无知无欲。使夫智者不敢为也。为无为，则无不治。

第四章

道冲而用之或不盈。渊兮似万物之宗；挫其锐，解其纷；和其光，同其尘；湛兮似或存。吾不知谁之子，象帝之先。

第五章

天地不仁，以万物为刍狗；圣人不仁，以百姓为刍狗。天地之间，其犹橐龠乎？虚而不屈，动而愈出。多言数穷，不如守中。

第六章

谷神不死，是谓玄牝。玄牝之门，是谓天地根。绵绵若存，用之不动。

第七章

天长地久。天地所以能长且久者，以其不自生，故能长生。是以圣人后其身而身先；外其身而身存。非以其无私邪？故能成其私。

第八章

上善若水。水善利万物而不争，处众人之所恶，故几于道。居善地，心善渊，与善仁，言善信，正善治，事善能，动善时。夫唯不争，故无尤。

第九章

持而盈之，不如其已；揣而锐之，不可长保。金玉满堂，莫之能守。富贵而骄，自遗其咎。功遂身退，天之道。

第十章

载营魄抱一，能无离乎？专气致柔，能婴儿乎？涤除玄览，能无疵乎？爱民治国，能无知乎？

天门开阖，能无雌乎？明白四达，能无为乎？生之畜之；生而不有；为而不恃；长而不宰；是谓玄德。

第十一章

三十辐共一毂，当其无，有车之用。埏埴以为器，当其无，有器之用。凿户牖以为室，当其无，有室之用。故有之以为利，无之以为用。

第十二章

五色令人目盲；五音令人耳聋；五味令人口爽；驰骋畋猎令人心发狂，难得之货令人行妨。是以圣人为腹不为目，故去彼取此。

第十三章

宠辱若惊，贵大患若身。何谓宠辱若惊？宠，为下得之若惊，失之若惊，是谓宠辱若惊。何谓贵大患若身？吾所以有大患者，为吾有身，及吾无身，吾有何患？故贵以身为天下，若可寄天下；爱以身为天下，若可托天下。

第十四章

视之不见名曰夷；听之不闻名曰希；搏之不得名曰微。此三者，不可致诘，故混而为一。其上不皎，其下不昧。绳绳不可名，复归于无物。是谓无状之状，无物之象。是谓惚恍。迎之不见其首，随之不见其后。执古之道，以御今之有。能知古始，是谓道纪。

第十五章

古之善为士者，微妙玄通，深不可识。夫唯不可识，故强为之容。豫为若冬涉川，犹兮若畏四邻。俨兮其若容，涣兮若冰之将释，敦兮其若朴，旷兮其若谷，混兮其若浊。孰能浊以止静之徐清？孰能安以久动之徐生？保此道者不欲盈，夫唯不盈，故能蔽不新成。

第十六章

致虚极，守静笃。万物并作，吾以观复。夫物芸芸，各复归其根。归根曰静，是谓复命。复命曰常，知常曰明。不知常，妄作，凶。知常容，容乃公，公乃王，王乃天，天乃道，道乃久，没身不殆。

第十七章

太上，下知有之；其次，亲而誉之；其次，畏之；其次，侮之。信不足，焉有不信焉。悠兮其贵言。功成事遂，百姓皆谓我自然。

第十八章

大道废，有仁义；智慧出，有大伪；六亲不和，有孝慈；国家昏乱，有忠臣。

第十九章

绝圣弃智,民利百倍;绝仁弃义,民复孝慈;绝巧弃利,盗贼无有。此三者,以为文不足,故令有所属,见素抱朴,少私寡欲。

第二十章

绝学无忧。唯之与阿,相去几何?善之与恶,相去若何?人之所畏,不可不畏。荒兮其未央哉!众人熙熙,如享太牢,如春登台。我独泊兮其未兆;如婴儿之未孩;累累兮若无所归。众人皆有馀,而我独若遗。我愚人之心也哉!沌沌兮!俗人昭昭,我独昏昏。俗人察察,我独闷闷。澹兮其若海,飂兮若无止。众人皆有以,而我独顽似鄙。我独异于人,而贵食母。

第二十一章

孔德之容,惟道是从。道之为物,惟恍惟惚。惚兮恍兮,其中有象;恍兮惚兮,其中有物。窈兮冥兮,其中有精;其精甚真,其中有信。自今及古,其名不去,以阅众甫。吾何以知众甫之状哉?以此。

第二十二章

曲则全,枉则直,洼则盈,敝则新,少则得,多则惑。是以圣人抱一,为天下式。不自见故明。不自是故彰。不自伐故有功。不自矜故长。夫唯不争,故天下莫能与之争。古之所谓曲则全者,岂虚言哉?诚全而归之。

第二十三章

希言自然。故飘风不终朝,骤雨不终日。孰为此者?天地。天地尚不能久,而况于人乎?故从事于道者,道者同于道,德者同于德,失者同于失。同于道者,道亦乐得之;同于德者,德亦乐得之;同于失者,失亦乐得之。信不足,焉有不信焉。

第二十四章

企者不立，跨者不行。自见者不明，自是者不彰，自伐者无功，自矜者不长。其在道也，曰馀食赘形。物或恶之，故有道者不处。

第二十五章

有物混成，先天地生。寂兮寥兮，独立不改，周行而不殆，可以为天下母。吾不知其名，字之曰道，强为之名曰大。大曰逝，逝曰远，远曰反。故道大，天大，地大，王亦大。域中有四大，而王居其一焉。人法地，地法天，天法道，道法自然。

第二十六章

重为轻根，静为躁君。是以圣人终日行不离辎重。虽有荣观，燕处超然。奈何万乘之主，而以身轻天下？轻则失本，躁则失君。

第二十七章

善行无辙迹。善言无瑕谪。善数不用筹策。善闭无关楗而不可开。善结无绳约而不可解。是以圣人常善救人，故无弃人；常善救物，故无弃物。是谓袭明。故善人者，不善人之师；不善人者，善人之资。不贵其师，不爱其资，虽智大迷，是谓要妙。

第二十八章

知其雄，守其雌，为天下溪。为天下溪，常德不离，复归于婴儿。知其白，守其黑，为天下式。为天下式，常德不忒，复归于无极。知其荣，守其辱，为天下谷。为天下谷，常德乃足，复归于朴。朴散则为器；圣人用之则为官长，故大制不割。

第二十九章

将欲取天下而为之，吾见其不得已。天下神器，不可为也。为者败之，执者失之。故物或行或随；或嘘或吹；或强或羸；或挫或隳。是以圣人去甚，去奢，去泰。

第三十章

以道佐人主者，不以兵强天下。其事好远。师之所处，荆棘生焉。大军之后，必有凶年。善有果而已，不敢以取强。果而勿矜，果而勿伐，果而勿骄，果而不得已，果而勿强。物壮则老，是谓不道，不道早已。

第三十一章

夫兵者，不祥之器，物或恶之，故有道者不处。君子居则贵左，用兵则贵右。兵者，不祥之器，非君子之器。不得以而用之，恬淡为上，胜而不美。而美之者，是乐杀人。夫乐杀人者，则不可以得志于天下矣。吉事尚左，凶事尚右。偏将军居左，上将军居右，言以丧礼处之。杀人之众，以哀悲泣之，战胜，以丧礼处之。

第三十二章

道常无名，朴虽小，天下莫能臣也。侯王若能守之，万物将自宾。天地相合以降甘露，民莫之令而自均。始制有名，名亦既有，夫亦将知止，知止可以不殆。譬道之在天下，犹川谷之于江海。

第三十三章

知人者智，自知者明。胜人者有力，自胜者强。知足者富。强行者有志。不失其所者久。死而不亡者寿。

第三十四章

大道汜兮，其可左右。万物恃之而生而不辞，功成不名有。衣养万物而不为主；常无欲也，可名于小；万物归焉而不为主可名为大。以其终不自为大，故能成其大。

第三十五章

执大象，天下往；往而不害，安平泰。乐与饵，过客止。道之出口，淡兮其无味，视之不足见，听之不足闻，用之不足既。

第三十六章

将欲歙之，必固张之；将欲弱之，必固强之；将欲废之，必固兴之；将欲废之，必固与之，是谓微明。柔弱胜刚强。鱼不可脱于渊，国之利器不可以示人。

第三十七章

道常无为，而无不为，侯王若能守之，万物将自化。化而欲作，吾将镇之以无名之朴。无名之朴，夫亦将无欲。不欲以静，天下将自定。

第三十八章

上德不德，是以有德；下德不失德，是以无德。上德无为而无以为；下德为之而有以为。上仁为之而无以为；上义为之而有以为。上礼为之而莫之应，则攘臂而扔之。故失道而后德，失德而后仁，失仁而后义，失义而后礼。夫礼者，忠信之薄而乱之首。前识者，道之华而愚之始。是以大丈夫处其厚，不居其薄；处其实，不居其华。故去彼取此。

第三十九章

昔之得一者，天得一以清，地得一以宁，神得一以灵，谷得一以盈，万物得一以生，侯王得一以为天下贞。其致之。天无以清将恐裂，地无以宁将恐发，神无以灵将恐歇，谷无以盈将恐竭，万物无以生将恐灭；侯王无以正将恐蹶。故贵必以贱为本，高以下为基。是以侯王自谓孤寡不谷。此非以贱为本邪？非乎？故致数舆无舆。不欲琭琭若玉，珞珞如石。

第四十章

反者，道之动；弱者，道之用。天下万物生于有，有生于无。

第四十一章

上士闻道，勤而行之。中士闻道，若存若亡。下士闻道，大笑之。不笑不足以为道。故建言有之：明道若昧，进道若退，夷道若纇，上德若谷，大白若辱，广德若不足，建德若偷，质真若渝，大方无隅，大器晚成，大音希声；大象无形。道隐无名，夫唯道善贷且成。

第四十二章

道生一，一生二，二生三，三生万物。万物负阴而抱阳，冲气以为和。人之所恶，唯孤寡不谷，而王公以以为称。故物，或损之而益，或益之而损。人之所教，我亦教之。强梁者不得其死！吾将以为教父。

第四十三章

天下之至柔，驰骋天下之至坚。无有入无间，吾是以知无为之有益。不言之教，无为之益，天下希及之。

第四十四章

名与身孰亲？身与货孰多？得与亡孰病？是故甚爱必大费，多藏必厚亡。知足不辱，知止不殆，可以长久。

第四十五章

大成若缺，其用不弊；大盈若冲，其用不穷。大直若屈，大巧若拙，大辩若讷。躁胜寒，静胜热，清静为天下正。

第四十六章

天下有道，却走马以粪。天下无道，戎马生于郊。祸莫大于不知足；咎莫大于欲得，故知足之足，常足矣。

第四十七章

不出户，知天下；不窥牖，见天道。其出弥远，其知弥少。是以圣人不行而知，不见而明，不为而成。

第四十八章

为学日益，为道日损。损之又损，以至于无为，无为而无不为。取天下常以无事，及其有事，不足以取天下。

第四十九章

圣人无常心，以百姓心为心。善者吾善之，不善者吾亦善之，德善。信者吾信之，不信者吾亦信之，德信。圣人在天下歙歙，为天下浑其心。圣人皆孩之。

第五十章

出生入死。生之徒十有三，死之徒十有三。人之生动之死地亦十有三。夫何故？以其生生之厚。盖闻善摄生者，陆行不遇兕虎，入军不被甲兵，兕无所投其角，虎无所措其爪，兵无所容其刃。夫何故？以其无死地。

第五十一章

道生之，德畜之，物形之，势成之。是以万物莫不尊道而贵德。道之尊，德之贵，夫莫之命而常自然也。故道生之，德畜之，长之，育之，亭之，毒之，养之，覆之。生而不有，为而不恃，长而不宰，是谓玄德。

第五十二章

天下有始，以为天下母。既得其母，以知其子；既知其子复守其母，没身不殆。塞其兑，闭其门，终身不勤。开其兑，济其事，终身不救。见小曰明，守柔曰强。用其光，复归其明，无遗身殃，是为习常。

第五十三章

使我介然有知，行于大道，唯施是畏。大道甚夷，而民好径。朝甚除，田甚芜，仓甚虚。服文彩，带利剑，厌饮食，财货有馀，是谓盗夸。非道也哉！

第五十四章

善建者不拔，善抱者不脱，子孙以祭祀不辍。

修之于身，其德乃真；修之于家，其德乃馀；修之于乡，其德乃长；修之于国，其德乃丰；修之于天下，其德乃普。故以身观身，以家观家，以乡观乡，以国观国，以天下观天下。吾何以知天下然哉？以此。

第五十五章

含德之厚，比于赤子。蜂虿虺蛇不螫，猛兽不据，攫鸟不搏。骨弱筋柔而握固。未知牝牡之合而全作，精之至也。终日号而不嗄，和之至也。知和曰常，知常曰明，益生曰祥，心使气曰强。物壮则老，谓之不道，不道早已。

第五十六章

知者不言，言者不知。塞其兑，闭其门，挫其锐，解其纷，和其光，同其尘，是谓玄同。故不可得而亲，不可得而疏；不可得而利，不可得而害；不可得而贵，不可得而贱，故为天下贵。

第五十七章

以正治国，以奇用兵，以无事取天下。吾何以知其然哉？以此。天下多忌讳，而民弥贫；民多利器，国家滋昏；人多伎巧，奇物滋起；法令滋彰，盗贼多有。故圣人云，我无为而民自化，我好静而民自正，我无事而民自富，我无欲而民自朴。

第五十八章

其政闷闷，其民淳淳，其政察察，其民缺缺。祸兮福之所倚，福兮祸之所伏。孰知其极？其无正！正复为奇，善复为妖，人之迷，其日固久。是以圣人方而不割，廉而不刿，直而不肆，光而不耀。

第五十九章

治人事天莫若啬。夫唯啬，是谓早服。早服谓之重积德。重积德则无不克。无不克则莫知其极。莫知其极，可以有国。有国之母，可以长久。是谓深其根固其柢，长生久视之道。

第六十章

治大国若烹小鲜。以道莅天下，其鬼不神。非其鬼不神，其神不伤人；非其神不伤人，圣人亦不伤人。夫两不相伤，故德交归焉。

第六十一章

大国者下流。天下之交，天下之牝。牝常以静胜牡，以静为下。故大国以下小国，则取小国；小国以下大国，则取大国。故或下以取，或下而取。大国不过欲兼畜人，小国不过欲入事人，夫两者各得其所欲，大者宜为下。

第六十二章

道者，万物之奥，善人之宝，不善人之所保。美言可以市，尊行可以加人。人之不善，何弃之有？故立天子，置三公，虽有拱璧以先驷马，不如坐进此道。古之所以贵此道者何？不曰以求得，有罪以免邪？故为天下贵。

第六十三章

为无为，事无事，味无味。大小多少，抱怨以德。图难于其易，为大于其细。天下难事必作于易；天下大事必作于细。是以圣人终不为大，故能成其大。夫轻诺必寡信，多易必多难，是以圣人犹难之。故终无难矣。

第六十四章

其安易持，其未兆易谋。其脆易泮，其微易散。为之于未有，治之于未乱。合抱之木，生于毫末。九层之台，起于累土。千里之行，始于足下。为者败之，执者失之。是以圣人无为，故无败，无执，故无失。民之从事，常于几成而败之。慎终如始，则无败事。是以圣人欲不欲，不贵难得之货；学不学，复中人之所过。以辅万物之自然，而不敢为。

第六十五章

古之善为道者，非以明民，将以愚之。民之难治，以其智多。故以智治国，国之贼；不以智治国，国之福。知此两者，亦稽式。常知稽式，是谓玄德。玄德深矣，远矣，与物反矣，然后乃至大顺。

第六十六章

江海所以能为百谷王者，以其善下之，故能为百谷王。是以圣人欲上民，必以其言下之；欲先民，必以身后之。是以圣人处上而民不重，处前而民不害。天下乐推而不厌。以其不争，故天下莫能与之争。

第六十七章

天下皆谓我道大，似不肖。夫唯大，故似不肖。若肖，久矣其细也夫！我有三宝，持而保之。一曰慈，二曰俭，三曰不敢为天下先。慈，故能勇；俭，故能广；不敢为天下先，故能为成器长。今舍其慈且勇；舍俭且广；舍后且先，死矣！夫慈，以战则胜，以守则固，天将救之，以慈卫之。

第六十八章

善为士者不武，善战者不怒，善胜敌者不与。善用人者为之下。是谓不争之德，是谓用人之力，是谓配天古之极。

第六十九章

用兵有言，吾不敢为主而为客；不敢进寸而退尺。是谓行无行，攘无臂，执无兵，扔无敌。祸莫大于轻敌，轻敌几丧吾宝。故抗兵相加，哀者胜矣。

第七十章

吾言甚易知，甚易行，天下莫能知，莫能行。言有宗，事有君。夫唯无知，是以不我知。知我者希，则我者贵。是以圣人被褐怀玉。

第七十一章

知不知，上。不知知，病。夫唯病病，是以不病。圣人不病，以其病病，是以不病。

第七十二章

民不畏威，则大威至。无狎其所居，无厌其所生。夫唯不厌，是以不厌。是以圣人自知，不自见；自爱，不自贵。故去彼取此。

第七十三章

勇于敢则杀，勇于不敢则活。此两者，或利或害。天之所恶，孰知其故？是以圣人犹难之。天之道，不争而善胜，不言而善应，不召而自来，繟然而善谋。天网恢恢，疏而不失。

第七十四章

民不畏死，奈何以死惧之！若使民常畏死，而为奇者吾得执而杀之，孰敢？常有司杀者杀，夫代司杀者杀，是代大匠斫。夫代大匠斫者，希有不伤其手矣。

第七十五章

民之饥，以其上食税之多，是以饥。民之难治，以其上之有为，是以难治。民之轻死，以其上求生之厚，是以轻死。夫唯无以生为者，是贤于贵生。

第七十六章

人之生也柔弱，其死也坚强。万物草木之生也柔脆，其死也枯槁。故坚强者死之徒，柔弱者生之徒。是以兵强则不胜，木强则兵。强大处下，柔弱处上。

第七十七章

天之道，其犹张弓欤？高者抑之，下者举之；有馀者损之，不足者补之。天之道，损有馀而补不足。人之道则不然，损不足以奉有馀。孰能有馀以奉天下？唯有道者。是以圣人为而不恃，成功而不处，其不欲见贤。

第七十八章

天下莫柔弱于水，而攻坚强者莫之能胜，以无以易之。弱之胜强，柔之胜刚，天下莫不知，莫能行。是以圣人云：受国之垢，是谓社稷主；受国不祥，是为天下王。正言若反。

第七十九章

和大怨，必有余怨，安可以为善？是以圣人执左契，而不责于人。有德司契，无德司彻。天道无亲，常与善人。

第八十章

小国寡民，使有什伯之器而不用；使民重死而不远徙。虽有舟舆，无所乘之；虽有甲兵，无所陈之；使人复结绳而用之。甘其食，美其服，安其居，乐其俗。邻国相望，鸡犬之声相闻，民至老死不相往来。

第八十一章

信言不美，美言不信。善者不辩，辩者不善。知者不博，博者不知。圣人不积，既以为人，己愈有；既以与人，己愈多。天之道，利而不害；圣人之道，为而不争。

参考文献

［1］李耳．道德经［M］．蒋信柏，编．北京：蓝天出版社，2006.

［2］叶舟．老子的智慧［M］．北京：中国物资出版社，2005.

［3］司马哲．忍经的智慧［M］．北京：中国长安出版社，2005.

［4］马树全．守弱学［M］．海口：南方出版社，2005.

［5］王宇．读史记学做人［M］．北京：科学技术文献出版社，2008.

［6］华业．李叔同的凡世禅心［M］．北京：石油工业出版社，2008.

［7］迟双明．历史智慧天天读［M］．北京：中国电影出版社，2007.